全国资产评估专业学位研究生核心课程教材

无形资产评估

李俊生　文　豪　主编

中国财经出版传媒集团
中国财政经济出版社

图书在版编目（CIP）数据

无形资产评估 / 李俊生，文豪主编．-- 北京：中国财政经济出版社，2022.8

全国资产评估专业学位研究生核心课程教材

ISBN 978 -7 -5223 -1643 -7

Ⅰ.①无… Ⅱ.①李… ②文… Ⅲ.①无形资产管理-资产评估-研究生-教材 Ⅳ.①F273.4

中国版本图书馆 CIP 数据核字（2022）第 145880 号

责任编辑：胡　博　　　　责任印制：刘春年

封面设计：孙俪铭　　　　责任校对：张　凡

无形资产评估

WUXING ZICHAN PINGGU

中国财政经济出版社 出版

URL：http：//www.cfeph.cn

E - mail：cfeph@cfeph.cn

社址：北京市海淀区阜成路甲 28 号　邮政编码：100142

营销中心电话：010 - 88191522

天猫网店：中国财政经济出版社旗舰店

网址：https：//zgczjjcbs.tmall.com

北京中兴印刷有限公司印刷　各地新华书店经销

成品尺寸：185mm×260mm　16 开　13.75 印张　286 000 字

2022 年 11 月第 1 版　2022 年 11 月北京第 1 次印刷

定价：50.00 元

ISBN 978 -7 -5223 -1643 -7

（图书出现印装问题，本社负责调换，电话：010 - 88190548）

本社质量投诉电话：010 - 88190744

打击盗版举报热线：010 - 88191661　QQ：2242791300

总　序

为深入贯彻党的十九大关于实现高等教育内涵式发展的要求，落实全国高校思想政治工作会议精神，加强研究生课程建设，提高研究生培养质量，国务院学位委员会学科评议组和全国专业学位研究生教育指导委员会编写了各一级学科和专业学位类别的《学术学位研究生核心课程指南》和《专业学位研究生核心课程指南》。全国资产评估专业学位研究生教育指导委员会（以下简称“资产评估教指委”）依照相关文件精神，组织开展《资产评估专业硕士研究生核心课程指南》的编写工作。《资产评估专业硕士研究生核心课程指南》对规范培养单位资产评估专业硕士教育教学、指导核心课程建设、教案修订具有重要意义。

资产评估教指委根据资产评估学科的发展现状和课程体系，确立了《资产评估理论与管理》《企业价值评估》《无形资产评估》《中外资产评估准则》《资产评估实务与案例分析》五门资产评估专业学位研究生核心课程。

深化研究生教育改革，要重视发挥课程教学在研究生培养中的作用，而高水平教材建设是开展高水平课程教学的重要载体。为了重视课程学习，加强课程建设，本套教材根据《资产评估专业硕士研究生核心课程指南》展开编写。资产评估教指委统筹落实本套教材的编写工作，遴选主编及编写人员，切实保证资产评估核心课程教材编写的专业性、时效性、实操性，落实评估教材的立德树人的载体作用，全面提高资产评估专业硕士核心课程教材的编写质量，增强评估硕士教材的育人职能，打造符合资产评估专业硕士教育的精品教材。教材编写采取主编负责制，资产评估教指委秘书处协助主编召集、审核编写人员、制定编写计划、跟进编写进度。

我们希望本套教材的出版能够为资产评估相关课程的教学提供参考，能够启发研究生对资产评估专业的学习和思考，提高运用理论知识解决现实问题的能力。当然，我们虽力求完善，但难免存在不足之处，恳请各位教师、同学与读者批评指正。

全国资产评估专业学位研究生教育指导委员会

2022 年 8 月

序　言

编写适用于资产评估专业学位研究生和其他相关专业学位研究生层次教学用的教材，除了应当遵循“专业性、时效性和实操性”的要求外，还应当针对我国高校专业学位研究生在校学习时间短、生源本科学历背景不统一、高中和基础教育阶段受应试教育影响比较大、学术训练不充分等情况，注重教材内容安排的“基础性、中性”，强化对学生的学术规范教育。现在呈现给读者的适用于资产评估专业学位研究生和其他相关专业学位研究生学习和教学用的无形资产评估教材也基本上秉承了这些原则。与资产评估专业领域其他教材相比，无形资产评估作为资产评估科学的一个分支，形成的时间短，相对年轻，属于一门尚在成长与形成过程中的知识体系。作为被评估的客体，无形资产尽管在经济社会发展进程中的作用越来越重要，但是无论是从财务会计核算和投资管理的角度看，还是从学术研究的角度看，人类对“无形资产的确切内涵和外延究竟在哪里”这类问题尚处于认识和探索过程中，在这种情况下，作为对无形资产进行价值判断的科学方法本身自然也在发展和完善过程中。基于上述情形，在无形资产评估教材的研制和编写过程中如何处理好教材的“基础性、中性”与无形资产评估方法知识体系本身的发展与变化（完善）之间的关系问题，处理好教材内容安排的相对稳定性（遵循基础性、中性原则的结果就是相对稳定性）与“时效性、实操性”之间的关系问题，便是摆在我们面前的一个严峻的课题。为了便于读者更有效地使用本教材，同时也为了探索进一步完善无形资产评估教材研制和编写的路径，笔者在这里尝试就上述原则的应用方法问题做一点分析，供读者参考。

一、关于基础性原则

基础性原则是指教材在结构安排和内容选择上应当以基础理论和基本知识为重的原则。由于笔者目前所具有的知识水平和学术能力有限，尚无法明确定义无形资产评估基础理论与基本知识之间的界线（是否真的存在这样的界线也是值得怀疑的），但是在教材编写过程中，明确无形资产评估基础理论和基本知识的主要含义依然是十分必要的。笔者认为，无形资产评估基础理论的主要含义应当囊括该领域的基本概念和由这些概念组成的、具有严谨逻辑关系的对无形资产评估的解释理念与方法。其中，基本概念是指那些帮助我们感知和描述无形资产评估及其相关领域的专用词汇、术语，是无形资产评估科学的解释元素，是无形资产评估理论与方法的基本构成要素，因此也是无形资产评估基础理论的核心构成元素。而无形资产评估基本知识主要是指那些对无形资产评估事实、原理或原则的基本了解，这些基本知识应当是经过无形资产评估实践的检验、被证明是符合无形资产评估实践的。与此同时，这些基本知识也应当是在理论上经过严密的逻辑推导，并以相关的概念、业务术语表达出来的经验总结。在无形资产评估教材中，基于上述对无形资产评估基础理论和基本知识的理解，遵循基础性原则的要求，编写者首先应该基于基础理论阐述和基本应用知识介绍的需要，从一大堆有关无形资产评估的理论知识、评估方法中甄别出基础性无形资产评估基础理论和基本知识，并明确无误地用文字表述出来，这就是教材编写所应当遵循的基础性原则的基本内涵。

本教材的各个章节的设置基本上体现了对基础性无形资产评估相关基础理论与基本知识的甄别和遴选的要求。本教材分为八章，其中第一章以总论为题，主要介绍无形资产的定义、无形资产分类的方法、无形资产的特点、无形资产价值特征、影响要素和评估要素等内容；第二章主要介绍无形资产评估程序和方法；第三章到第七章则分别介绍了技术类无形资产评估、商标资产评估、著作权资产评估、商誉评估和其他类型无形资产评估（包括合同权益价值评估、客户类无形资产评估和特许权价值评估等）；第八章则专门介绍了以财务报告为目的的无形资产评估，包括以财务报告为目的的无形资产评估需求类型、以财务报告为目的的无形资产评估在国内外的发展状况、以财务报告为目的的无形资产评估价值类型和评估方法选择等内容。在上述各个章节中，第一章侧重于介绍无形资产评估的基础理论，其中，无形资产的定义不仅仅是无形资产的基本概念，也是在无形资产评估实践中甄别无形资产与有形资产的基本依据，因而构成了无形资产评估的基础性概念。这一章中关于无形资产分类方法的介绍实际上也是全书的基础。本教材从第三章到第七章介绍的关于无形资产评估方法方面的知识实际上就是按照相应的无形资产分类方法排序、讲解的，第一章的其他内容也都在相应的方面发挥着基础理论的功能。第二章关于评估程序和方法实际上也具有基础性的功能，是对各类无形资产评估方法的总论，从第三章起相应各章所介绍的各个无形资产类别评估知识均以第二章为基础展开。第八章按照其实际涉及的内容来说，篇幅有点小。这一章实际上涉及无形资产评估基础理论、基本知识和对现状与发展趋势的探索，具有一定的研究性质，因此就这一章的内容来说，在短短的篇幅中如何把握好这三个方面之间的关系，特别是如何将以财务报告为目的的无形资产评估基础理论与基本知识清晰明了地介绍给读者是一个相当复杂的工作，未来修订的空间也很大。本章目前呈现给读者的内容仅仅包括以财务报告为目的的无形资产评估需求类型、以财务报告为目的的无形资产评估在国内外发展状况介绍、以财务报告为目的的无形资产评估价值类型的判断方法以及如何选择相应的评估方法等相关知识，同时还介绍了无锡小天鹅股份有限公司商誉减值评估案例。

准确无误地阐述有关无形资产评估基础理论与基本知识是“基础性”教材编写原则的进一步体现。以无形资产概念为例，尽管在资产评估教材中，甚至在相关经济学、管理学教材中，编写者一般都会介绍无形资产这个概念，但是在无形资产评估教材中需要进一步阐述和介绍无形资产概念的内涵、外延等相关理论，以便为学生在后续的章节中学习其他相关知识奠定基础。在教材编写过程中遵循“准确无误地用文字表述出来”这样的“基础性”原则要求具体体现在两个方面：一是必须全面介绍构成概念的基本要素；二是相关文字表述要突出概念“中性”化的特征。关于第二个方面的具体要求，我将在涉及“中性”原则问题时予以讨论，这里主要讨论概念的要素问题。这里仍然以无形资产为例。我认为，无形资产概念的要素应该包括这样几个方面：第一是隐含的要素，即市场经济。无形资产是市场经济环境下的概念，甄别和评估无形资产的需求是在市场上形成的，不是在市场以外形成的。教师在授课过程中必须向学生明确指出这个前提条件，否则就会导致学生在理解无形资产概念的过程中产生迷茫和误解的问题①；第二是以市场为基础的所有权或者产权。产权是无形资产所有者通过无形资产投资获得

① 我认为，人类不仅将市场和市场经济视为贸易的场所和经济活动的形式，构建了服务于市场经济的体制（即市场经济体制），还在长期的贸易和市场经济活动过程中形成了以平等交易为核心内容的市场经济价值观。

经济利益的法律依据，无形资产的所有者必须有相应的法律文件证明其产权的合法存在。在市场上，产权也是所有者出让无形资产的载体，在产权交易市场上，确认无形资产是否具有可转让性的一个重要标准就是产权。第三是非实物形态。非实物形态不仅是使无形资产区别于有形资产的基本物理标志，也是使无形资产能够与有形资产相分离的基本要素。在市场经济中，有些不动产的价值取决于所有者能否成功地获取与之相匹配的无形资产。例如，酒店特许经营协议作为一项无形资产在很大程度上决定了酒店的不动产即建筑物的价值，与此同时，酒店特许经营协议作为无形资产与用于做酒店的建筑物的不动产之间是可以分离的。同样道理，许多无形资产需要依托于房地产之类的不动产才能实现其全部价值。第四是长期资产，即可以由资产所有者长期持有的资产等。无形资产本身具有非实物形态等特点，客观上要求无形资产评估执业者必须客观准确地了解无形资产的内涵与外延，以便为客户提供客观真实的无形资产价值评估服务。为了具备这个能力，执业者首先必须通过学习和培训准确掌握无形资产评估相关的基础概念和基本知识，形成识别无形资产的基本能力，以便在未来的执业过程中，有能力客观准确地理解和运用当地相关的法律法规为客户提供无形资产评估服务，而培养学生识别无形资产的基本能力的重要手段之一是使学生准确无误地掌握无形资产评估相关基础概念，这是对无形资产评估教材的基本要求。

二、关于“中性”原则

在无形资产评估教材编写的过程中，“中性”原则的要求应当主要体现在对具有不同利益倾向性和不同学术观点的理论、概念予以甄别方面。作为资产评估专业学位研究生教学和学习的教材，首要的任务是向学生（读者）介绍具有中性特征的规范性理论与概念，使学生在掌握了具有中性特征的基础理论与概念前提下，再去讨论那些带有利益倾向性，或者学术观点不同甚至相互冲突的理论与概念，这样才能确保学生在学习教材的相关内容后，能够比较清晰地掌握基础理论与基本知识，具有初步辨别具有不同利益倾向性和不同学术观点的理论与概念的能力，为毕业后从事资产评估业务奠定坚实的理论基础。

在教材中应当如何贯彻“中性”原则？这里依然以无形资产概念为例阐述上文提到的“相关文字表述要突出概念‘中性’化的特征”的教材编写要求。本书第一章第一节中关于“无形资产的定义”列举了一些学者，国际会计准则委员会，《经济大辞典》，我国《企业财务通则》《企业会计准则》和《资产评估准则——无形资产》等给出的定义，供读者在阅读和教学过程中参考，这些定义无不带有相应的行业、管理者和学者个人的偏好，很难说哪一个定义是中性的，因此需要教师指导学生去鉴别。考虑有关方面对教材编写的“实操性”要求，本教材的所有章节相关内容都援引了我国《资产评估基本准则》等相关法律法规的内容，这样做的好处在于使学生在学习了本教材后就能够了解我国政府和行业协会的相关规定和国家的法律规范，达到了“实操性”的目的；与此同时，我不得不遗憾地说，这样的做法，使得教材失去了“中性”的品质，一旦我国立法机构、政府和行业协会调整了相关法律法规，读者和相关人士就必须重新学习理解相关概念和定义。如果我们在教材编写过程中坚持按照“中性”原则介绍和阐述基础理论和基本知识，就可以为学生理解相关概念奠定牢固的学理基础，使学生具备“以不变应万变”的持续学习能力，具备这种持续学习能力的学生毕业后在其一生的职业生涯中生存和发展的能力会更强大。

三、关于“时效性、实操性”与“基础性、中性”原则之间的关系及其处理方法问题

“时效性、实操性”与“基础性、中性”之间的关系问题是所有应用性科学教材都必须回答的共性问题，在编写适用于资产评估专业学位研究生教学和学习的无形资产评估教材的过程中更是需要严肃认真地对待这个问题。“时效性、实操性”原则要求教材在内容安排上“与时俱进”，而“基础性、中性”原则要求教材在内容安排上“以不变应万变”，两个“原则”的要求都有道理，但是两者之间似乎存在矛盾。如何理解并处理好这个矛盾，是无形资产评估教材编写者的重要任务，也是教师在教学过程中必须处理好的重大问题。

为了准确理解和处理上述两个原则之间的矛盾问题，我查阅了目前国内已经出版的大约十余部无形资产评估教材和专著（包括同一个作者在不同时间或者不同出版社出版的教材），发现除了专著另当别论之外①，几乎每一部教材都不同程度地介绍和阐述了无形资产评估的基本原理和相关政策法律法规，为读者提供了百科全书式的理论知识和业务知识。笼统地说，由于许多教材申明其读者是学生（包括本科生和研究生）和社会一般读者，有的教科书甚至还针对资产评估专业之外的读者，所以市场上出版发行的教科书作者的这种做法无可厚非，但是如果针对资产评估专业学位研究生教学编写的教科书也采取百科全书式的写法，就明显不合适了。

---

① 我参阅的国内出版的有关无形资产评估方面的教材和专著（按出版时间排序）包括：蔡继明、刘澜飚、贺京同等著：《无形资产评估理论与实践》，中国物价出版社 2002 年版；汪海粟主编：《无形资产评估》，人民大学出版社 2002 年版；余恕莲著：《无形资产评估》，中国电力出版社 2003 年版；刘德运主编：《无形资产评估》，中国财政经济出版社 2010 年版；姜楠编：《无形资产评估》，中国财政经济出版社 2015 年版；苑泽明主编：《无形资产评估》，高等教育出版社 2015 年版；刘小峰著：《无形资产评估：理论与实务》，北京大学出版社 2017 年版；刘淑琴编：《无形资产评估》，东北财经大学出版社 2020 年版。

关于针对资产评估专业学位研究生编写的无形资产评估教材应当遵循什么样的原则问题，我在前面已经明确表明了观点，现在我想从如何理解“时效性、实操性”原则要求出发谈谈如何处理好两个原则之间的关系问题。我认为，应当从两个角度理解和落实“时效性、实操性”原则的“与时俱进”要求。首先，在教材编写过程中，“与时俱进”的原则要求应当落实在教材结构设计与内容安排上，即教材编写者应当在教材中介绍无形资产评估和相关领域学术界和业界最新的同时也是成熟的或者公认的理论研究成果和无形资产评估业务操作技能与方法；其次，作为教材的使用者，教师在课堂上应当结合教材介绍的无形资产评估基本原理和基础业务知识，引导学生学习和了解无形资产评估领域学术界和业界的最新研究成果和开发的最新执业方法与技能，以便丰富学生的业务知识，夯实学生的理论基础。如果按照上述方法理解和处理“时效性、实操性”原则与“基础性、中性”原则之间的关系的话，两个原则之间的矛盾问题便可迎刃而解。我以教材第二章“评估程序和方法”中的“方法”为例，说明我对处理两个原则之间关系问题的建议。本教材重点介绍了无形资产评估的三种常用方法，即“市场法”“收益法”和“成本法”，而在资产评估业务实践中，这三种方法不仅被用于无形资产评估业务，也被用于其他类型资产评估业务当中，因而属于资产评估业务的通用方法。本教材尽管针对无形资产评估业务特点介绍了这三种评估方法，但是依然止于市场上业界常用的评估方法，不可能为了及时反映业界实操方式随时更改教材的内容。因此，需要教师在课堂上根据授课时期业界的业务操作技能发展情况和学术界的研究进程及时补充新的内容，使学生在掌握基本原理的前提下，及时了解学术研究和业务实践的动态，向学生介绍在成本法、市场法和收益法框架内常见的无形资产估值模型的应用和发展情况[1]。

我认为，在无形资产评估教材编写过程中，编写者除了需要重点考虑上述编写原则的应用之外，还可以针对资产评估专业研究生需要快速了解资产评估业务的需要，在结构安排和编写体例设计上做一些尝试。为此，除了在每章的开头提示学生"本章学习目标"之外，本教材还在每一章的开始部分安排了"引导案例"，便于学生了解每一章介绍的内容与实际资产评估业务之间的关系，这样的安排为教师在课堂上引导学生快速了解无形资产评估业务提供了一个便捷的通道。建议教师在课堂上充分利用这个通道引导学生了解无形资产评估业务。在每一章的结尾，列示了"思考题"，供学生复习本章的学习内容；列示了参考文献，供学生拓展学习本章的内容。这些结构和编写体例的安排也算是本教材的特色之一。

本教材在编写过程中参考了目前国内已经出版的无形资产评估领域的专门著作和教材，除了涉及相关作者个人独创观点与学术贡献的内容外，本教材没有一一列出所参考的各位作者的专著与教材的具体内容，我谨代表本教材全体编写者向各位同行专家表示诚挚的谢意。

除了我本人之外，本教材的另一位主编文豪教授和各章的撰稿人都是在无形资产评估教学领域工作多年、教学经验丰富、学术研究功底深厚的专家，按照撰稿章节顺序，这些专家分别是天津财经大学苑泽明教授、武汉理工大学潘安娥副教授、中国地质大学（武汉）刘江宜副教授、江西财经

---

① 例如，目前国际上，无形资产评估业界在成本法、市场法和收益法框架内开发的五种常见的无形资产估值模型，即特许权使用费减除模型（Relief from Royalty Method，RRM）、多期超额收益模型（Multiperiod Excess Earnings Method，MPEEM）、有无资产对比模型（With and Without Method，WWM）、实物期权定价模型（Real Option Pricing，ROP）和重置成本模型（Replacement Cost Method Less Obsolescence，RCLMO）等在实际使用过程中均获得了不同程度的深度开发，其中的一种做法是将这些模型集成到非公认会计准则－关键绩效指标（GAAP－KPI，KPI为Key Performance Indicators的缩写）分析和其他概念框架中，进而解决公司财务报表中的简单会计指标已不足以对企业进行客观估值的问题。

大学余炳文副教授、云南财经大学卢正惠教授和中央财经大学王小荣副教授。其中，苑泽明教授近年来还主持编写出版了无形资产评估教材，文豪教授为第三届全国资产评估专业学位研究生教学指导委员会委员，谨向文豪教授和其他全体撰稿专家表示衷心的谢意。

能够受全国资产评估专业学位研究生教育指导委员会的委托为资产评估专业学位研究生编写无形资产评估教材是我们编写组的荣幸，同时我们也深感责任重大；由于我们编写组，特别是我本人在如何使无形资产评估教材符合资产评估专业学位研究生的认知规律方面理解不深，所编写的教材存在不足在所难免，恳请读者和专家给予批评指正。

李俊生

2022 年 8 月 20 日

目　　录

第一章

总　　论

本章学习目标

1. 了解什么是无形资产及无形资产评估的含义。
2. 熟悉无形资产基本分类与特征。
3. 掌握无形资产的价值特点及其影响因素。
4. 掌握无形资产评估中价值类型选择与评估假设确定。

引导案例

中美乔丹商标之争的启示

1997 年，美国篮球巨星迈克尔·乔丹第一次退役后，奇迹般地完成了第二个三连冠，至此 Air Jordan 独立成为耐克公司最重要的子品牌。同年，中文“乔丹”商标被乔丹体育的关联企业晋江市麦克鞋塑有限公司（以下简称麦克鞋塑公司）申请注册。2000 年，麦克鞋塑公司同意陈埭溪边二厂以“乔丹”作为商号使用，2000 年 9 月，陈埭溪边二厂更名为“福建省乔丹体育用品有限公司”。同年，迈克尔·乔丹已评为 20 世纪最伟大的北美运动员。2003 年，乔丹体育将拼音“QIAODAN”与数字“23”结合、将人形与数字“23”结合、将篮球图形与数字“23”结合，分别申请商标注册并获批。2005 年 10 月，乔丹体育申请杰弗里乔丹和马库斯乔丹（两人系迈克尔·乔丹之子）商标并获批。此后，乔丹体育在几乎没有聘请过代言人的情况下，取得了非常惊人的扩张规模。

然而，迈克尔·乔丹于 2012 年 2 月委托律师发起诉讼，此后双方提起了各种诉讼和反诉。经梳理，双方的主要诉讼分为两类：姓名权侵权诉讼和商标抢注诉讼。与此同时，乔丹体育也提起了几起商标侵权反诉。双方旷日持久的官司前后历经 9 年。双方交锋伊始，打得难分难解，甚至乔丹体育还略占上风。2002 年 4 月，耐克公司便对乔丹商标提出异议，但该商标异议最终被驳回。2012 年，迈克尔·乔丹针对乔丹体育的“乔丹及图”商标申请撤销。2020 年 3 月，最高人民法院对该案进行再审，认定此前法院判迈克尔·乔丹败诉的认定事实和适用法律均有误，应予以撤销。在最高人民法院做出上述判决后，上海二中院对乔丹姓名权纠纷案进行判决，也就是上文提及的判决，即判令乔丹体育在判决生效之日起 30 日内，停止使用其企业名称中的“乔丹”商号和涉及“乔丹”的商标。但对于超过 5 年争议期的涉及“乔丹”的商标，应采用包括区别性标识等在内的合理方式，注明其与迈克尔·乔丹不存在任何关联。

纵观乔丹体育的发展脉络，在快速发展的 10 年，在国内体育品牌中迅速崛起并取得一席之地，但可谓“成也萧何，败也萧何”，由于商标权这一重要的无形资产存在争议，乔丹体育在 2011 年之后陷入诉讼泥淖，如今已开始同安踏、李宁等体育品牌拉开距离，更名之后的中乔体育不再有令人遐想连篇的美国篮球巨星加持，能否翻身还有待观察。可见以商标权为代表的无形资产对企业发展的重要性。

第一节 无形资产的定义、分类与特征

一、无形资产的定义

什么是无形资产？这是研究无形资产评估首先要解决的问题。国际上一些著名的会计

与资产评估的学者如佩顿、杨汝梅等，国际会计准则委员会（IASC），以及我国的专家学者和专业机构、组织，都对无形资产有过明确的定义。

威廉·安德鲁·佩顿在1922年的《会计理论》一书中，将广义无形资产定义为“归属于某一企业但不具有实物形态、存续期较长的任何有价值的补偿物、因素或要素”①。

亨利·兰德·哈特菲尔德在1927年的《会计学：原理和问题》一书中，对无形资产做出阐述：“无形资产是指专利权、版权、秘密制作法和配方、商誉、商标、专营权及其他类似资产。”②

杨汝梅在1926年所著《无形资产论》中写到：“无形资产是一种剩余价值，为附属于整个营业所有一切具有正常价值事物的全体，而为超出各项有形事物所具总值的余额。”③

国际会计准则第38号：“无形资产是指为用于商品或劳务的生产或供应、出租给其他单位或管理目的而持有的，没有实物形态的可辨认非货币性资产。”④

《经济大辞典》：“无形资产，亦称无形固定资产，是指不具有实物形态而能为企业较长期地提供某种特殊权利或有助于企业获得较高收益的资产。”⑤

我国《企业财务通则》第二十条：“无形资产是指企业长期使用但没有实物形态的资产，包括专利权、商标权、著作权、土地使用权、非专利技术、商誉等。”

我国《企业会计准则》：“无形资产是指为用于商品或劳务的生产或供应、出租给其他单位或管理目的而持有的，没有实物形态的可辨认非货币长期性资产。”⑥

本书涉及的是无形资产评估相关内容，根据《资产评估执业准则——无形资产》，无形资产是指特定主体拥有或控制的，不具有实物形态，能持续发挥作用且能带来经济利益的资源。

无形资产是客观存在的，它有一定的表现形式，之所以称为“无形”，是因为它的存在形式不具有物质实体性。无形资产是社会发展到一定阶段的产物，它代表着一个国家和企业的经济实力，对促进经济增长和社会生产力发展具有重要的作用。⑦

二、无形资产的构成

无形资产的构成，即无形资产包含的具体内容。明确无形资产的具体内容是十分必要的，在理解无形资产内涵的基础上，采用列举的方式说明无形资产的内容，有利于人们全

① Accounting Theory. William Andrew Paton. 1922.
② Accounting: Its Principles and Problems. Henry Rand Hatfield. 1927.
③ 杨汝梅：《无形资产论》，立信会计出版社2009年版。
④ 国际会计准则委员会：《国际会计准则2000》，中国财政经济出版社2000年版。
⑤ 《经济大辞典》，上海辞书出版社1992年版。
⑥ 中华人民共和国财政部：《企业会计准则2002》，中国财政经济出版社2002年版。
⑦ 苑泽明：《无形资产评估》，高等教育出版社2015年版。

面认识和理解无形资产。我国《资产评估执业准则——无形资产》中所列示的无形资产包括专利权、专有技术、商标权、著作权、销售网络、客户关系、特许经营权、合同权益、域名、商誉等。

（一）专利权

专利权是国家专利主管机关依法授予发明人或其权利授让人对其发明创造在法定期限内享有的独占权或专有权。任何人如需要利用该项专利进行生产经营活动或出售使用该项专利制造的产品，须事先征得专利权所有者的许可，并支付相应的报酬。专利权包括发明专利权、实用新型专利权和外观设计专利权。专利权受法律保护，其中，发明专利权的保护期为20年，实用新型和外观设计专利权的保护期为10年。

（二）专有技术

专有技术亦称技术秘密或技术诀窍，是指在生产经营活动中使用的、未经公开的、不受法律保护的知识和技巧，一般包括生产用专有技术、经营贸易用专有技术、管理用专有技术等，通常可以用设计资料、技术规范、工艺流程、配方等具体资料形式表现出来。专有技术具有经济性、机密性和动态性等特点。

（三）商标权

商标权是商品生产者或经营者依照法定程序向国家有关部门申请注册并取得对该商标的占有、使用、收益和处分的权利。注册商标受法律保护，一般保护期10年，到期后通过续展可以使商标权得到维护。

（四）著作权

著作权是指公民、法人或者非法人单位按照法律规定对于自己的科学或文学、艺术等作品所享有的专利权。著作权也称版权，在我国出版文件中，著作权与版权是一致的。我国《民法通则》在使用“专有权”一词时，在其后面加上“（版权）”；1990年公布的《著作权法》专门在附则中指出：“本法所称的著作权与版权系同义语。”

（五）土地使用权

土地使用权是指土地使用者依法对土地进行使用或依法对其使用权进行出让、出租、转让、抵押、投资的权利。根据我国《土地管理法》的规定，我国土地实行公有制，任何单位和个人不得侵占、买卖或者以其他形式非法转让土地。企业取得土地使用权的方式大致有以下几种：行政划拨取得、外购取得、投资者投入取得等。

（六）特许经营权

特许经营权又称特许权，一是指政府所授予的允许在一定地区经营或销售某种特定商品或开采某种特殊资源的权利，二是指企业之间根据有关协议获得使用其他特定主体所拥有的各项无形资产的权利。

（七）商誉

商誉指企业在一定条件下，能获取高于正常投资报酬率的回报所形成的价值，这是由于企业所处地理位置的优势，或由于经营效率高、管理基础好、历史悠久、信誉高、人员素质高等多种原因，与同行企业相比较，该企业的获利能力超过了一般企业的获利能力，即可以获得超额收益。

三、无形资产的分类

研究无形资产的类别，对于做好无形资产评估工作具有重要的意义。不同类型的无形资产，其性质、特点、作用以及价值影响因素都是不同的，因此应进行科学的分类（见图1－1）。

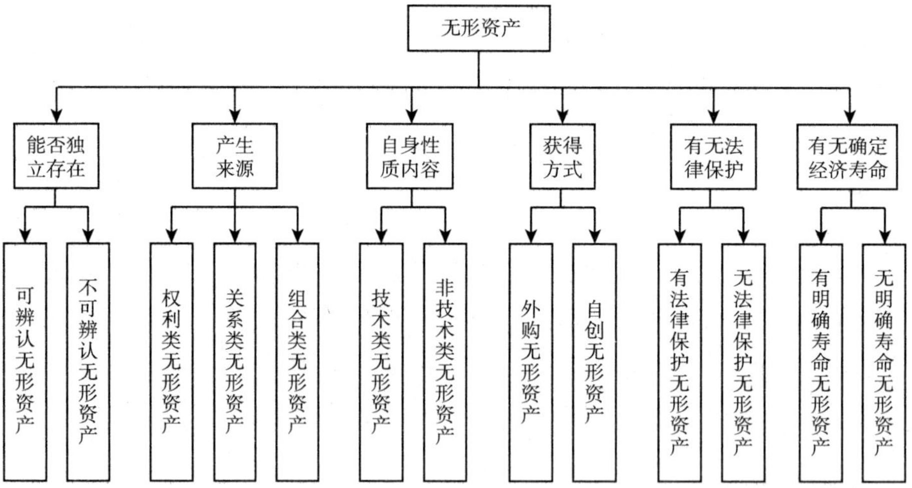

图1－1　无形资产分类

（1）无形资产按其能否独立存在的性质分为可辨认无形资产和不可辨认无形资产。凡是存在法律或合同规定的权利、可以与企业整体分离进行转让、出租和许可等的无形资产，是可辨认无形资产，包括专利权、商标权、著作权、专有技术、销售网络、客户关系、特许经营权、合同权益等。不可辨认无形资产是指商誉。

（2）无形资产根据其产生的来源分为权利类、关系类和组合类无形资产。权利类无形资产是由书面或非书面契约的条款产生的，对于契约方具有经济利益，知识产权也属于权利类无形资产；关系类无形资产通常是非契约性的，能短期存在，但对于关系方具有巨大的价值，如工作人员组合、稳定的客户关系等；组合类无形资产通常被称为商誉，是从无形资产总体价值中减去可辨认无形资产的价值后所剩余的价值。

（3）无形资产按其自身性质、内容构成分为技术类无形资产和非技术类无形资产。技术类无形资产包括专利权、专有技术等，而商标权、许可权、商誉等则是非技术类无形资产。

（4）无形资产根据其获得的方式分为外购无形资产和自创无形资产。外购无形资产是指企业从外单位或个人购入的无形资产，如外购的商标权、著作权等；自创无形资产是指本企业自行研制创造的无形资产，如自创的专利权、商标权、专有技术等。

（5）无形资产按有无专门法律保护分为有专门法律保护的无形资产和无专门法律保护的无形资产。有专门法律保护的无形资产包括专利、注册商标等，无专门法律保护的如专有技术等。受法律保护的程度对于无形资产的价值具有重要影响，是评估中应当考虑的重要因素之一。

（6）无形资产根据其有效经济寿命的确定程度分为有明确有效经济寿命的可辨认无形资产、无明确有效经济寿命的可辨认无形资产和不可辨认无形资产。

四、无形资产的特征

无形资产不是有形资产的对立物，而是一系列具有相同特征的资产的总称。无形资产特征可以概括为以下几个方面。

（一）无形性

无形资产是没有物质实体的资产。它不像固定资产、流动资产等有形资产那样，使人们能够一目了然地证实它的存在。相对无形性是指无形资产存在形式的无形性是相对的。无形资产的无物质实体性是人们对无形资产的习惯性认识。需要指出的是，无形资产的无形性是相对的，它必须依附于一定的载体而存在，如专利权以专利证书形式存在，商标权以注册的商品或服务标记形式存在，计算机软件以光盘、软盘等形式存在，专有技术以配方等书面资料形式存在，而商誉是由于地理环境、产品质量、管理思想、资金信誉、财务状况等多种因素影响而形成的超额收益能力，难以用某种有形载体来表示。可见无形资产与有形资产的区别在于其物质形态的载体表现形式不同。

（二）智力性

无形资产主要是由复杂的脑力劳动创造的，大多数无形资产是智力劳动的结晶。从事无形资产生产的劳动力，比普通劳动力需要更高的教育费用，它的生产要花费更多的劳动时间，加上无形资产的产生不能批量生产，而是个别的一次性生产，具有较大的风险性，失败的可能性大，常常在经过了一系列的失败以后，才能取得某一方面的成功，因此它具有较高的价值。无形资产的价值不像有形资产那样，是由凝结在其中的社会必要劳动时间决定的，而是由个别生产者在个别生产时所耗费的实际劳动时间来计量，具有较大的不确定性。

（三）超额盈利性

超额盈利性是指无形资产的使用能为企业带来超过一般企业的盈利水平。无形资产能够获得超额盈利，反映了无形资产最本质的特征。而超额盈利是由其垄断优势带来的。例如，两个相同的企业，投入相同的研制与开发成本，各自获得一项专利，一个企业的专利产品获利甚丰，而另外一个只有一般盈利，其无形资产价值大不相同。又如，许多科研单位投入大量人、财、物，开发并申请众多专利，但是它不能带来超额盈利，也就不形成无形资产。可见，无形资产价值不能用投入的多少来衡量，这种投入只是形成无形资产的辅助条件，因此，超额盈利性是无形资产所具有的重要特征。

（四）垄断性

垄断性是由于企业独占某项无形资产而取得的获利优势。能够在同行业中形成垄断优势是无形资产的共同特征。无形资产价值的存在以超额获利为前提，形成该盈利的条件是企业拥有其他企业所没有的特权和优势，如某项专利、管理诀窍、消费者忠诚的某个商标等，倘若这些权利与优势公开化，其超额盈利能力将消失，无形资产本身则无任何价值，所以企业无形资产价值存在与否取决于该企业所拥有的某种权利与优势在同行业中是否形成垄断，垄断性越高，其获利能力越强，无形资产价值越大。

（五）市场信息难获取性

无形资产的独特性和难以变现性使其在市场中找到可比较的市场价值比较困难。每个企业的无形资产在同业中的垄断地位和优越程度不同，为企业带来的超额盈利水平各异，即使是相同种类的无形资产，其价值也是不同的。因此，当无形资产在市场上进行交易时，难以像有形资产那样找到可比的市价作为参考，这为其交易价值的评估带来很大的困难。

（六）长期性

长期性是指无形资产可以在企业长期发挥作用，其价值转移及补偿方式是逐期进行的。通常在资产中，单位价值较小、周转期较短的是流动资产，单位价值较大、周转期较长的是长期资产。这两种资产质的区别在于价值周转期限。固定资产与无形资产其本质相同，只是表现形式不同。无形资产的优越地位一旦形成，会在很长时间内发挥效用，所以其价值转移和补偿方式是分期逐渐进行的。

把握任何事物的内涵既要考虑其共性，又要考虑其本身区别于其他事物的特性。无形资产的共性要体现资产的一般特征。首先，它是一项经济资源。这项经济资源单独或与其他资产结合在一起时，可以直接或间接地为企业提供未来的经济利益。其次，它能够用货币来计量。从会计角度讲，一项资源不能用货币计量，企业就难以确认和计量它的价值，将来其费用的转化也难以计量。最后，它应为企业所拥有或控制。拥有是指企业拥有所有权，控制是指虽没有所有权，但在一定时期内可以自主支配。某企业拥有的资产所取得的经济利益只能归于该企业，具有排他性。无形资产的特性中要抓住其最本质的内容。因此，无形资产的本质特征是没有实物形态的、在技术垄断优势的基础上能为企业带来长期超额获利能力的经济资源。

第二节 无形资产价值的特点及其影响因素

一、无形资产价值的特点

无形资产是无形的特殊资产，因此它的价值与有形资产相比有其自身的特点。

（一）无形资产的价值具有成本弱对应性

无形资产的价值与有形资产的价值不同，具有特殊性。虽然有些无形资产在研发过程中需要投入大量成本，如新技术的研究与开发、新产品的研发与生产，需要投入人工成本费、研发设备费、实验材料费、差旅费、会议费、协作费等，往往也做成本记录和成本核算，但由于无形资产属于创造性劳动成果，成功与否有较大的随机性、偶然性，往往是经过一系列投入与失败后才取得一些成果，而失败的损失和代价很难预计和准确地量化，因此，无形资产的研发成本在会计账目上体现得不完整，从而使无形资产的开发费用缺乏明确的对应性。

（二）无形资产的价值具有虚拟性

无形资产价值具有弱对应性的特点，无形资产的账面成本只是象征性表示无形资产的存在，一些无形资产的内涵已经远远超出了它的外在形式，如专利权成本核算的是专利权的部分开发费、申请费、年费等，绝大部分研究费，特别是多次研发失败的成本是不包含在内的；再如商标权成本核算的是商标设计费、登记注册费、广告费等，而商标权内涵的质量信誉、附加价值等都不反映，因此专利、商标等无形资产的账面价值具有象征性或虚拟性特点，无形资产评估值的准确性普遍低于有形资产的评估价值。

（三）无形资产的价值具有不确定性

影响无形资产价值的要素的易变性导致无形资产的增值或贬值具有不确定性。无形资产的增值性，不仅仅表现为时间价值效应，即随着货币贬值、物价上涨，其价值会相应增加，更为重要的是其增值性源于收益能力和有效期，无形资产收益能力强，有效使用期或保护期长，对使用者产生的收益贡献大，价值就会更高；同时，无形资产的增值性还在于它具有共享性、共益性、可交换性，无形资产可以同时多头、多次转让。此外，经济和技术是不断发展的，随着技术进步和经营管理模式的变化，技术经济含量更高、功效更强大的无形资产的产生，会逐步或迅速地取代原有的无形资产，从而造成原有无形资产的贬值乃至被淘汰。从技术进步角度讲，一般无形资产都有其生命周期的限制，从成熟期转向衰退期甚至淘汰期就会有功能性贬值。

（四）无形资产的价值具有难分割性

无形资产价值评估是个世界性难题。无形资产价值代表企业综合超额收益能力，以超额收益为衡量标准的综合无形资产作用产生的价值难以准确分配到单个无形资产项目上，难以准确衡量有多少收益是由商标权带来的，有多少收益是由专利权、非专利技术带来的，或者又有多少收益是由特许经营权、销售网络或者经营模式创造的，因为超额收益是各项无形资产协同发挥作用的结果。例如，某企业有一项专利产品在市场上极为畅销，加上独特的营销模式，使其商标的声誉日益增强，企业超额收益的实现实质上是由专利权、营销模式及商标权共同创造的。所以，无形资产价值还原是一个比较棘手的问题。因此，单项无形资产价值的评估具有困难性。

二、无形资产价值影响因素

（一）法律因素

无形资产中受法律保护的专利、商标、著作权等知识产权法律保护环境，权属关系是否明晰，权利人是自然人还是法人，受法律保护的剩余有效年限，知识产权的类型、续展时间及条件，知识产权的先进性、垄断性、成熟程度，是否牵扯到侵权诉讼、无效诉讼等知识产权纠纷等，都是影响无形资产价值的重要因素。如果法律保护环境好，知识产权产品不容易被仿冒，权利不容易被侵害，无形资产的价值就高；知识产权的剩余保护年限越长，那么无形资产的价值就越高。

（二）成本因素

无形资产的成本，是指为获得无形资产而付出的全部费用，是凝结在无形资产中的人力资本、设备、材料等一切可确定的费用之和。无形资产的研究、开发、购买成本是无形资产价值的基础。无形资产包含的对象很多，既包括创造性较高的对象，如发明专利、名画、小说等，又包含一些创造性不高的对象，如汇编、改编的著作权等。一般来说，创造性高的无形资产所包含的创造性劳动很复杂，也难以量化。对于那些创造性比较低的无形资产来说，它的成本主要由人工成本构成，而且这些成本可以根据社会相似人员的工资水平和社会必要劳动时间来计算，所以这类无形资产的价值主要由取得该无形资产所需要的成本来决定。但是，即使是同一类别的无形资产，如著作权中电影、电视剧、小说、戏剧，其创造性的高低也有很大不同。对于软件著作权而言，常规软件与专业软件相比，在创造性方面相差很远。一般而言，专业软件在创造性方面要远远高于常规软件。在评估过程中，我们应针对各评估对象的价值影响因素确定其价值。

（三）收益因素

无形资产的收益是指权利人依靠拥有的无形资产，特别是拥有的无形资产使用权及许可使用权，在一段时间内所得到的收益。无形资产可以为所有权人带来经济收益，是其具有价值的最直接体现，所以收益的大小，是影响无形资产价值的重要因素之一。收益因素对无形资产价值的影响，表现在收益额和收益期两方面。无形资产涵盖的客体很广，这些客体的经济寿命有很大的不同。例如一些流行歌曲，其寿命可能只有一两年；而一些经典名著、名曲、名画的寿命则可能比法律保护期还要长，如可口可乐的产品配方可以永久性地为企业带来收益。专利的保护期、专利权人的经营管理能力、专利产品的技术寿命和经济寿命、单位售价、销售量、市场占有率和利润情况，同功能产品单位售价情况，主要竞争对象的市场占有率、盈利情况，专利权的获利能力和收益水平等，都是重要影响要素。在评估过程中，收益额的大小和收益期的长短，会对评估值产生很大的影响。

（四）市场因素

无形资产作为一项特殊资产，在参与企业经济活动过程中，同样会受到市场供求关系以及同类产品价值的影响。无形资产的所有权与使用权都是可以转让的，而且这种转让可以是独家转让，也可以是多次特许转让。独家许可转让或使用的无形资产价值高，而多次授权转让或许可使用的无形资产价值低。此外，转让后市场份额的变化对无形资产价值也有很大影响，转让的无形资产给企业带来的市场份额越大，其价值也越大。

（五）风险因素

无形资产的一个显著特点是创新性强、风险大、预期收益高。无形资产开发、研制、生产过程中会面临技术风险、市场风险、经济风险、法律风险等，风险越大，价值越小。如有的无形资产研发的难度很大，但如果法律保护风险比较大，则意味着很容易被复制、被侵权。其模仿复制成本相对于创新的成本来说，几乎可以忽略不计，所以某些无形资产可以轻易地被复制。例如著作权作品相对于有形资产来说，存在着被复制和被剽窃的风险。一般来说，风险越大，著作权的价值就越小。所以在进行价值评估时，评估人员要充分考虑到所评估对象存在的风险，尤其是计算机软件等高智力著作权产品，盗版风险还是存在的。

第三节　无形资产评估要素

一、无形资产评估目的

评估目的是无形资产评估过程中必须涉及的基本评估要素之一。无形资产的评估目的可以从两个不同角度来看：一是从无形资产所涉及的经济行为来看，它能直接规定和制约无形资产评估的价值类型和评估方法的选择；二是从无形资产评估结果的具体用途来看，它可以在合理预见的范围内避免无形资产评估报告被误用，这对无形资产评估报告的提供者和使用者来说都有规避风险的作用。同时，确定无形资产评估目的对于把握好无形资产的评估对象、评估范围以及与无形资产评估相关的要素都有很大的作用。

在实践中，无形资产评估的情形一般包括：

（1）无形资产转让或者许可他人使用；

（2）无形资产作为投资资产进行投资、参股；

（3）企业改制、上市；

（4）企业用无形资产进行担保、质押贷款；

（5）企业破产、清算；

（6）发生无形资产法律纠纷涉及诉讼；

（7）纳税、保险；

（8）管理、租赁等。

二、无形资产评估价值类型

无形资产评估价值类型是指评估结果的价值属性及其表现形式。《国际评估准则》规定：“专业评估师应避免使用未经限定的价值概念，而应对所涉及的特定价值类型进行详细描述。”因此价值类型是对评估价值质的规定，指导资产评估过程的始终。

价值类型的形成与以下因素密切相关：进行资产评估的特定经济行为（资产评估的特定目的），被评估对象的状态和功能，评估时所处的市场条件。不同的价值类型可以从不同的角度反映资产评估价值的属性和特征，它所评估出的资产价值不仅在性质上存在差异，在数量上也是不同的。

无形资产评估价值类型依据不同的分类标准，有以下几种分类方式（见表1-1）。

表1-1 评估价值类型

分类依据	具体类型
使用状态	市场价值、非市场价值
估价方法	现行市价、重置成本、收益现值
假设前提	继续使用价值、公平市场价值、清算价值
业务类型	质押价值、保险价值、投资价值、交易价值、拍卖价值等

资料来源：作者编制。

（一）无形资产评估价值按使用状态分为市场价值和非市场价值

市场价值为自愿买方和自愿卖方在各自理性行事且未受任何强迫的情况下，某项资产在评估基准日进行正常公平交易的价值估计数额。

非市场价值又称市场价值类型以外的价值，指所有不满足市场价值定义的价值类型。《国际评估准则》中也没有给出非市场价值的定义。因此非市场价值不是个体概念，而是一个集合概念，指不满足市场价值定义的一系列价值类型的集合，主要包括投资价值、保险价值、在用价值、清算价值等。

（二）无形资产评估价值按估价方法分为现行市价、重置价值、收益现值

现行市价又称“脱手价值”，指在正常清算情况下，销售资产时可望获得的现金或其他等值物。采用市场法进行评估时往往采用此价值类型。

重置成本是指在现行市场条件下，将按功能重置资产并使资产处于在用状态所耗费的成本作为资产评估价值。它是从投入角度对资产进行的评估，采用成本法进行评估时往往采用此价值类型。

收益现值是指待估资产产生的未来净现金流量的贴现现值之和。采用收益法进行评估时往往采用此价值类型。

（三）无形资产评估价值按假设前提分为继续使用价值、公平市场价值和清算价值

继续使用价值是指在持续经营假设的前提下采用的价值评估类型。持续经营价值假设现有资产将被企业用于产生未来现金流并且不会被出卖。投资者考虑持续经营价值，并将它与生产终止时的资产价值对比。如果持续经营价值超过生产终止时的生产价值，那么进

行经营是有意义的①。

公平市场价值是指有自愿交易意向的买卖双方，在公开市场上买卖委估资产最有可能实现的合理交易价格。买卖双方对委估资产和市场，以及影响委估资产价值的相关因素均有合理的知识背景。相关交易方将在不受任何外在压力、胁迫下，自主、独立地决定其交易行为。

清算价值是指在评估对象处于被迫出售、快速变现等非正常市场条件下的价值估计数额。当评估对象面临被迫出售、快速变现或者评估对象具有潜在被迫出售、快速变现等情况时，资产评估师通常应当选择清算价值作为评估结论的价值类型。

（四）无形资产评估价值按业务类型分为质押价值、保险价值、投资价值、交易价值、拍卖价值等

质押价值是指评估人员为了保证资产评估工作得以进行和评估结果的相对合理性，将被评估无形资产“置于”质押的特定状态和特定的市场环境中，利用合理的假设前提和假设条件，对无形资产内在价值进行判断和估计，是对所质押的无形资产最有可能实现的市场价值的一种判断。根据《资产评估价值类型指导意见》的规定，资产评估师执行以抵（质）押为目的的资产评估业务，应当根据担保法等相关法律、法规及金融监管机关的规定选择评估结论的价值类型；相关法律、法规及金融监管机关没有规定的，可以根据实际情况选择市场价值或者市场价值以外的价值类型作为抵（质）押物评估结论的价值类型。

保险价值是指可能因危险造成损失的实体项目的重置和（或）重建成本。保险价值是保险单条款中记载或认同的。

投资价值是指评估对象对于具有明确投资目标的特定投资者或者某一类投资者所具有的价值估计数额，亦称特定投资者价值。

交易价值是指在无形资产进行转让或其他交易的过程中，交易双方所达成的成交价值或由评估机构对无形资产进行系统评估的价值。

拍卖价值是指当企业破产清算进行无形资产拍卖时所采用的价值类型。

三、无形资产评估假设

从动态的角度看，由于在不同的经营环境和不同的评估条件下，同一项无形资产的价值会有所不同，如果设立一些基本假设，则无法对其价值进行评估和确认。从无形资产评估的目的可知，无形资产要服务于交易，而评估的价值是以市场上买卖双方作为交易依据而确定的。因此，无形资产评估不能脱离市场，并且被评估的无形资产不是一次消耗掉，应有连续使用和创造超额收益的功能。目前较为认同的无形资产评估假设主要有持续经营

① 刘玉平：《再论价值类型》，《中国资产评估》，2003 年第 5 期，第 14—16 页。

假设、公开市场假设和评估基准日假设。

（一）持续经营假设

由于无形资产评估需要对收益、成本等进行相关预测，因此必须假设企业可以持续不断地经营下去，这样才能对无形资产进行有效的评估。

（二）公开市场假设

公开市场假设是指无形资产可以在公开的市场上出售，买卖双方地位平等，并且有足够的时间搜集信息。只有在公开市场假设的前提下在运用现行市价法等方法进行评估时才能具有有效的参考依据，合理地对无形资产价值进行评估。

（三）评估基准日假设

在进行无形资产评估之前，都要预先设定评估基准日，即未来收益的折现时点。合理地设定评估基准日可以使一切预测与计算具有明确的依据。另外，由于无形资产评估报告的法律效力是有时间限制的，一般为评估基准日以后 1 年，因此在无形资产评估中必须确定评估基准日。

四、无形资产评估依据

（一）行为依据

无形资产评估的行为依据一般是指委托方与资产评估机构签订的资产评估委托合同或委托协议书。评估委托合同或委托协议书中应载明评估对象、评估目的、评估期限、评估费用以及合同双方的权利义务等事项。

（二）法律法规依据

《国有资产评估管理办法》（1991 年国务院 91 号令，2020 年修订），《中华人民共和国资产评估法》，《国有资产评估管理办法施行细则》，《中华人民共和国公司法》，《中华人民共和国商标法》，《中华人民共和国专利法》，《中华人民共和国民法典》，《中华人民共和国著作权法》，国家有关法律、法规及相关意见和规定。

（三）准则依据

《资产评估基本准则》（财资〔2017〕43 号）、《资产评估执业准则——资产评估委托合同》（中评协〔2017〕33 号）、《资产评估执业准则——利用专家工作及相关报告》（中评协〔2017〕35 号)、《资产评估执业准则——资产评估报告》(中评协〔2018〕35 号)、《资产评估执业准则——资产评估程序》(中评协〔2018〕36 号)、《资产评估执业准则——资产评估档案》(中评协〔2018〕37 号)、《资产评估执业准则——资产评估方法》(中评协〔2019〕35 号)、《资产评估执业准则——无形资产》(中评协〔2017〕37 号)、《专利资产评估指导意见》(中评协〔2017〕49 号)、《著作权资产评估指导意见》(中评协〔2017〕50 号)、《文化企业无形资产评估指导意见》(中评协〔2016〕14 号)、《商标资产评估指导意见》(中评协〔2017〕51 号)、《实物期权评估指导意见》(中评协〔2017〕54 号)、《资产评估价值类型指导意见》(中评协〔2017〕47 号)、《企业并购投资价值评估指导意见》(中评协〔2020〕30 号)、《资产评估对象法律权属指导意见》(中评协〔2017〕48 号)、《人民法院委托司法执行财产处置资产评估指导意见》(中评协〔2019〕14 号)、《体育无形资产评估指导意见》(中评协〔2022〕1 号)。

(四)取价依据

被评估单位提供的财务会计经营方面的资料;被评估单位提供的未来年度经营收益、预测等有关资料;评估基准日银行存贷款基准利率;基准日近期国债收益率、同类上市公司财务指标及风险指标;Wind 资讯金融终端提取的相关宏观经济数据;国家宏观、行业、区域市场及企业统计分析数据;评估人员现场勘察记录及收集的其他相关估价信息资料;与资产评估有关的其他资料。

(五)产权依据

企业法人营业执照;无形资产权利的法律文件或者其他证明资料,如专利证书、商标注册证书等;与企业无形资产的取得、使用等有关的会计凭证及其他资料。

五、无形资产评估程序

(一)对委估资产的性质和产权范围进行鉴别

对委估对象的资产性质进行鉴别,是指评估人员在进行具体的测算之前,应根据委估对象的基本情况和评估的基本理论,对委估对象是否具有无形资产的性质进行合理判断。

对委估对象的产权范围进行鉴别,是指由于无形资产的产权相对于有形资产而言具有较大的可分性,具体的资产交易可能只与某一种待定权利的产权相对应,因此,只有在测算之前,对委估对象的产权范围进行辨析,才能更准确地推导出与该产权范围相对应的资产价值。

（二）对委估资产的功能进行分析和取证

委估资产的功能，是决定委估资产价值的至关重要的因素，对委估资产现实功能的判断也是具体地测算选取某些关键参数的依据。委估资产的功能分析，应建立在对委估资产类型的本质特性有充分了解的基础上。由于评估人员不可能对所有的委估资产类型有全面细致的把握，因此往往借助专家的力量进行合理判断。这一功能的分析过程一般可以通过三个方面来进行：

首先，依据委估资产类型的本质特征，向委托方寻求有关的法律文件以及权威检验部门的质量、性能证明文件。比如，如果委估资产是商标的使用权，评估人员需了解商标的注册情况，查询商标的注册文件等；如果委估资产是技术类，也需查询其专利的申请情况及专利的说明书等。此外，某些技术功能的确认，是通过国家有关的质量或功能检验机构来完成的，因此，评估人员应查询相关的技术检验证明。

其次，资产功能的现场鉴定。以技术资产为例，有些技术在开发之时在合理的硬件支持下是拥有一定功能的，但有可能在实际的环境中因为种种原因并不能实现相应的功能，因此，评估人员应借助专家的力量，对委估资产进行现场的鉴定和分析，以确认委估资产有相应的功能。

最后，对委估资产的历史经济效益进行分析。如果委估资产在评估前已有一定的业绩，那么这一业绩在很大程度上就说明了委估资产的实际功能。比如，某项技术在一个胜任的管理者的经营下，经过4年时间仍然没有明显效益，也许我们就有理由认为，该项技术的功能是很低的，甚至是不存在的。当然，评估人员还要根据委估资产经济寿命对已体现出的经济效益进行认真分析，然后得出合理的结论。

（三）选择适当的方法进行相关的测算

经过资产性质的鉴别和资产功能的判断，我们可以对委估资产是否有一定的合理价值得出初步的结论。如果委估资产是具有有效价值的资产，那么评估人员就可以根据其特性选用适当的方法进行测算。

无形资产评估的基本方法包括：收益法、成本法和市场法。方法的选择和评估参数的分析取得，是一项复杂、困难而又十分重要的工作，因为测算公式和思路可能是简单的，但其中任何一个数据取得都需要有充分的把握，都可能会对评估结果产生巨大影响。为此，评估人员要进行大量的调研和分析工作。

（四）撰写评估报告书

评估报告书是评估机构把委估资产价值的评估结果，以书面文字的方式提交给委托方的文件。无形资产的评估报告书中，一般要写明以下几个方面：评估的特定目的；委估资产的资产性质及其产权范围；委估资产的功能鉴定方法和功能的基本描述；评估采用的基本方法及理由；资产价值的测算过程及结果；评估基本参数的选择依据；等等。

思考题

1. 什么是无形资产？它的内涵和外延是什么？
2. 无形资产都具有哪些特征？如何分类？
3. 什么是无形资产评估？评估的目的？
4. 无形资产的价值特征及影响因素有哪些？
5. 无形资产评估需要哪些假设前提？
6. 无形资产评估的价值类型有哪些？
7. 无形资产评估的程序与步骤？

本章参考文献

1. William Andrew Paton. Accounting Theory. William Andrew. 1922.
2. Henry Rand Hatfield. Accounting：Its Principles and Problems. 1927.
3. 杨汝梅：《无形资产论》，立信会计出版社 2009 年版。
4. 国际会计准则委员会：《国际会计准则 2000》，中国财政经济出版社 2000 年版。
5. 《经济大辞典》，上海辞书出版社 1992 年版。
6. 中华人民共和国财政部：《企业会计准则 2002》，中国财政经济出版社 2002 年版。
7. 中国注册会计师协会：《〈资产评估准则——无形资产〉释义》，经济科学出版社 2002 年版。
8. 苑泽明：《无形资产评估》，高等教育出版社 2015 年版。

第二章

评估程序和方法

本章学习目标

1. 了解无形资产评估程序的内涵。

2. 熟悉无形资产评估的具体程序。

3. 掌握收益法、市场法和成本法评估无形资产的基本思路和具体技术方法。

引导案例

D公司拟购买专利资产的价值评估

D公司是一家国内领先的新材料、高端装备制造及新能源汽车制造综合服务商，主要经营业务为光电显示材料及高端装备制造等。目前，公司及控股股东已经获得和正在申请的与液晶玻璃基板、高铝浮法盖板玻璃、高端装备制造、整车制造、石墨烯产品制备等相关的自主知识产权有2400余项。

现为扩大生产经营，提升公司竞争力，拟从关联方购买若干专利资产，遂委托资产评估机构进行评估，评估相关情况如下。

1. 评估目的

根据D公司关于专利资产购买事项计划审批申请表，D公司拟收购H集团和G集团的专利，需要对涉及H集团于评估基准日拥有或与G集团共同拥有的光电显示材料业务相关546项专利和197项专利申请权（处于审查中）进行评估，为该经济行为提供价值参考依据。

2. 评估对象和评估范围

（1）评估对象。评估对象为D公司拟收购的H集团拥有或与E集团共同拥有的光电显示材料业务相关546项专利和197项专利申请权（处于审查中）。

（2）评估范围。评估范围为D公司拟收购的H集团于评估基准日拥有或与G集团共同拥有的光电显示材料业务相关546项专利和197项专利申请权（处于审查中）。上述专利/专利申请权于评估基准日均被冻结。委估专利目前均由D公司使用，委托人已承诺委托评估对象和评估范围与经济行为所涉及的评估对象和评估范围一致。

3. 价值类型及其定义

本次评估价值类型为投资价值，指评估对象对于具有明确投资目标的特定投资者或者某一类投资者所具有的价值估计数额，亦称特定投资者价值。之所以选取“投资价值”，是由于委估专利目前由委托人使用，委托人收购后将持续使用。

4. 评估基准日

评估基准日是2019年12月31日。

评估基准日由委托人确定，评估师根据经验提供建议。

思考题：D公司拟收购的H集团拥有或与G集团共同拥有的光电显示材料业务相关546项专利和197项专利申请权（处于审查中），应该采用什么方法进行价值评估？评估程序包括哪些基本环节和具体步骤？

（引导案例根据《拟收购东旭集团有限公司和东旭科技集团有限公司光电显示材料业务相关专利项目资产评估报告》改编）

第一节　无形资产评估程序的内涵和重要性

一、无形资产评估程序的内涵

无形资产评估程序是资产评估机构和专业人员执行无形资产评估业务所履行的系统性操作步骤。通常包括以下八个基本程序：（1）明确无形资产评估业务基本事项；（2）订立无形资产评估业务委托合同；（3）编制无形资产评估计划；（4）收集无形资产评估信息，进行无形资产清查核实；（5）整理分析无形资产评估信息；（6）评定估算无形资产价值并形成评估结论；（7）编制出具无形资产评估报告；（8）整理归集无形资产评估档案。

以上基本程序中，前三项发生在无形资产评估项目承接和组织阶段，从第四项基本程序开始，无形资产评估项目进入实施阶段，包括收集无形资产评估信息和无形资产清查核实、整理分析评估信息、评定估算价值并形成评估结论、编制出具评估报告；第八项基本程序是对所完成的无形资产评估项目各项工作内容的归纳总结，包括工作底稿的整理和评估档案的建立等。

根据无形资产特定的评估对象、评估范围、评估目的的差异，上述八项基本程序又包含了特定的实施安排和操作步骤。这些具体的工作步骤构成了无形资产评估程序的主要内容。

二、无形资产评估程序的重要性

首先，履行无形资产评估程序是资产评估法和资产评估准则对资产评估机构和资产评估专业人员的基本业务要求。资产评估法针对评估业务委托、评估资料收集、评估方法选择、评估报告编制、评估档案保管等各个具体环节提出了总体要求。资产评估准则明确指出了资产评估机构及其资产评估专业人员应当根据评估业务的具体情况以及重要性原则确定所履行各基本程序的繁简程度，但不得随意减少评估基本程序。无形资产评估准则也特别强调了明确基本事项、进行现场调查、收集核查评估信息、选择评估方法等各个基本程序的操作要点。

其次，履行无形资产评估程序是提高评估业务质量的重要保证。比如基本程序中的无形资产清查核实，其首要目的是验证无形资产来源是否合理、产权是否存在，以确认无形资产的存在性。如果评估机构和评估专业人员因为无形资产没有实物形态而省略其清查核实程序，仅仅根据委托方申报资料进行评估，则评估结论可能包括不存在或不属于企业无形资产的情况，最终导致无形资产价值评估结论不合理，影响无形资产评估业务质量。

此外，履行无形资产评估程序是防范无形资产评估执业风险的重要手段。无形资产的"无形性"使无形资产在评估对象识别和范围界定方面存在主观性，而且不同类型的无形资产在企业经营活动中发挥的价值创造作用不同，对于无形资产的形成成本、预期收益、收益期限的判断等也存在较强的主观性。一旦无形资产评估业务引发法律纠纷，是否履行了评估程序是认定资产评估机构和评估专业人员法律责任的重要依据。

第二节 无形资产评估的具体程序

一、明确无形资产评估业务基本事项

无形资产评估业务的基本事项包括：

（一）委托方、产权持有者和委托方以外的其他评估报告使用者基本状况

（二）评估目的

评估目的是评估具体程序的总纲。无形资产评估首先必须详细了解委托方评估无形资产的具体目的和动机，验证资产业务的合法性，了解产权主体变动的类型。评估目的不仅决定了价值类型和评估方法的选择，也对后续评估流程和评估报告的使用等产生直接影响。评估目的应当在评估报告中明确说明。目前，比较常见的无形资产评估目的包括出资、交易、质押、法律诉讼、财务报告、税收、保险、资产管理等。

（三）评估对象和评估范围

无形资产没有实物形态，界定无形资产评估对象通常考虑以下内容：一是从无形资产发展状况及其实施的地域、领域、获利能力与方式，判断无形资产是否能够带来显著的、持续的、可辨认的经济利益；二是从委托人提供的法律文件、权属有效性文件及其他证明资料，判断无形资产的存在性、剩余经济寿命和法定寿命；三是从无形资产以往的评估及交易情况或相关无形资产的市场转让、出资、质押等情况，判断待评估无形资产的市场认可程度。

无形资产评估范围可以按照无形资产类型分为单项无形资产的评估范围、可辨认无形资产组的评估范围和其他无形资产组的评估范围。单项无形资产指单项可辨认无形资产，其评估范围包括该无形资产权属的不同种类、同种权属的不同限制条件下的权利以及该无形资产使用所受到的限制等；可辨认无形资产组的评估范围除了包含与上述单项无形资产

一致的评估范围外，还需要考虑可辨认无形资产组所包含的单项无形资产的种类和数量；其他无形资产组的评估范围除了包括上述不同单项无形资产的种类和数量，以及不可辨认无形资产——商誉外，还包含其所依托的有形资产的种类、数量等内容。

（四）价值类型

无形资产评估的价值类型分为市场价值和市场价值以外的价值两种。市场价值是指自愿买方和自愿卖方在各自理性行事且未受任何强迫的情况下，评估对象在评估基准日进行正常公平交易的价值估计额。市场价值以外的价值也称为非市场价值，是指不满足市场价值定义的价值类型，主要包括投资价值、在用价值、清算价值等。其中，投资价值也称为特定投资者价值，是指评估对象对于具有明确投资目标的特定投资者或某一类投资者所具有的价值估计数额；在用价值是指将评估对象作为企业组成部分或要素资产按其正在使用方式和程度及其对所属企业的贡献的价值估计数额；清算价值是指评估对象处于被迫出售、快速变现等非正常市场状况的价值估计数额。

（五）评估基准日

无形资产价值是不断变化的，无形资产评估必须以某一确定的时点为价值的基准时点，这样才能对其进行价值评估。这一确定的评估时点为无形资产的评估基准日。不同的时间节点，无形资产价值不同。根据无形资产的评估目的、评估对象的状态和特征等，无形资产评估基准日可以是过去、现在或将来的某一时日。科学合理地确定无形资产的评估基准日，对无形资产评估非常重要。

（六）评估报告使用限制

评估报告只能用于载明的评估目的，评估目的包含了所评估资产即将发生的经济行为或管理目的，不同的评估目的所要求的资产评估价值的内涵不同，从而导致价值类型、评估方法和评估结果的差异。评估报告中列明的评估结论仅在所载明的评估目的下有效，不能将此评估报告用于其他评估目的。如果将评估报告用于所载明评估目的之外的经济行为，则会导致价值类型和评估方法与评估目的不匹配，使评估结果失去科学性或者不成立。

明确上述基本事项后，资产评估机构和专业人员应当根据评估业务具体情况，对专业胜任能力、独立性和业务风险等进行综合分析和评价，并由评估机构决定是否承接该项无形资产评估业务。

二、签订无形资产评估业务委托合同

无形资产评估业务委托合同是评估机构与委托人共同签订的，确认无形资产评估业务的委托与受托关系，明确委托目的、被评估资产范围及双方权利义务等相关重要事项的书面合同。签订评估业务委托合同对于明确评估人员工作目标、完成评估任务具有重要意义。无形资产评估业务委托合同应包括以下基本内容：（1）评估机构和委托方名称、住所、联系人、联系方式；（2）评估目的；（3）评估对象和范围；（4）评估基准日；（5）评估报告使用范围；（6）资产评估报告提交期限和方式；（7）评估服务费总额或支付标准、计价货币种类、支付时间和方式，与评估服务相关的其他费用的内容和承担方式；（8）评估机构和委托方的其他权利和义务；（9）签约各方的违约责任、合同履行过程中产生争议时的解决方式和地点；（10）签约时间和地点；（11）双方认为应当约定的其他重要事项。

三、编制无形资产评估计划

评估计划是资产评估机构和人员为执行无形资产评估业务拟订的评估工作思路和实施方案，对合理安排工作量、工作进度，专业人员调配，按时完成无形资产评估业务有重要意义。评估计划应当涵盖无形资产清查核实、整理分析评估信息、评定估算、编制和提交评估报告等评估业务实施的全过程。评估计划通常包括履行的具体步骤、时间进度、人员安排和技术方案等内容。

评估人员在资产评估计划编制过程中应当同委托人等就相关问题进行洽谈，以便于评估计划的实施，并报资产评估机构负责人审核批准。评估计划审核的内容一般包括：（1）评估目的、评估对象及范围的确定是否恰当；（2）评估基准日的选取是否恰当；（3）评估价值类型是否与评估目的相匹配；（4）重点评估范围的确定是否恰当；（5）重要评估程序的确定是否恰当；（6）主要评估方法的选取是否恰当；（7）评估人员（包括专家和其他评估人员）的选派与分工是否恰当；（8）时间进度和人员安排是否合理；（9）时间、费用预算是否合理；（10）对评估分析的评价是否恰当，控制手段是否合理等。

四、收集无形资产评估信息，进行无形资产清查核实

无形资产评估过程就是对无形资产价值相关信息的收集、整理和分析的过程。无形资产评估信息可以按照信息来源分为内部信息和外部信息两大类。内部信息是资产评估机构和专业人员从委托方、产权持有者等相关当事方获取的与无形资产权利相关的法律权属资料，反映无形资产性质和特征，获利能力和方式，经济寿命、法定寿命，实施范围，保护措施，目前和历史发展状况，交易、质押、出资情况等相关资料；外部信息是从政府部门、各类专业机构和其他相关部门获取的宏观经济资料，外部监管和法律法规资料，无形资产实施应用的行业状况及发展前景资料，无形资产所属领域发展水平、市场交易、替代无形资产、竞争对手相关资料，以及直接从市场等渠道独立获取的类似无形资产的市场价

格信息的相关资料等。

基于收集的评估信息对无形资产评估对象进行清查核实。无形资产清查核实的具体目标主要包括：（1）明确评估对象的类型和权属状态，确认无形资产的存在性、种类和有效期限等特征；（2）核实无形资产价值实现的方式、途径和可行性，为后续分析和价值估算提供信息支撑。

无形资产清查核实的方法一般包括：（1）资料查验法，通常包括查验权属证明资料、生产经营资料和财务资料等；（2）访谈法，一般包括对无形资产研发人员的访谈、对企业管理人员的访谈、对利用无形资产进行加工的生产人员的访谈、对客户的访谈等；（3）函证法，旨在核实无形资产许可费的合理性或者销售收入的真实性；（4）现场调查法，无形资产必须和企业的相关硬件设施、原材料、人力资本、运营资金、营销渠道等结合，才能创造价值。因此，资产评估机构和专业人员应当根据评估业务具体情况对无形资产研发、实施或将要实施的企业进行必要的现场查勘。

五、分析整理无形资产评估信息资料

基于无形资产评估对象的清查核实及评估项目的进展情况，资产评估机构和专业人员应当及时补充收集所需要的资料，并根据评估业务具体情况对收集的评估资料进行分析、归纳和整理，形成评估估算的依据。

对于收集的宏观经济、行业情况、无形资产所属领域发展水平、市场交易、替代无形资产、竞争对手相关资料等用于未来收益预测、风险判断、寿命期确定、交易因素调整等定性分析资料，可以按照相关性、时效性、信息来源级别等进行分类整理；对于经过清查核实的有关无形资产数量、规模标准、原始成本、退废数据（如历史更新率、终止率等）、销售收入及其增长率等定量数据，评估专业人员需要通过数据查验程序，确保数据准确完备。

无论是定性分析还是定量分析，必须始终基于评估对象的信息资料与评估方法、评估模型、评估参数、评估结果之间的紧密关联这一支持性逻辑，并按不同类别的评估资料需要与分析形成的结论之间的对应关系编制不同层级的索引，在所有收集的资料与相关结论之间形成完整的逻辑链条，为评定估算无形资产价值提供数据支持。

六、设定评估假设和模型，评定估算得出评估结论

无形资产评估是通过分析得出的价值，分析是有一定的前提条件的，这些前提条件即为评估假设。评估假设分为一般性假设和特殊性假设。一般性假设是评估应具备的基本条件，包括假设委托方提供的资料的真实可靠性假设，企业所处的社会、经济、政治环境无

变化假设，企业持续健康发展假设等。特殊性假设是基于被评估无形资产的特性、资料占有情况及评估的计算方法等设定的假设，包括评估计算考虑的范围假设、预测可实现程度的假设、经济收益期限假设、无形损耗的量化假设、基本参数的选取假设等，这些特殊性假设有利于了解从分析到估值的因果关系，从而形成对评估价值的合理性辨认。

评估机构和专业人员根据所评估无形资产的类型、特点、评估目的、价值类型、外部市场环境条件、评估资料收集情况等具体状况，分析市场法、收益法和成本法等各种评估基本方法的适用性，恰当选择评估方法，设定评估假设和模型。基于设定的评估假设，选取最合适的评估模型，进行评估基础数据处理和参数分析、计算和判断，形成初步评估结果。

对于初步评估结果要进行一致性分析，通常是从评估目的、所获得的资料、判断评价、评估假设、评定估算等环节检查是否进行了连贯处理、是否存在相互矛盾、有无遗漏和错误等。对于初步评估结果也要进行敏感性分析，通常选取评估计算可能变化较大的销售收入、成本、折现率等数据和参数为敏感性因素，确定敏感性因素的变化范围，计算评估结果的敏感性，并对敏感性较大的评估结果进行说明。此外，对初步评估结果的可信程度也应做出概率评价。对于同一评估对象采用多种评估方法的，应当对各种方法出具的初步评估结论进行分析比较，发表对评估价值的意见，并做出适当说明，形成最终评估结论。

七、编制和提交无形资产评估报告

评估机构和专业人员在完成上述必要程序后，由其所在机构出具评估报告并按业务委托合同的要求向委托方提交评估报告。无形资产评估报告书是无形资产评估过程的总结，也是评估机构和专业人员承担法律责任的依据。无形资产评估报告书中一般应说明以下内容：委托方及资产拥有方概况；评估目的；评估资产权属和价值类型；评估基准日；评估原则和假设前提；评估依据；评估方法；评估过程；被评估资产的功能鉴定方法和功能基本描述；评估估算过程说明；评估基本参数的选择依据、评估结论、需要说明的事项、评估报告法律效力、报告提出日期；等等。

无形资产评估报告提交前，资产评估机构和专业人员应当根据相关法律法规、评估准则和评估机构内部质量控制制度，对评估报告及评估程序执行情况进行必要的内部审核。在不影响对最终评估结论进行独立判断的前提下，资产评估机构和专业人员在提交正式评估报告前，可以与委托方或委托方许可的相关当事方就评估报告的有关内容进行必要沟通。

八、评估工作底稿归档

工作底稿是指资产评估机构和专业人员执行评估业务形成的，反映评估程序实施情况、支持评估结论的工作记录和相关资料。通常分为管理类工作底稿和操作类工作底稿。

管理类工作底稿是指资产评估机构和专业人员在执行评估业务过程中，为承接、计划、控制和管理评估业务所形成的工作记录及相关资料。通常包括以下内容：(1) 评估业务基本事项的记录；(2) 业务委托合同；(3) 评估计划；(4) 评估业务执行过程中重大问题处理记录；(5) 评估报告的审核记录。

操作类工作底稿是指资产评估机构和专业人员在履行现场调查、收集评估资料和评定估算程序时所形成的工作记录及相关资料。操作类工作底稿因评估目的、评估对象和评估方法等不同而有所差异，通常包括以下内容：

(1) 现场调查记录与相关资料，包括：委托方提供的资产评估申报资料，现场勘察记录，函证记录，主要或者重要资产的权属证明材料，与评估业务相关的财务、审计等资料，其他相关资料。

(2) 收集的评估资料，包括：市场调查及数据分析资料，相关的历史和预测资料，询价记录，其他专家鉴定及专业人士报告，委托方及相关当事方提供的说明、证明和承诺，其他相关资料。

(3) 评定估算过程记录，包括：重要参数的选取和形成过程记录，价值分析、计算、判断过程记录，评估结论形成过程记录，其他相关资料。

资产评估机构和专业人员应当根据评估业务特点和工作底稿类别，编制工作底稿目录和索引号，反映工作底稿间的勾稽关系。评估机构在提交评估报告后 90 日内，应及时将工作底稿与评估报告等一起归入评估业务档案，并由评估机构按照国家有关档案管理的法律、法规及资产评估准则的规定妥善管理。

第三节　无形资产评估的市场法

一、运用市场法评估无形资产的前提条件

无形资产评估的市场法是通过分析最近被售出或被许可使用所涉及的类似无形资产，并将这些成交的无形资产与待估资产进行对比，得到其评估值的过程。从此定义可以看出，市场法是基于替代原则，采用比较和类比思路判断无形资产价值的技术路径。该方法要求充分利用类似无形资产成交价格信息，运用已被市场检验的结论来评估无形资产价值。

运用市场法评估无形资产必须满足以下基本前提条件：一是有一个充分发育的活跃的无形资产市场；二是能够确定具有合理比较基础的类似无形资产作为参照物；三是可以收集到参照物及其与被评估无形资产可比较的指标、技术参数等信息资料。

较之有形资产，无形资产往往存在资产市场交易活动有限、信息匮乏等问题，因此，

运用市场法评估无形资产要考虑可比对象选择和差异分析调整的特殊要求。

二、运用市场法评估无形资产的基本步骤

（一）明确评估对象

由于无形资产具有无形性、产权可分性和共享性、对有形资产的相对依赖性等特征，运用市场法评估无形资产时，必须对无形资产权属、性能和功能进行深入核实，明确评估对象的权属与使用范围，了解和掌握无形资产权利使用、续用及更新的条件，以及现实交易中无形资产价值的计量方式及其对评估技术思路的影响。

现实交易中无形资产价值计量方式分为总价计量、从价计量和总价与从价结合计量三种方式。总价计量方式也称为绝对值计量方式，是以一个总价值计量一项无形资产价值的计量模式。比如一项发明专利转让价格为 800 万元，一项商标资产以 2000 万元转让所有权等。由于无形资产要与其他有形资产形成特定业务资产组才能发挥价值创造作用，而且发挥作用的能力往往取决于资产组中的有形资产，因此，如果采用总价计量方式，无形资产的价值与该资产组的规模和质量密切相关。比如某项生产啤酒的专利，将其用于年产 300 万吨的啤酒厂和年产 3000 万吨的啤酒厂，其产生的预期收益会有很大差别，如果采用总价计量，需要明确这项无形资产及其特定业务资产组的特征。

从价计量方式是按照无形资产所形成的特定业务资产组的单位收益计量无形资产价值的模式。从价计量的典型形式包括以收入分成率为核心的从价计量方式和以利润分成率为核心的从价计量方式。比如在某企业商标使用权转让协议中规定，商标资产受让方在使用该商标后，需要每年按照销售收入的 5% 或者按照经营利润的 30% 的支付给转让方商标使用费，这种定价模式就是典型的从价计量方式。

总价与从价结合的计量方式即为常说的“入门费 + 分成”计量法，入门费按照总价计量方式测算，分成率按照从价计量方式计算销售分成率或者经营利润分成率。

（二）收集相同或相似无形资产的基本信息资料，寻找参照物

基本信息资料包括无形资产类别、功能、载体、交易市场供求关系、产业政策、市场结构、市场行为、交易时间地点、交易主体和条件、价值计量方式等。在总价计量方式下，不仅要收集相同或相似无形资产的基本信息资料，还需要收集相关业务资产组的信息资料，要求相关业务资产组的规模相同或相似。

（三）分析整理资料并验证其真实性，选择三个或三个以上的具有合理可比基础的类似无形资产作为参照物

参照物无形资产至少要满足类别、功能、载体及交易条件相似的基本要求。具体来

讲，标的无形资产与可比无形资产应该在功效、所包含的权利内容和状态、所处的生命周期阶段等方面相同或相似；在总价计量方式下，标的无形资产和可比无形资产的相关资产组的大小和规模应该相同或相似，并具有相同或相似的经营业务，标的无形资产和可比无形资产在各自的资产组中发挥的作用应该相同或相似。在从价计量方式下，标的无形资产和可比无形资产应该功效相同或相似。

（四）比较被评估无形资产与参照物，分析调整差异，得出结论

进行比较分析的要素能够体现其对无形资产价值的影响，一般结合标的无形资产的价值计量方式和无形资产自身的特征，考虑可比对象的选择和差异分析调整的特殊要求。

在总价计量方式下，差异的调整包括标的无形资产和可比无形资产的差异调整以及标的无形资产和可比无形资产相关资产组差异的调整两个方面。标的无形资产和可比无形资产的差异主要针对标的无形资产和可比无形资产所处发展阶段的差异，主要体现为二者剩余经济寿命的差异，主要通过分析相关业务资产组的寿命周期进行调整；标的无形资产和可比无形资产相关资产组差异调整主要包括标的无形资产和可比无形资产相关资产组大小和规模的差异调整、标的无形资产和可比无形资产相关资产组产品毛利的差异调整、标的无形资产和可比无形资产相关资产中的其他有形资产的维护支出的成本差异调整等。

在从价计量方式下，标的无形资产和可比无形资产的差异调整主要是标的无形资产和可比无形资产对各自产品收益贡献的差异调整。标的无形资产和可比无形资产在各自经济寿命期内所处位置决定了其经济寿命期及目前与以后的产品销售利润率水平。因此，可以按照销售利润率差异调整标的无形资产和可比无形资产对各自产品收益贡献的差异，同时参考相关转让合同或协议对无形资产转让期限等的约定进行调整。

在从量与从价结合计量方式下，除了对标的无形资产和可比无形资产对各自产品收益贡献的差异进行分析调整，还需要考虑“入门费”的绝对数额对分成率的影响差异的调整。

三、使用市场法评估无形资产应注意的问题

由于无形资产交易活动有限，市场狭窄，信息匮乏，很难找到符合要求的交易案例和确定调整事项，特别是针对目前评估实务中常用的总价计量方式的无形资产，不仅要找到可比无形资产，还要找到可比的相关业务资产组。从价计量方式虽然可以用销售收入分成率或利润分成率的相对比率形式，可比对象也可以通过市场案例获得或者逻辑推算得到，但是从价计量的分成率必须与特定业务组相结合估算出绝对价值额，同样存在相关业务资产组的可比性问题。

在从价计量方式下，还需要对可比对象的分成率进行分析调整，这里需要特别关注分

成率的实质是无形资产对单位产品收益的贡献率，是单位产品收益中应该分给无形资产的比率。无形资产相关资产组的盈利能力强，不一定代表无形资产的贡献大，即特定业务的相关资产组的盈利能力与无形资产分成率并没有必然联系。因此，在评估实践中应注意采用市场法评估无形资产的操作性和可行性。

扩展阅读：

《资产评估执业准则——无形资产》第二十三条规定，资产评估师使用市场法时应当注意下列事项：(1) 考虑该无形资产或者类似无形资产是否存在活跃的市场，考虑市场法的适用性；(2) 收集类似无形资产交易案例的市场交易价格、交易时间及交易条件等交易信息；(3) 选择具有比较基础的可比无形资产交易案例；(4) 收集评估对象近期的交易信息；(5) 对可比交易案例和评估对象近期交易信息进行必要调整。

第四节 无形资产评估的收益法

一、运用收益法评估无形资产的前提条件

收益法是指通过估算被评估资产未来预期收益并折算成现值以确定被评估资产价值的方法。收益法确定的无形资产价值是基于预期原则和效用原则的理论基础，即被评估无形资产的未来效用越大，获利能力越强，其价值越大。

运用收益法评估无形资产必须具备以下两个前提条件：一是被评估资产未来预期收益可以用货币衡量；二是资产所有者所承担的风险也能用货币衡量。

对于以无形资产投资为目的的评估业务，无形资产价值主要体现为它所提供的未来经济利益，因此，以投资为目的的无形资产评估应该以资产的获利能力为评估对象，优先考虑采用收益法进行价值评估。

二、运用收益法评估无形资产的过程分析

运用收益法对无形资产价值进行评估需要对以下三个要素进行分析和测算：一是确定无形资产预期经济收益；二是确定预期经济收益的期间；三是确定考虑未来预期收益的风险因素后的适当资本化率。

（一）无形资产预期经济收益的确定

在收益法评估无形资产中，收益是指无形资产带来的超额收益。由于现行会计核算制

度不能全面反映无形资产的构成和价值，评估机构和专业人员必须对影响被评估无形资产价值的历史业绩、现行结构和社会经济发展趋势等进行深入分析，从企业整体的总收益中剥离有形资产按社会或行业平均水平取得的收益，剩余部分即为无形资产带来的超额收益，是无形资产对企业收益的贡献。常用的计算方法有：

1. 增量收益估算法

通过对未使用无形资产与使用无形资产的前后情况对比分析，确定无形资产带来的增量收益额。从无形资产为特定持有主体带来的经济利益看，无形资产一般可分为收入增长型和成本费用节约型。使用收入增长型无形资产，能使产品以高出同类产品的价格销售获得超额利润，或者在价格不变的情况下销量增加、市场占有率扩大，形成增量收益。计算增量收益的公式为：

$$R=(P_2-P_1)Q(1-T)$$

式中：R 为增量收益；P_2 为使用无形资产产品的价格；P_1 为不使用无形资产产品的价格；Q 为产品销售量（此处假定产品销售量不变）；T 为所得税税率。

销量增加情况下形成的增量收益的计算公式为：

$$R=(Q_2-Q_1)(P-C)(1-T)$$

式中：R 为增量收益；Q_2 为使用无形资产产品的销售量；Q_1 为不使用无形资产产品的销售量；P 为产品价格（此处假定产品价格不变）；C 为产品单位成本；T 为所得税税率。

使用费用节约型无形资产，能降低产品成本费用，形成增量收益。其计算公式为：

$$R=(C_1-C_2)Q(1-T)$$

式中：R 为增量收益；C_2 为使用无形资产的产品单位成本；C_1 为不使用无形资产的产品的单位成本；Q 为产品销售量（此处假定产品销售量不变）；T 为所得税税率。

在评估实务中，无形资产所带来的增量收益往往是收入变动和成本费用变动的综合结果。比如使用了某项无形资产后，企业劳动生产率提高、成本费用节约、产品性能提高和市场销量扩大等。收入增加型和费用节约型的划分只具相对意义，在实际工作中应具体情况具体分析，科学测算无形资产形成的增量收益。

当无法将使用了无形资产和没有使用无形资产的收益情况进行对比时，采用无形资产和其他类型资产在经济活动中的综合收益与行业平均水平进行比较，也可以得到无形资产的增量收益。具体评估思路为：

（1）收集有关使用无形资产的产品生产经营活动财务资料，进行盈利分析，得到经营利润和销售利润率等基本数据；

（2）对上述生产经营活动中的资金占用情况（固定资产、流动资产和已有账面价值的其他无形资产）进行统计；

（3）收集行业平均收益率等指标；

（4）计算无形资产带来的增量收益，基本公式如下：

无形资产增量收益额 = 净利润 − 净资产总额 × 行业平均收益率

使用上述公式得到的增量收益额往往是无形资产组合收益，而非完全由被评估的某种无形资产带来，除非能够认定只有这种无形资产存在。因此，采用这种方法计算出的增量收益额还需要进一步分解处理，以分离出标的无形资产带来的增量收益额。

2. 分成率法

在企业将无形资产单独进行投资或转让且受让方明确的情况下，可以比较受让方使用该无形资产前后的利润，将其差额作为使用该无形资产所获得的新增利润，再按照一定的分成比例计算无形资产转让方可获得的预期收益。

无形资产收益额 = 销售收入（利润）× 销售收入（利润）分成率 ×（1 − 所得税税率）

上述公式中的分成率包括销售利润分成率和销售收入分成率两种形式。实务中因为利润额不稳定且不易控制和核实，经常按下述公式进行变通，将利润分成率转化成收入分成率，俗称“抽头”。

销售收入分成率 = 销售利润分成率 × 销售利润率

销售利润分成率 = 销售收入分成率 ÷ 销售利润率

尽管销售收入分成率和利润分成率之间存在一定关系，并可以通过数学公式进行换算，但是必须明确销售收入分成率合理的基础仍然是利润分成率。可见，尽管按销售收入分成的现实性和可操作性较强，但是很难看出转让价格是否合理。因此在评估中应以利润分成率为基础。

无形资产收入或利润分成率的选择可参考行业水平确定，如行业技术分成率、特许使用权分成率、商标分成率等。如果没有现成的行业约定俗成的分成率，则可采用边际比率法或约当投资分成法来确定。

（1）边际比率法。边际比率法是指利用企业使用某项无形资产后实现的利润增量与企业使用该项无形资产后实现的总利润的比例来确定利润分成率的一种方法。该方法的具体步骤是：首先，分析无形资产边际贡献因素。如开辟新市场，垄断加价因素；成本费用降低因素；产品质量改进因素。其次，测算无形资产寿命期间的利润总量和追加利润总量，并折算为现值。最后，按利润总额现值和追加利润现值计算利润分成率。这种方法的关键在于科学分析预测使用无形资产后所实现的利润增量，计算公式如下：

利润分成率 =（$\sum$ 追加利润现值 ÷ $\sum$ 利润总额现值）× 100%

［例 2 − 1］ 企业转让一项新技术，购买方用于改造年产 10 万吨的机器设备组合。经对无形资产边际贡献因素进行分析，测算在其寿命期间各年分别可带来追加利润 100 万元、120 万元、90 万元、70 万元，分别占当年利润总额的 40%、30%、20%、15%，试评估无形资产利润分成率。（假定折现率为 10%）

评估思路：

计算各年利润总额现值之和为：

$$\frac{100 \div 40\%}{1+10\%}+\frac{120 \div 30\%}{(1+10\%)^2}+\frac{90 \div 20\%}{(1+10\%)^3}+\frac{70 \div 15\%}{(1+10\%)^4}$$

$=250 \times 0.9091+400 \times 0.8264+450 \times 0.7513+467 \times 0.6830$

$=227.275+330.56+338.085+318.961$

$=1214.881$（万元）

计算追加利润现值之和为：

$$\frac{100}{1+10\%}+\frac{120}{(1+10\%)^2}+\frac{90}{(1+10\%)^3}+\frac{70}{(1+10\%)^4}$$

$=100 \times 0.9091+120 \times 0.8264+90 \times 0.7513+70 \times 0.6830$

$=90.91+99.168+67.617+47.81$

$=305.505$（万元）

按公式计算无形资产利润分成率为：

$305.505 \div 1214.881 \times 100\%=25\%$

（2）约当投资分成法。约当投资分成法是指在成本的基础上附加一定的成本利润率折合成无形资产约当投资，再按无形资产折合的约当投资额与购买方投入资产的约当投资额的比例确定利润分成率的一种方法。计算公式如下：

$$\text{无形资产利润分成率}=\frac{\text{无形资产约当投资量}}{\text{购买方约当投资量}+\text{无形资产约当投资量}} \times 100\%$$

无形资产约当投资量 = 无形资产重置成本 ×（1 + 适用成本利润率）

购买方约当投资量 = 购买方投入总资产的重置成本 ×（1 + 适用成本利润率）

［例2－2］ 甲企业以一项自创技术向乙企业投资，该技术的重置成本为100万元，乙企业拟投入合营的资产重置成本为8000万元，甲企业无形资产成本利润率为500%，乙企业拟合作的资产利润率为12.5%。试评估无形资产投资的利润分成率。

评估思路：

如果按投资双方的投资品的成本价格折算利润分成率，就不能体现无形资产作为知识智能密集型资产的较高生产率。因而应采用约当投资分成法评估利润分成率。

无形资产约当投资量为：

$100 \times(1+500\%)=600$（万元）

乙企业约当投资量为：

$8000 \times(1+12.5\%)=9000$（万元）

甲企业投资无形资产利润分成率为：

$600 \div(9000+600) \times 100\%=6.25\%$

（3）超额收益估算法。超额收益估算法是从企业全部收益中扣除归属于企业有形资产产生的收益，以确定企业无形资产带来的超额收益。企业全部收益通常采用息税前利润或现金流计量，有形资产价值则采用相应有形资产价值乘以该类有形资产在经济社会中使用的投资回报率得到。基本公式如下：

企业无形资产超额收益 = 企业全部收益 - 企业有形资产的收益

通过上述公式估算出企业无形资产超额收益后，还需要判断该超额收益是否完全由标的无形资产产生，如果还存在其他无形资产，则需要进一步分离出标的无形资产的超额收益。

（二）确定无形资产预期经济收益的期间

1. 无形资产预期经济收益期限

无形资产预期经济收益期限是指无形资产发挥作用并具有超额收益能力的时间。无形资产损耗的价值量，是确定无形资产预期经济收益期限的前提。无形资产没有物质实体，其价值不会因使用期限的延长而发生有形损耗，但是由于以下原因会形成无形损耗。

第一，新的、更为先进、更经济的无形资产出现，这种新的无形资产可以替代旧的无形资产，使原无形资产价值减少以至丧失；

第二，无形资产传播面扩大，其他企业普遍合法掌握这种无形资产，使拥有这种无形资产的企业获取超额收益的能力降低，其价值减小直至消失；

第三，企业拥有的某项无形资产所决定的产品需求大幅度下降，导致该无形资产价值减少直至完全丧失。

因此，无形资产具有超额获利能力的时间才是无形资产预期经济收益期限。

2. 无形资产预期经济收益期限的原则

一般来说，无形资产的收益期限由其剩余经济寿命决定，但无形资产的法律和合同保护期限也会对其预期经济收益期限产生影响。如专利权、版权、租赁权、供货和销售合同、专营权、生产许可证、土地使用权、矿业权等许多无形资产都具有明确的法律和合同保护的有效期限。无形资产预期经济收益期限必须同时满足有效和获利的双重约束，在无形资产评估中应遵循剩余经济寿命与法律和合同保护的有效期限孰短原则。

若法律未规定有效期，企业合同或企业申请书中规定了受益年限，则按照规定的受益年限确定，但要分析法定或合同期限内是否还具有剩余经济寿命；若法律或企业合同或申请书均未规定有效期限和受益年限，按预计受益年限确定。预计受益年限可以采用统计分析或与同类资产比较得出。除此之外，还应充分考虑技术成熟程度与其所处生命周期、无形资产的转让期限以及市场供求状况等因素对收益期限的影响。

3. 无形资产预期经济收益期限的预测方法

（1）法定年限法。著作权、专利权、商标权、专营权等都是由于受到法律（或合同）的特定保护而形成的企业无形资产，这些资产具有的法律（或合同）的保护期限即为其经济寿命上限。在预测这些资产的经济收益期限时，需要考虑在法律（或合同）的保护期限内是否还具有超额收益能力，通常遵循法定或合同期限与剩余经济寿命孰短原则进行预测。

（2）更新周期法。更新周期分为产品更新周期和技术更新周期。产品更新周期主要适用于高技术和新兴产业的产品，这类产品的更新周期决定了依附于这类产品上的无形资产的更新周期，比如产品的实用新型设计类无形资产，必然随着产品更新而更迭。技术更新周期适用于新一代技术替代原有技术的情况，通常依据同类无形资产的历史数据进行统计分析估算。

（3）剩余经济寿命法。这种方法是根据产品市场竞争情况、替代技术和更新趋势等进行预测，直接估算无形资产尚可使用寿命。预测时通常需要咨询技术和市场专家的意见，并结合标的无形资产及其特定业务资产组的特征进行调整。

（三）确定适当的资本化率

资本化率或折现率是将无形资产带来的未来超额收益转换成现值的比率。资本化率的测算需要考虑无形资产运营中的宏观和微观风险。

1. 无形资产运营中的风险

（1）宏观风险。无形资产占比高的企业通常在运营中都面临市场竞争激烈、无形资产保护难度大、不确定性强等特征，其风险往往比传统的有形资产主导的企业面临的风险大。无形资产运营中的宏观风险具体体现为政策风险、法律风险、市场风险和技术（替代）风险等。政策风险指财政、货币、税收、汇率、产业等变动引致的社会总需求、市场利率和无形资产筹资成本的变化；法律风险是无形资产法律保护的种类、期限、范围、程度等对无形资产价值评估的影响；市场风险是无形资产所处产业的成长前景、产品的市场需求、市场扩散速度、占有率及同类产品的供求状况等对无形资产价值评估的影响；技术（替代）风险指无形资产的创新性、先进性、可替代性及其产品和服务的更新速度等对无形资产价值评估的影响。

（2）微观风险。无形资产运营中的微观风险包括研发风险、资产管理风险、财务风险和商业化风险等。无形资产的研发需要大量的资金和时间投入，外部环境的变化可能会使前期投入产生的研发成果失去商业价值，形成研发风险。无形资产必须与特定业务资产组结合才能创造超额收益，这对于企业资产管理能力提出了挑战，可能会形成企业资产管理风险。无形资产交易双方的财务状况及其稳定性会对无形资产未来收益的预测产生影响，从而构成无形资产运营中的财务风险。商业化风险指无形资产在研发和商业化的不同阶段对应的风险程度有差异，风险报酬率也会呈现不同特征。

综上，资本化率的测算需要综合考虑无形资产不同时期的具体风险状态特征，才能合理确定适当的资本化率。

2. 无形资产资本化率的测算方法

（1）风险累加法。资本化率本质上是受让方投资无形资产的投资回报率，其大小取决于无形资产投资的风险和社会正常的投资收益率，因此，无形资产评估中的资本化率由社会正常投资报酬率（或无风险投资报酬率）和无形资产投资的风险报酬率两部分组成。风险累加法就是将无形资产的无风险报酬率和风险报酬率量化并累加，进而确定无形资产资本化率的方法。无风险报酬率是社会正常投资报酬率，是正常条件下的投资获利水平，是所有投资都应该得到的投资回报率。风险报酬率是投资者承担投资风险所获得的超过无风险报酬率以上的部分的投资回报率。

资本化率 = 无风险投资报酬率 + 风险报酬率

在市场经济比较发达的国家，无风险报酬率一般选择政府债券利率。无形资产投资风险报酬率需要基于无形资产的不同类别、无形资产本身的状况、运用和实施无形资产的外部环境等对未来收益的风险影响因素和收益获得的其他外部因素等具体情况，考虑无形资产运营中可能面临的政策、法律、市场、技术（替代或更新）等宏观风险，以及研发、资产管理、财务和商业化等微观风险，逐项分析并科学测算。

（2）逐项拆分法。由于无形资产作用的发挥和价值的体现与其他相关资产联系紧密，可以采用回报率逐项拆分法来测算无形资产的资本化率。计算公式为：

$$\begin{aligned}\text{无形资产投资回报率} &= \frac{\text{全部资产市场价值}}{\text{无形资产市场价值}} \times \Big(\text{整个企业平均投资回报率} - \text{营运资金投资回报率} \times \frac{\text{营运资金市场价值}}{\text{全部资产市场价值}} \\ &\quad - \text{固定资产投资回报率} \times \frac{\text{固定资产市场价值}}{\text{全部资产市场价值}}\Big)\end{aligned}$$

测算步骤如下：

①分析企业利润来源，确定企业整体回报率。通常情况下，企业经济效益来源于持续经营条件下对各项资产投资产生的收益，即企业对各项资产的整体利用。企业总收益可以根据各项资产的重要性和风险程度，按一定比例分配给各组成部分。企业整体回报率是投资者期望报酬率，采用加权平均资本成本（WACC）确定。

②根据不同资产价值的相关投资风险程度，测算固定资产、营运资金等各项资产的投资回报率，及各项资产的比重，然后通过分割加权平均资本成本推算出无形资产回报率。

③将计算出的税后无形资产投资回报率转换成税前口径，与收益口径保持一致。

3. 测算无形资产资本化率时应注意的问题

（1）无形资产虽然投资收益高，但是必须与特定业务资产组结合才能创造价值，无形资产的变通利用能力差，是企业经营中风险最高的资产类型。因此，无形资产评估中的资本化率一般都高于固定资产和流动资产。

（2）无形资产评估中的资本化率不同于企业价值评估中的资本化率。企业价值评估中的资本化率是对固定资产、无形资产、流动资产等各类资产回报率的综合体现，不能直接用作无形资产评估的资本化率。无形资产评估中的资本化率是基于无形资产的不同类别特征及其未来预期收益的宏微观影响因素的综合分析确定的。

（3）资本化率的口径应与无形资产收益预测中采用的收益额的口径保持一致。如果无形资产预测收益额的口径是净利润，则资本化率的口径也应该是净利润；如果无形资产预测收益额的口径是净现金流，则资本化率的口径也应该是净现金流；如果无形资产预测收益额的口径是税前利润，则资本化率的口径也应该是税前利润。

扩展阅读：

《资产评估执业准则——无形资产》第二十二条规定，资产评估师使用收益法时应当注意下列事项：

（1）在获取无形资产相关信息的基础上，根据该无形资产或者类似无形资产的历史实施情况及未来应用前景，结合无形资产实施或者拟实施企业经营状况，重点分析无形资产经济收益的可预测性，考虑收益法的适用性；

（2）估算无形资产带来的预期收益，区分评估对象无形资产和其他无形资产与其他资产所获得的收益，分析与之有关的预期变动、收益期限，与收益有关的成本费用、配套资产、现金流量、风险因素；

（3）保持预期收益口径与折现率口径一致；

（4）根据无形资产实施过程中的风险因素及货币时间价值等因素估算折现率；

（5）综合分析无形资产的剩余经济寿命、法定寿命及其他相关因素，确定收益期限。

第五节　无形资产评估的成本法

一、运用成本法评估无形资产的前提条件

成本法是按照被评估资产的现时重置成本扣减其各项损耗价值以确定被评估资产价值的方法。成本法的理论基础是资产的价值不应超过其重置时的费用。当无形资产确实具有现实或潜在的获利能力，但是难以量化，不满足收益法的适用条件时，应以无形资产的重置成本为基础来评估其价值。但无形资产的成本具有虚拟性、弱对应性和不完整性，无形资产的重置成本可能与其实际价值不一致。同时无形资产的价值也是不断变化的，采用成本法评估必须同时考虑无形资产的重置成本和贬值，后者主要指功能性贬值和经济性贬值所形成的损失。

因此，采用成本法评估无形资产应满足以下两个前提条件：一是成本法中的各种指标

的测算都是以历史资料的收集整理和分析为基础，采用成本法必须具备可利用的历史资料；二是形成无形资产价值的耗费是必需的。耗费是形成资产价值的基础，耗费包括有效耗费和无效耗费，采用成本法评估无形资产，需要确定形成无形资产的耗费是必需的而且应体现社会或行业平均水平。

二、运用成本法评估无形资产的过程分析

采用成本法评估无形资产的基本公式为：

被评估无形资产价值 = 重置成本 - 功能性贬值 - 经济性贬值

或

被评估无形资产价值 = 重置成本 × 成新率

以上基本公式为正确使用成本法评估资产提供了思路，在评估操作中，可以依据此思路确定各项技术经济指标。

（一）无形资产的重置成本及其测算

无形资产重置成本是指在评估时点的经济技术条件下，重新取得该项无形资产所需支付的全部费用。测算无形资产重置成本需要区分是自创无形资产还是外购无形资产。自创无形资产的重置成本根据无形资产生产过程中所消耗的费用计算，外购无形资产的重置成本则根据购买的相关费用计算。自创无形资产和外购无形资产的取得方式不同，其重置成本所包含的内容和信息来源依据存在较大差别，在确定重置成本时应分别考虑。

1. 自创无形资产的重置成本构成与测算

自创无形资产的重置成本主要包括无形资产研制、开发、持有期间发生的全部物化劳动和活劳动支出。这些费用一般当期发生、当期负担，企业资产账簿上不能直接反映出来。因此，评估前应认真查阅当时的费用记录或专用基金等账户，积累有关成本资料。

测算自创无形资产的重置成本可以采用以下方法：

（1）重置核算法。将无形资产开发的各项支出（包括资金成本和合理利润）按现行价格和费用标准逐项累加核算。具体计算公式如下：

重置成本 = 直接成本 + 间接成本 + 资金成本 + 合理利润

$$\begin{aligned}\text{无形资产直接成本} &= \sum(\text{物质资料实际消耗量} \times \text{现行价格}) \\ &\quad + \sum(\text{实耗工时} \times \text{现行费用标准})\end{aligned}$$

其中，直接成本按照无形资产发明创造过程中实际发生的材料、工时消耗量的现行价格和费用标准计算，间接成本按照直接成本的一定比率计算。

（2）物价指数法。当自创无形资产已有账面价值，且在全部资产中所占比重不大时，可直接用物价指数进行调整得到重置成本。计算公式为：

$$无形资产重置成本=无形资产账面成本\times\frac{评估时物价指数}{创造时物价指数}$$

（3）市价调整法。如果在评估时，市场上有类似无形资产出售，可按照类似无形资产的现行成本确定，或按市场售价的一般比率，由类似无形资产的市场售价换算确定重置成本，再根据不同评估目的计算评估值。计算公式为：

无形资产重置成本＝类似无形资产市场售价×成本市价比率

式中，无形资产自制成本与市场售价的一般比率（成本市价比率），可以根据本企业有代表性的无形资产的自制成本和市场售价的加权平均比率来确定。如果没有相应数据，可采用同类无形资产的销售成本率来代替。

［例2－3］ 某企业拥有一种疾病诊断试剂的制备技术，假定按国家规定可估价摊销。现有类似技术上市，技术转让费80万元。又知该企业有三项专有技术，其开发成本分别为60万元、80万元和120万元，相应的市价为120万元、200万元和250万元。试按市价调整法评估该技术的重置成本。

解析：已知同类技术的市价为80万元，只需乘以成本市价比率，即可求得该技术的重置成本。又知一组该企业专有技术的成本与市价的有代表性的数据，可按加权平均法求出成本市价比率的经验数据。

由题中条件得：

$$成本市价比率=\frac{60+80+120}{120+200+250}\times100\%=45.6\%$$

由于类似技术的市价为80万元，故该企业的这种疾病诊断试剂的制备技术的重置成本估价为：

80×45.6%＝36.5（万元）

［例2－4］ 接上例，类似技术转让费为80万元，销售利润率为55%，尚无其他可供参考的成本市价比率的经验数据，试评估该企业的这种疾病诊断试剂的制备技术的重置成本。

解析：已知类似技术的销售利润率为55%，则销售成本率为：

1－55%＝45%

评估该企业的这种疾病诊断试剂的制备技术的重置成本为：

80×45%＝36（万元）

（4）倍加系数法。由于无形资产是创造性劳动的成果，考虑到这种复杂劳动所创造出的价值远远超过简单劳动所创造出的价值，因而在计算活劳动支出时设置一个创造性劳动的倍加系数。另外，无形资产在研制开发过程中面临较大的风险，往往在经历无数次的失败之后才得以研制成功，因此在评估自创无形资产的重置成本时引入适当的风险系数。自创无形资产的重置成本评估公式如下：

$$C=\frac{C_0+\beta_1 Y}{1-\beta_2}\times(1+L)$$

式中：C 为自创无形资产重置成本；C_0 为研发无形资产所消耗的物化劳动支出；Y 为研发无形资产所消耗的活劳动支出；β_1 为科研人员创造性劳动的倍加系数；β_2 为科研的平均风险系数；L 为无形资产投资报酬率。

[例 2-5] 科铭公司自创一项专利技术，花费原材料、燃料动力、设备折旧和仪器仪表等费用 10 万元、人工费用 4 万元、其他费用 1.8 万元。科研人员创造性劳动的倍加系数为 4.5，科研的平均风险系数为 25%，该项无形资产投资报酬率为 20%，行业基准收益率为 30%。试估算科铭公司该项自创专利的重置成本。

解析：依照上述公式计算：

$$C=\frac{10+4.5\times4+1.8}{1-0.25}\times(1+0.2)=47.68\text{（万元）}$$

即科铭公司的这项自创专利技术重置成本为 47.68 万元。

在评估实践中，大多数企业自创无形资产的成本数据都不完整，使成本法的应用受到一定的限制。当没有较完备的费用支出资料作为无形资产评估依据时，可以参照类似有形资产重置成本的确定方法，通过一些因素的调整来估测无形资产重置成本。

2. 外购无形资产的重置成本构成与测算

外购无形资产一般都有购置时的原始记录，因而相对于自创无形资产而言比较容易计量。外购无形资产的重置成本主要包括购买价格与购买费用。购买费用是指购买过程中发生的各种费用，包括技术资料费、技术服务费、交易过程中的差旅费以及有关的手续费等。外购无形资产重置成本的计算一般采用市价类比法和物价指数法。如果在无形资产交易市场能收集到类似参照物，可以通过比较，调整其功能和技术先进性、适用性等差异的方式，确定评估对象的现行购买价格。反之，当无形资产交易市场缺乏类似参照物时，可以评估标的账面历史成本为依据，用物价指数进行调整来估算其重置成本。

（1）市价类比法。其基本思路是在无形资产交易市场选择类似参照物，比较它们在功能和技术先进性、适用性等方面的差异，并调整差异得到评估对象的评估值。

[例 2-6] 某机车制造公司购买德国某公司的高效磨削技术专利，原购价 100 万元。现有三家企业购买该项专利，买价分别为 200 万元、170 万元和 150 万元，三种技术专利各有特色，与该厂购买的专利也有区别。四种技术专利功能系数分别为 100、90、80 和 60（对应的购价分别是 200 万元、170 万元、150 万元和 100 万元）。购置费用相当于购买价的 1%。试评估该企业购买高效削磨技术的重置成本。

解析：由于该项无形资产的买价分别为 200 万元、170 万元、150 万元和 100 万元，说明买价和功能差别的相关度较高，可做功能价格的回归分析。运用最小二乘法求价格 F 与功能系数 X 的关系式：

$F = a + bX$ ①

已知：F=200，170，150；X=100，90，80

按最小二乘法得：a = −51.57，b=2.5

$F = -51.57 + 2.5X$ ②

又知被评估资产功能系数为60，按现行市价类比并考虑功能因素，将①代入②，得：

重置购价 = −51.57 +2.5 ×60 =98.43（万元）

该项无形资产实际购置费用相当于购买价的1%，故购置费用重估价为：

98.43 ×1% =0.9843（万元）

该项无形资产的重置成本=98.43 +0.9843 =99.41（万元）

（2）物价指数调整法。由于无形资产通常不存在使用价值形态的再生产问题，它的补偿主要是价值形态的补偿，因此可以根据物价指数对原始成本进行调整来评估无形资产重置成本。从无形资产价值补偿看，主要是物质消耗费用和活劳动消耗费用。前者与生产资料价格指数相关度较高，后者与生活费用价格指数相关度较高，并最终通过工资、福利标准的调整体现出来。不同的无形资产两类费用的比重可能有较大差别，一些需要利用现代科学和实验手段的无形资产，物质消耗的比重就较大。当生产资料物价指数与生活资料物价指数差别较大时，可以按两类费用的大致比例，结合适用的生产资料物价指数与生活资料物价指数分别估算。当两种物价指数较接近，且两类费用的比重有较大倾斜时，可按比重较大的费用适用的物价指数进行估算。

（二）无形资产的贬值和成新率的估测

由于无形资产本身不具有独立的物质形态，因而也就不存在实体性贬值。无形资产贬值的主要表现形式为功能性贬值和经济性贬值。功能性贬值计算的是无形资产在剩余经济寿命期内因功能落后所导致的销售利润的减少或生产成本的上升。一般地，土地使用权、商标权等无形资产不考虑其功能性贬值，而专利权、专有技术等技术型无形资产的功能性贬值则很显著。经济性贬值是指由于外部客观条件的变化而造成的无形资产贬值。如一项摩托车节油技术的发明专利，当政府规定停止办理摩托车驾驶执照后，摩托车销量骤减，摩托车生产企业也纷纷转产。此时，即使该项节油技术很先进，其价值也会一落千丈。由于直接确定无形资产的功能性贬值和经济性贬值存在一定的难度，而这两方面的贬值又主要通过无形资产使用寿命的缩短来体现，因此无形资产的成新率可用下列公式计算：

$$无形资产成新率 = \frac{无形资产尚可使用年限}{无形资产尚可使用年限 + 无形资产实际已使用年限} \times 100\%$$

式中，无形资产已使用年限比较容易确定，无形资产尚可使用年限（剩余使用年限）可以采用两种方法确定：

(1) 根据法定年限扣除已使用年限作为剩余年限，这种方法特别适用于受到国家法规保护的知识产权的评估。但要注意年限法计算成新率的前提是无形资产贬值与其经济寿命呈线性关系，否则不能直接使用上述公式计算。比如影视作品著作权资产，其经济收益的80%—90%在第一轮放映期就实现了，剩余很长的经济寿命期内仅有10%—20%的经济收益，这种情况下就不能采用年限法。

(2) 根据无形资产的性质和技术进步的趋势，由评估机构和专业人员会同该无形资产技术领域的专家一起对该无形资产的先进性、适用性进行预测和判断，从而确定其成新率。此法适用于那些无法确定年限的无形资产。

扩展阅读：

《资产评估执业准则——无形资产》第二十四条规定，资产评估师使用成本法时应当注意下列事项：

(1) 根据无形资产形成的全部投入，考虑无形资产价值与成本的相关程度，考虑成本法的适用性；

(2) 确定无形资产的重置成本，无形资产的重置成本包括合理的成本、利润和相关税费；

(3) 确定无形资产贬值。

三、成本法应用案例

（一）案例基本情况

D公司拟将其拥有的“DK智能核定使用商品（第9类）”商标权转让给A公司，该商标注册具体情况如下：

注册证号：第12345678号

注册人：N市D公司

注册有效期限：2013年5月14日至2023年5月13日

本次评估的价值类型为市场价值，评估基准日为2017年3月31日。

（二）评估过程和结果

1. 评估方法的选择

商标权是指商品生产者或经营者依照法定程序向国家有关部门申请注册并取得对该商标的占有、使用、收益和处分的权利。对于商标类无形资产的评估，一般采用收益法、市场法和成本法。

市场法主要是通过在商标市场或产权市场、资本市场上选择相同或相似的商标作为参照物，针对各种价值影响因素，如商标的功能进行类比，将被评估商标与参照物商标进行价格差异的比较调整，分析各项调整结果，确定商标的价值。使用市场法评估商标的必要前提包括：市场数据公开；存在具有可比性的商标的参照物；参照物价值影响因素明确，能够量化。由于我国商标权交易市场不活跃，商标产品交易数据采集较为困难，市场法在本次评估中不具有操作性。

收益法是通过估算商标权未来寿命期内预期超额收益，并以适当的折现率折算成现值来确定商标权价值的评估方法。使用收益法评估商标的必要前提是商标能给商标使用企业带来超额收益。

据评估人员调查了解，该企业商标在行业内知名度一般，在未来期间内商标给企业带来的价值和收益不明确，因此基于谨慎原则，本次对委托评估的商标采用成本法评定估算。

2. 评估模型

成本法是以商标权无形资产形成过程中所需要投入的各种费用成本为依据来确定商标权价值的一种方法。

商标权成本通常包括商标图案设计费用、商标初始注册及续延需要交纳的费用以及商标使用成本。该商标权重置成本评估模型为：

$P = C_1 + C_2 + C_3$

式中：P 为商标权重置成本评估值；C_1为设计成本；C_2为注册及续延成本；C_3为维护使用成本。

3. 评估模型中各项参数的确定

评估专业人员在采用成本法对商标权价值进行评估的过程中，与公司商标研发人员、财务人员和管理人员进行了沟通，查阅了相关文件，核实了设计、注册、使用和维护过程中的相关财务记录，并对同类商标的设计、注册、延续、维护、使用等情况进行了市场调研，然后结合成本法的评估思路和主要参数的确定原则进行评定估算，并形成了最终评估结论。

（1）设计成本。通过咨询了解此类商标设计公司，设计、取名费用报价在 800—2000 元，经综合评价，设计、取名费用为 1000 元。

（2）注册及延续成本。根据《中华人民共和国商标法》的规定，注册商标使用期为 10 年，目前商标注册费为每 10 年 1000 元，已使用 3.88 年，尚可使用 6.12 年；注册代理费为 600 元。

注册及延续成本 $= 1000 \times 6.12/10 + 600 = 1212.05$（元）

（3）维护使用成本。根据《中华人民共和国商标法实施条例》第三十九条的规定，注册商标连续三年停止使用的，任何人可以向商标局申请撤销该注册商标。注册商标使用包括将商标用于商品、商品包装或者容器以及商品交易文书上，或者将商标用于广告宣传、展览以及其他商业活动。据评估人员调查了解，D 公司注册此商标仅是为保护其他在用商标而采取的保护性注册，只用于商标宣传中的简要介绍，很少用于企业生产的商品。由于 D 公司无法提供商标维护使用费用依据，评估人员根据市场调查，确定此类企业商标的维护使用平均费用约为 5000 元/年。

维护使用成本 $= 3.88 \times 5000 = 19400$（元）

DK 商标权重置成本评估如表 2 -1 所示。

表 2 -1　　DK 商标权无形资产评估计算　　单位：元

注册号	DK 智能核定使用商品（第 9 类）
设计成本	1000.00
注册及延续成本	1212.05
维护使用成本	19400.00
重置成本合计	21612.05

4. 商标权评估结论

该商标权作为无形资产，没有实体性贬值。前面已经考虑了其功能不变的维护使用成本，不存在无形损耗。

通过评估计算，得出 D 公司的该商标权价值为 21612.05 元。

（本案例根据《北京安控科技股份有限公司拟收购宁波市东望智能系统工程有限公司股权项目资产评估说明》改编）

思考题

1. 简述履行无形资产评估程序的重要性。
2. 简述无形资产信息资料收集的内容。
3. 简述无形资产清查核实的方法。
4. 用市场法评估无形资产价值应注意哪些问题?
5. 简述无形资产预期收益的常用测算方法。
6. 无形资产预期收益期限的确定有哪些常用方法?
7. 简述自创无形资产重置成本的常用测算方法。

本章参考文献

1.《资产评估执业准则——无形资产》(2017 年)。

2. 《资产评估执业准则——评估程序》（2017 年）。

3. 《资产评估执业准则——评估档案》（2017 年）。

4. 中国资产评估协会编：《资产评估实务（二）》，中国财政经济出版社 2020 年版。

5. 汪海粟主编：《无形资产评估》，中国人民大学出版社 2002 年版。

第三章

技术类无形资产评估

本章学习目标

1. 对技术类无形资产有一个全面、清晰的认知。
2. 了解专利资产和专有技术资产的含义、特点及差异。
3. 掌握技术类资产的价值特征及影响因素。
4. 掌握技术类无形资产的常用评估方法。

引导案例[①]

上海真兰仪表科技股份有限公司是由全球领先的计量仪表制造巨头、欧洲三大能源服务商之一的德国米诺—真兰集团投资成立的股份有限公司，成立于2011年11月29日。

2018年，上海真兰仪表科技股份有限公司正处于迅速扩张期，因公司上下游付款及收款结算存在时间差，存在一定的短期资金需求。由于企业是轻资产科技型企业，很难通过传统的实物抵押方式获得银行融资。

针对该企业，兴业银行进行深入调研，发现其拥有数量可观的专利技术并聘请连城评估公司对其专利权的价值评估。依据其专利技术价值，上海真兰仪表科技股份有限公司获得兴业银行上海分行1年期490万元流动资金贷款。该笔贷款也是兴业银行上海分行首单“知识产权质押贷款”。

通过对上海真兰仪表科技股份有限公司专利权进行评估，明确了专利权的价值，企业因此获得了银行融资，促进了企业的发展。

技术类无形资产是无形资产的重要组成部分，主要包括专利权和专有技术。本章对技术类无形资产的类型和特点、价值影响因素及常用的评估方法等进行较全面的介绍。

第一节 专利权与专有技术

专利权与专有技术两者同属于技术类无形资产，两者有诸多共同之处，也存在一些区别。本节对这两种无形资产分别进行介绍，并进行对比分析。

一、专利权

（一）专利权的概念

专利权是发明创造人或其权利受让人对特定的发明创造在一定期限内依法享有的独占实施权。专利权本质上是一个法律概念，是一种由法律所赋予的权利。专利权之所以能够归为一种资产，是因为除了专利权所包含的技术方案本身具有价值外，专利权还能通过许可、转让和质押融资等方式为权利人带来收益。

我国专利法将专利分为发明、实用新型和外观设计三种类型。发明是指对产品、方法或者其改进所提出的新的技术方案。实用新型是指对产品的形状、构造或者其结合所提出

① 案例来源：《中国会计报》，2020年11月20日第7版。

的适于实用的新的技术方案。外观设计是指对产品的整体或者局部的形状、图案或者其结合以及色彩与形状、图案的结合所做出的富有美感并适于工业应用的新设计。[①] 对于三种类型的专利，专利法规定了不同的授权条件。发明和实用新型，应当具备新颖性、创造性和实用性，即需要符合不同于现有技术、有突出特点或显著进步、能够被应用于生产生活三个条件。外观设计，也应当不属于现有设计，即与国内外公众所知的设计有明显区别。

专利应用在生产生活中的例子不胜枚举。例如，中国高铁之所以能够领跑全世界，很重要的一个原因是中国高铁背后无数的专利技术。以“人性化”座椅为例，为了满足部分乘客的需求，高铁的座椅可以实现180°的旋转，支撑这一功能的是申请号为CN201220734549. X的专利，此项技术大部分国家的列车都不具备。[②]

（二）专利权的资产特点

专利资产主要具备以下几个特点：

1. 确认复杂

专利权能够归为资产的前提条件包括两个：第一，专利技术能够为专利权人或者权利拥有者带来经济利益；第二，必须在法律规定的范围内使用。法律既对专利进行保护，也对专利权可以使用的范围有所限制，这使得专利资产的确认相对于其他有形资产而言更为复杂。

2. 收益具有不确定性

随着科学技术的不断进步，生产实践中新技术会不断出现，一旦有新的可替代技术出现，现有专利的技术生命周期将完结，难以为权利人带来经济收益。另外，部分专利技术甚至无法应用于生产，几乎不具备收益能力。

3. 法律特征

专利权的法律特征相较于专有技术尤为明显。一方面，法律对专利权的时间做出规定。尽管各国专利法对专利权的保护期限有所不同，但对专利权的保护期限都有明确的规定，期满后权利自行终止，成为公开技术。第二，法律对专利权的地域做出规定。一项专利只在其申请并获取授权范围内才受到当地法律的保护。例如，一项专利在某个国家申请并获权，那么仅在这个国家有效，对其他国家没有约束力，因此一些重要的专利一般会在多国申请，以获得更好的保护。

二、专有技术

（一）专有技术的概念

专有技术译自英文know - how（know how to manufacture），即知道如何制造，也被称

① 《中华人民共和国专利法》（2020年修正）。

② 《中国知识产权报》，http：//www. iprchn. com/cipnews/news_content. aspx？newsId = 101133。

为秘密技术或技术诀窍。① 专有技术实质上是为制造某一特定产品或使用特定工艺所需要的秘密行动知识、经验和技能，它包括各种工艺流程、加工工艺、产品设计、图纸、技术资料、配方、技术规范，以及管理、商业财务等方面的内容。

专有技术的例子同样有很多，例如大家所熟知的可口可乐的配方，可口可乐一直将其作为商业秘密进行保护，并未申请相关专利。再如云南白药、东阿阿胶的配方，IBM 的技术规范，等等。

（二）专有技术的特点

专有技术的特点主要体现在两个方面：

1. 秘密性

专有技术一般是不为公众所知的，是一种秘密。专有技术并非是当代拥有者首创和独有的。自古以来，那些掌握特殊技艺的人，如陶瓷、染料和烹饪等工艺的创造者，总是把某些出类拔萃的技巧掌握在自己的家族手中，并由下一代传承。同样，在当今社会人们也会将优异的技术传授给自己的继承人，以谋求在该项工艺上达到垄断的目的。专有技术一旦公开，不再具备秘密性，就将丧失其价值。

2. 可传授性

专有技术要应用于生产才能为个人带来经济收益，因此仅靠一个或几个发明者的劳动是无法完全实现价值的，必须通过言传身教或是图纸、配方等方式传授给他人，专有技术才能得以延续，为继承者持续带来经济收益。

三、专利与专有技术的区别

为什么可口可乐、云南白药等公司不将自己的配方申请专利以获取法律保护？究其原因，是专利与专有技术有所不同，专有技术更有利于这类企业的发展。两者的区别主要体现在以下方面：

（一）保密性不同

专有技术的技术内容是完全保密的，除拥有者外无人知晓，如果拥有者不主动公开或者未被他人泄密，那么专有技术将一直处于保密状态。而专利的技术内容会在申请并获权后公开，成为公众所知的技术，专利的保护依赖于当地的法律。而且专利在时间和空间上均有所限制。我国《专利法》规定发明专利保护期限为 20 年，实用新型和外观设计期限为 10 年。一旦保护期限截止，专利技术将成为全民所有。同时，专利如果仅在本国申请，

---

① 万君康、凌丹：《技术类无形资产评估的原理与方法》，《研究与发展管理》，1998 年第 4 期，第 87—93 页。

那么专利权只在当地受到保护，如果后续不进行多国申请，那么极有可能在他国受到侵权。可以想象可口可乐和云南白药如果公开配方，那么受到模仿侵权的可能性极大，这也是为什么此类公司选择将配方作为专有技术进行保护，而不是申请专利以寻求法律保护。如果权利人有足够的能力保证专有技术不会被泄密，那么一定程度上专有技术的保护会更有效。

（二）技术范围不同

《专利法》规定并不是所有发明创造都能够取得专利权，例如科学发现、疾病的诊断和治疗方法是无法被授权的。

专利技术发明人基于技术保护的考虑，仅将技术创造中容易被人模仿的那一部分申请专利，而将核心部分作为专有技术加以保护。因此，专利技术有很强的单一性和局部性，技术内容和范围受到专利说明书的限制，技术范围较窄。而专有技术涉及的领域更加宽广，内容也更为完整和成熟。

专利技术一旦申请并获权，那么其技术内容将不再变化，是静态的内容。而专有技术不被专利说明书等文件限制，拥有者能够不断更新技术，因此专有技术的内容是动态的。

（三）存在的形式不同

专利技术在申请时，需要提交专利说明书，说明书中会描述发明创造的具体内容并限定专利保护的范围，因此专利技术是以书面形式存在的。

专有技术的存在方式更为多样化，可以是以配方、图纸等形式存在于书面上，也可以是以口诀等形式存在于拥有者的头脑之中，以言传身教的方式传授给继承者。

第二节　技术类无形资产的价值特征及其影响因素

技术类无形资产的价值特征、影响因素等是资产评估的重要基础，下面分别进行介绍。

一、技术类无形资产的价值特征

（一）高智能

技术类无形资产属于高智能型无形资产，在开发过程中智能上的投入要远高于资金、材料等其他方面的投入。而智能上的投入量往往直接反映了技术类无形资产的技术水平和质量，同时也与技术复杂程度相关。因此，技术类无形资产在价值评估时存在着相当大的难度。

（二）可比性差

技术类无形资产的可比性较差，主要是由于技术类无形资产的研发往往需要较长时间，成果的出现还带有较大的不确定性，即便是具备同一功能的两种类似技术，也有着诸多区别。另外，技术类无形资产不存在社会平均必要劳动量，只有个别的直接劳动量。事实上，技术类无形资产的创造发明主要是智力劳动，它具有鲜明的个性特征。不同的发明人、不同的发明时间以及不同的发明环境都会导致技术类无形资产的基本思想、构造思路或应用条件等有所区别。因此，技术类无形资产之间的可比性较差。

（三）资金成本与价值无明显关系

技术类无形资产的资金成本投入与效益关系不明显，可能出现投入低，但价值非常大的情形。如计算机软件开发通常只消耗人工、机时和一些纸张之类的低值易耗品，此类成本几乎可以忽略不计，但是优质的 MIS 系统可能会给企业带来巨大的经济效益，其资产评估价值会相当大；如果 MIS 系统不成功，那么其经济效益同样会偏低。一个应用前景广、经济效益高的专利，其包含的技术方案可能只是发明人思维活动中的瞬间火花，却蕴藏着巨大的价值。因此，与其他资产相比，技术类无形资产的资金成本投入与效益之间，呈现弱对应性关系。

（四）附加效益高

技术类资产的附加效益往往很高。以一个管理软件的应用为例，某企业使用某项管理软件后，无形资产带来的收益得到了直接提升，同时管理人员的管理水平得到提升，企业的管理模式、流程均得到优化，而这些提升均为企业后续发展做出了贡献，这种高附加效益难以定量化地表述。技术类无形资产附加效益也体现在技术类无形资产的开发均以经济与社会效益相统一作为基本出发点，对提高人民物质文化与社会福利、改善劳动条件、合理利用资源等均有推动作用。

（五）寿命周期不稳定

技术类无形资产在使用中随着时间推移会产生技术上不同程度的无形损耗，这种损耗以非物质形式表现出来，成为导致技术类无形资产的寿命不容易准确预计的根本原因。技术类无形资产技术上的无形损耗主要表现在是技术的发展。技术的发展会导致原有技术类无形资产的技术领先优势逐渐丧失，虽然技术类无形资产的功能效用不会随时间的改变而改变，但更先进的技术进入到技术类无形资产的应用领域并最终占领该领域，将旧霸主淘汰出局是一种不可逆转的趋势。因而技术类无形资产的寿命与所涉及领域技术发展的速度具有密切的关系。

二、技术类无形资产的价值影响因素

技术类无形资产的价值驱动因素主要包括技术、法律、市场、经济和战略五个方面。

（一）技术因素

从技术维度评判专利权的价值实际上是对这项专利内所有的技术成果价值的评价。在早期的相关研究中，多数学者认为技术方案的先进性和复杂程度是专利技术价值的重要依据。技术方案越复杂一定程度上意味着发明者需投入更多的时间、智力及经济成本，但是这并不意味着其一定具有更高的价值。

在三类专利中，发明专利的技术复杂程度往往高于其他两类，但价值并不如此。例如正泰集团诉天津施耐德公司专利侵权案中，正泰集团索赔金额高达1.58亿元①。而侵权的对象却是正泰集团拥有的“高分段小型断路器”，在专利分类中属于实用新型。这一案例说明了发明专利的价值高于实用新型和外观设计不是绝对的。因此，技术的先进性和复杂程度不是从技术维度评价专利价值高低的唯一标准。

现实中存在某种情形，即技术如果过于超前，无法与现有生产设备匹配，而更换现有设备意味着重新投入大量的固定资产，权衡之下企业很可能放弃该技术方案的应用。因此技术的成熟度和应用于生产的难易度也应该作为其价值高低的评判标准，特别是部分专利技术产出与科研活动，其与生产的适配性更应重点关注。

（二）法律因素

专利权是法律在一定时期内授予专利权利人及其权利继承人独占其发明创造的权利。简而言之，只有权利人和其授权对象可以使用该专利技术，这一权利受到法律保护。专利所包含的技术方案的最终应用目的是促进生产，而权利人或受让人则可以利用其独占权获得技术方案投入生产后产生的超额利润。如果没有法律保护这一权利，那么该技术方案将为公众所共有，技术方案持有者将无法获得超额利润。因此法律的保护是专利权能够存在并实现其价值的保障。

从法律的维度来评判专利价值，首先需要考察的是专利权的稳定性，专利权越稳定，权利人在行使权利时被判无效的可能就越小，专利价值相应更高。其次，专利申请文件的撰写质量也是重要因素，尤其是专利的权利要求，明晰的权利要求能够帮助权利人防止对

---

① http：//finance.sina.com.cn/chanjing/gsnews/20090416/11536109938.shtml.

手进行专利权规避设计，以及帮助及时判断侵权行为的发生，保护权利人利益。法律因素对于技术类无形资产的价值影响十分显著，尤其是对于专利技术。

（三）市场因素

生产技术领先是企业获得超额收益的重要方式之一，而技术类无形资产所体现出的市场价值实质上是使企业生产力处于领先地位，主要包含了两方面的内容：一是技术方案适用于当前的市场要求，二是该技术方案相较于现有技术有明显的进步。技术类无形资产不适用于当前生产常发生于高校或研究所产出的技术，因为在高校和研究所中，部分技术并不是针对实际生产而研究设计的，也有部分技术可以应用于实际生产，但是与企业生产设备无法匹配，最终导致专利不适用。只有当技术方案与实际生产高度匹配时，技术方案才会有市场需求，从而体现出更高的价值。因此，技术类无形资产能否帮助企业提高生产能力是决定其价值高低的重要因素，这可以体现为行业专家对该技术方案市场应用前景的判断，预计应用前景越好的技术方案，其价值越高。

此外，市场往往会受到国家宏观调控政策的影响，因此，技术方案的应用前景同样与政策息息相关。属于政策鼓励和扶持的技术方案，市场价值会更高。

（四）经济因素

经济因素往往是针对专利技术而言的。专利的经济价值是通过专利为权利人所带来的直接经济效益来衡量的，也就是现金流量。目前，专利实现经济价值的具体形式有质押、专利作价入股、转让和许可等。

专利质押是指权利人将专利权作为质押物，以换取现金贷款或是融资，常应用于缺乏固定资产和稳定现金流的小企业或高新技术企业。专利作价入股是指将专利技术作为一项资产，权利人以专利出资入股。专利转让是指权利人将专利权转让给他人，专利转让可以是无偿的也可以是有偿的。专利许可是权利人允许他人使用专利所包含的技术，并从被许可人处获得经济补偿。

以上几种方式都可以为权利人带来直接的经济收益，但是这几种方式可以实现的前提是，专利必须有一定的市场或者战略价值，企业或个人才会愿意为获取或使用这项专利技术支付费用。因此，经济价值是专利价值的影响因素，也能够一定程度体现专利价值。

（五）战略因素

与市场价值不同，战略价值更多体现在市场竞争中，而非实际生产中。当一项技术可以引领新的技术体系在一个产业内应用时，现有领导企业很可能失去地位，同时其已投入的大量生产设备可能失去价值，造成巨大的经济损失。出于战略目的，领导企业会追求该技术的拥有权，往往以巨资购买的形式，保证现有地位不动摇，并在未来以该技术为基础，进行战略布局，继续引领行业。对技术类无形资产而言，如果一项技术在某一行业有很强的影响力，且其作用是不可替代的，那么将会在市场上引来众多求购者，其价值不言而喻。

此外，就专利技术而言，企业往往会通过多项专利的组合，形成自己的专利战略，以谋求市场中的竞争优势，因此，专利技术如果已经或者将被纳入某一专利组合之中，那么将会具有很高的战略价值。

三、技术类无形资产评估理论基础

技术是一种重要的生产要素，其价值评估的实质是如何为技术商品定价。研究技术类无形资产的评估方法，需要了解技术商品的定价理论和原则，下面将介绍技术商品的定价理论和技术类无形资产评估原则。

（一）技术商品的定价理论

技术商品的价值即技术商品在转让时收取或支付的价格。技术作为一项特殊商品，其定价不能脱离劳动价值论，但是同样需要考虑到技术的特殊性。技术商品定价的理论包含以下几个：

1. 技术使用价值是技术价格的承担者①

技术价格应根据技术应用能带来多少收益决定，技术在应用中创造的经济效益越大，技术价格也就越高。技术价格的实质是技术所有者从技术应用中所获得的超额利润。这份超额利润，一方面来源于技术应用于生产过程，可以提高劳动生产率，节约原材料、能源消耗，使生产者能够以低于“社会平均必要劳动时间”生产产品，降低物化劳动 C 和活劳动 V 耗费，同时提高剩余价值 M；另一方面来源于技术应用后产品质量的提升、功能的完善，使产品的使用价值进一步提高。既然技术应用为技术拥有者带来了超额利润，那么将其中一部超额利润转化为技术价值，也就是由其使用价值来决定价值，是符合劳动价值的。

2. 技术转让双方利益均衡是技术定价的基础

技术转化为生产力，仅靠科技研发无法实现，必须有生产部门参与其中。技术的使用价值由科技劳动创造，但是价值实现却依赖于企业将技术应用于生产经营活动中，即实现技术的使用价值需要经科技、生产、经营管理等多个过程的协作。因为最终的经济效益由科技研发人员和生产经营人员共同创造，因此技术使用价值所带来的超额利润并不完全等于技术价格，技术价格只是整体经济效益中的一个部分。整体效益如何在科技部门和生产经营部门之间分配，需要基于两者互惠互利、利益均衡的客观要求，分配比例则由两个部门在整个过程中的贡献度决定。

---

① 万君康、凌丹：《技术类无形资产评估的原理与方法》，《研究与发展管理》，1998 年第 4 期，第 87—93 页。

确定双方贡献度需要考虑以下多个方面的因素：（1）技术的质量与水平，具体指标为先进性、适用性、成熟性；（2）技术的研发难度以及在市场中的垄断程度；（3）技术的研究与交易成本；（4）技术使用权益的大小，如该技术是独占、排他或者普通许可；（5）技术的市场竞争力，如与该技术具备类似功能的产品数量多少；（6）技术转让的机会成本；（7）技术引进后至应用于生产还需投入的人财物；（8）技术商品化、产业化的风险性；（9）技术应用经济效益评估及各项经济指标，如劳动生产率、成本降低率、质量提高度、新产品利润率、市场占有率等。

3. 成本分析在技术定价中弹性较大

成本核算是大部分商品的定价基础，但在技术定价中成本核算则具有较大的弹性。原因主要在于以下三个方面：（1）技术转让收入与一般商品销售收入有所不同。对于企业而言，一般商品开发后需立即投入市场，通过商品的“新”谋求占据更多市场。而新技术的开发一般源自企业内部技术进步、创新的需要，新技术开发完成后，企业会优先应用于内部生产经营活动，创新自身工艺和产品，以此获取更多利润。只有企业完全掌握该技术或者其他替代技术即将问世，企业才会考虑将技术向外传播或转让，换而言之，该技术无法进一步为企业带来领先优势时，企业会将技术转让。这时，技术的研发成本早已在企业经济收益中收回，技术转让收入只是一项额外收益。（2）技术可以多次转让。技术不同于一般商品的是，一般商品往往是一次性交易，而技术可以多次交易，多次获取收益，例如专利的实施许可。技术拥有者可以通过一次交易收回成本，也可以分次收回。在分次收回中，每一次的交易价格可能无法完全收回研发成本，但只要“薄利多销”，最终完全能够将研发成本覆盖。（3）技术成本难以全部准确计算，具有弱相对性和虚拟性。技术研发更多的是脑力劳动，由于每个研发人员个体不同，单位时间脑力劳动对应的价值也不同，因此技术研发成本难以准确估算。此外，技术研发成本还应当考虑机会成本、风险等因素，这些都导致研发成本计算难度加大。

（二）技术类无形资产评估原则

1. 预期收益原则

预期收益原则是指评估技术资产价值应当对技术应用后能够带来的最大经济收益进行估算。从技术出让方的角度出发，技术能够创造经济效益才能使产品有市场成为适销商品，其预期经济收益的大小是技术拥有者对技术估价的重要参数。从技术引进方的角度出发，只有引进方对技术预期收益的估算值大于引进成本与应用成本之和，引进方才愿意投资该技术。因此，技术的预期收益是技术类无形资产评估中至关重要的一项指标。

2. 市场供求原则

技术类无形资产评估中对市场供求的分析必不可少，包括市场对技术的要求以及应用技术后生产出商品的需求情况、市场的垄断与竞争结构等。作为生产要素之一的技术，其价格弹性较小，但是市场需求的紧迫性以及市场上具有相同功能产品或替代品会影响技术交易双方敲定价格时讨价还价的态度。当某项技术属于全新技术或稀缺技术，那么技术交易就是卖方市场，买方会形成多方竞争，技术一般会以高价成交；当某项技术存在诸多可替代方案，那么技术交易就是买方市场，卖方会形成多方竞争，技术价格会不断被压低。因此市场中技术的供求情况同样是技术类无形资产评估过程中的重要环节。

3. 综合评价原则

技术类无形资产价值受到诸多因素的影响，因此，在评估时需要综合考虑技术、经济、战略因素，短期、长期经济效益，直接、间接效益，等等。而技术本身的先进性、成熟度、应用难度等也对技术类无形资产价值有影响。

4. 动态分析原则

技术类无形资产评估过程中不仅需要考虑静态因素，还需要参考经济环境、技术应用、资金时间价值等动态因素。例如支付货币方面，不同的支付方式、货币种类都会影响技术的估值高低。总而言之，技术类无形资产评估不是一个完全静态的过程，评估时点不同，评估结果就不同，因此评估人员评估时应注意进行动态分析。

第三节　技术类无形资产的评估方法

随着相关研究的不断深入，技术类无形资产的评估方法在不断发展，技术类无形资产的评估方法也不断增多。下面将从传统评估方法、评估指标体系和实物期权法三个方面介绍技术类无形资产的常用评估方法。

一、传统评估方法

对于一般资产而言，成本法、收益法和市场法是三大传统评估方法。但是基于技术类无形资产可比性差的特点，市场法对于技术类无形资产评估匹配程度不高，因此本书介绍的传统方法为重置成本法、收益现值法。

（一）重置成本法

重置成本法是用现时条件下重新购置或建造一个全新状态的被评估资产所需要的全部成本，减去被评估资产已经发生的实体性贬值、功能性贬值和经济性贬值，或在确定综合贬值率的基础上确定评估值的一种评估方法。[①] 由于技术类无形资产一般不存在有形损耗，

① 苑泽明：《无形资产评估》，高等教育出版社 2015 年版。

因此相较于其他资产，技术类无形资产的贬值因素仅包括功能性贬值和经济性贬值。

重置成本法的基本公式为：

重置净价 = 重置价值 − 功能性贬值 − 经济性贬值

= 重置价值 ×（1 − 综合贬值率）

1. 技术成本构成

技术分为外购和自创两种。外购技术的成本主要是购买价格，包括专利年费、技术转让费、税金以及利润等。自创技术的成本由以下三个部分构成：

（1）研制成本。研制成本包含直接成本和间接成本两个部分。直接成本是研发过程中直接投入的费用，如材料、研发人员工资以及培训费等；间接成本是指与研发活动相关的费用，如管理费用等。

（2）交易成本。交易成本是指技术在交易过程中产生的一系列费用，包括技术服务费、手续费、税金以及差旅费等。

（3）机会成本。机会成本是指由于技术转让或许可导致卖方失去产品销售机会可能导致的损失。

2. 重置全价估算

重置全价是指现时条件下，重新购置、建造形成与评估对象完全相同或类似的全新状态下资产所需的全部费用。确定重置全价可以通过重置核算法或者物价指数法。

（1）重置核算法。重置核算法是按照技术产出所发生的物化劳动消耗量和活劳动消耗量，分别根据现行市价和费用标准进行计算，计算公式如下：

技术的重置价值 = $\sum$ 物化劳动消耗量 × 现行市价 + $\sum$ 活劳动的消耗量 × 现行费用标准

（2）物价指数法。物价指数法是以技术资产的账面价值为基础，根据价格变动指数进行调整进而获得资产重置全价的方法。价格变动指数通常采用国家公布的定基物价指数。计算公式如下：

技术的重置价值 = 研发账面价值 × 置存期间物价指数调整系数

3. 综合贬值

综合贬值是指待估技术相对落后造成的贬值。技术类无形资产综合贬值的原因有两个方面：一是垄断性减弱。由于技术的不断传播，市场上越来越多的企业通过各种渠道掌握该技术，使得技术拥有者对技术的垄断性降低，技术价值因此降低。二是有新的替代技术。生产实践在不断进行，创新技术也会不断出现，新技术的出现导致旧技术贬值甚至丧失全部价值。两种贬值都随时间推移而发生，因此综合贬值的估算方法可以应用直线折旧法和年数比例折旧法。

（1）直线折旧法。直线折旧法是指将技术的成本平均分摊在经济生命周期内，具体公式如下：

技术的综合贬值 = 重置全价 ×（已使用年限/经济生命周期）

经济生命周期是从经济和市场的角度技术能够使用的年限。需说明的是，由于技术类无形资产包含专利和专有技术，根据生命周期理论，技术的生命周期应该为经济生命周期和法律生命周期两者较短者。但实际情况是大部分专利生命周期无法达到法律生命周期，因此除少部分经济生命周期较长的专利外，估算综合贬值时采用经济生命周期即可。

（2）年数比例折旧法。年数比例折旧法是相对于直线折旧法更快的一种加速折旧法，适用于一些技术更迭速度快的领域。具体的计算方法如下：

假设某项技术的经济生命周期为 N，则：

年数和 = 1 + 2 + 3 + …… + N

年贬值额 = 重置全价 ×（使用期逆顺序/年数和）

使用期逆顺序是指当前年份所对应的倒序数，例如年份为 1，使用期逆顺序为 N，年份为 2，使用期逆顺序为 N − 1。

4. 重置成本法的应用

重置成本法是以历史数据为基础的评估方法，需预估的数据较少，评估结果相对可靠，但由于未考虑技术可能带来的收益，因此更适合用于确定技术资产的底价，例如向侵权者索赔时确定赔偿额度。

重置成本法的基本评估程序为：（1）根据待评估技术的账面价值或历史成本，通过重置核算法或物价指数法计算重置全价；（2）确定待估技术的使用总年限和已使用年限；（3）根据待估技术自身特点和所属领域，选取直线折旧法或年数比例法计算综合贬值；（4）计算待估技术的价值。

（二）收益现值法

对于收益现值法中收益额的定义，目前的观点有三种，即税后利润、利润总额和现金流量。三种收益额如何选择需评估人员根据技术资产的类型、特点以及评估目的确定。收益现值法具体可分为超额收益法和收益分成法。

1. 超额收益法

超额收益法是指将技术资产未来的预期超额收益折算为现值作为技术资产价值的评估方法，具体的计算公式如下：

$$P = \sum_{i=1}^{n} R_i / (1 + r)^i$$

式中：P 为无形资产评估值；R_i为第 i 年的超额收益；r 为折现率；n 为无形资产使用年限。

超额收益法中，最关键的是确定 R_i 超额收益，需要结合待估技术资产的实际情况进行综合考虑。通常，同行业相近规模企业或类似产品的净资产收益是较好的参照标准，那么超额收益的计算公式如下：

$$R_i = (A_i - a_i) \times m_i$$

式中：R_i 为第 i 年的超额收益；A_i 为待估技术资产第 i 年的预期企业或产品净资产收益率；a_i 为第 i 年同行业相近规模企业或产品的净资产收益率；m_i 为第 i 年技术资产的净资产额。

2. 收益分成法

收益分成法是指通过企业引入无形资产后产生的预期销售收入或利润分成来计算无形资产价格的评估方法。主要包括利润分成模型和收入分成模型，基本公式如下：

（1）收入提成模型。

$$P = \beta \sum_{i=1}^{n} S_i / (1 + r)^i$$

式中：P 为评估值；β 为销售收入分成率；n 为无形资产的剩余经济寿命；S_i 为被引进无形资产方在 i 年预期销售收入；r 为折现率。

（2）利润分成模型。

$$P = \alpha \sum_{i=1}^{n} E_i / (1 + r)^i$$

式中：P 为评估值；α 为利润分成率；n 为无形资产的剩余经济寿命；E_i 为被引进无形资产方在第 i 年的预期经济利润；r 为折现率。

收益分成法源于国际技术许可贸易，是国际贸易中应用较广的一种做法，后推广到一般性的无形资产许可贸易，在一些场合又称作许可费节省法。

二、评估指标体系

（一）评估指标体系的基本方法

评估指标体系是一种主观和客观相结合的评估方法，它是将技术资产的价值影响因素划分为多个维度，分别评价各个维度的价值度，并依据各维度的权重，最终得出待估技术资产的价值度。各维度的价值度评价则依赖于各维度下细分指标得分和指标权重，如果指标也分为多层次，评价方法以此类推。

以专利技术为例，利用中国技术交易所和国家知识产权局专利管理司搭建的专利价值度模型，即评估指标体系对专利技术的价值进行评价。专利价值度模型具体如表 3－1 所示。

表 3－1　　专利价值评估指标体系

维度	二级指标	参考权重
法律*	稳定性	
	不可规避性	30%
	依赖性	15%
	专利侵权可判定性	20%
	有效期	15%
	多国申请	15%
	专利许可状况	5%
技术	先进性	15%
	行业发展趋势	10%
	适用范围	20%
	配套技术依存度	15%
	可替代性	20%
	成熟度	20%
经济市场	市场应用情况	25%
	市场规模前景	20%
	市场占有率	20%
	竞争情况	20%
	政策适应性	15%

注：*法律价值度＝稳定性×（不可规避性×30%＋依赖性×15%＋专利侵权可判定性×20%＋有效期×15%＋多国申请×15%＋专利许可状况×5%）。

在该评价体系下，专利技术的价值被划分为法律、技术和经济市场三个维度，由专家分别对每个维度下的细分指标进行打分，再结合权重，最终得出专利技术的价值度。需注意的是，通过指标体系评价得出的是专利技术的价值度，而不是专利技术价值。最终估算专利技术价值还需通过与同领域类似专利技术进行价值度对比，根据已知价值计算待评估技术价值。

对于专有技术，同样可以利用评估指标体系的方法进行价值评估，只需对价值维度和细分指标进行调整即可。

评估指标体系的优势表现在两个方面：一是价值维度的划分是基于对技术价值构成的全面考虑，因此该方面比传统方法考虑得更为全面；二是评估指标体系需收集的数据资料比其他方法少，操作更为简单。但评估指标体系同样具有一定的劣势：评价结果十分依赖专家的判断和打分，因此对于打分的专家有较高的要求，需要技术、财务、投资以及行业等各领域的专家，同时尽管经过数学方法的处理，评估结果依然会受主观因素影响。因此，评估指标体系的评估方法适用于相关数据难以获取的技术资产的评估。

（二）基于评估指标体系的其他方法

评估指标体系更重要的是提供一种评估思路，基于此，结合不同的数据收集、处理方法，衍生出众多新的评估方法，如模糊综合评价、随机森林算法以及神经网络等。

这些方法基本的思路都是基于多个维度、层次的指标，再结合不同指标的权重计算技术的价值度。在传统评估指标体系下，评估结果受到打分专家的影响程度极大，神经网络以及随机森林等方法的融入，让数据的获取及处理更为科学和合理，最终的评价结果也更为客观。

三、实物期权法

实物期权法是近年来在资产评估领域研究较多的评估与决策新方法，也是目前技术类无形资产评估除传统方法外，应用最为广泛的方法。实物期权法考虑了管理决策者在投资、生产和产品研发等问题中管理者的选择权，该方法所评估的技术价值不仅包括技术生产项目带来的价值，也考虑了选择权的价值，即期权价值。

（一）实物期权理论

与有形资产相比，技术类无形资产的不确定性更高。相对于传统方法，实物期权法考虑了技术类无形资产的柔性管理，例如当企业拥有某项技术后，在一定期限内有扩大产品市场占有率和增加边际效益的可能性。但同时也存在技术、管理以及市场等多方面的风险，这些风险可能造成企业的经济损失。因此技术类无形资产带来的经济收益是不确定的，如果技术产品市场前景好，那么企业可以选择将产品投放市场并扩张，以谋求更多利润；如果前景不乐观，那么企业可以选择放弃，避免更多损失。这种决定是否投资技术类无形资产的隐含性权利被称为放弃和扩张期权，传统方法一般默认企业掌握技术后一定会投入生产，忽略了企业实际上拥有选择的权利，导致估算的结果不准确。

（二）实物期权的定价方法[①]

实物期权法的定价模型非常多，本书主要简单介绍二叉树期权模型和 Black - Scholes

① 刘莹华：《技术类无形资产价值评估中的实物期权方法》，《湖北工业职业技术学院学报》，2018 年第 1 期，第 61—64 页。

模型。

1. 二叉树期权模型

该模型假设股票价格变化率满足二项式分布，每期股票价格只有上升 u 和下降 d 两种变化，t = 0 时期期权价格为 f，股票价格为 S，经过时间 T 后，股票价格上升到 S_u 或者下降至 S_d，对应的期权内在价值分别为 f_u 或 f_d，r 为无风险利率。在无套利的情况下，期权定价公式为：

$$f = e^{-rT}[p f_u + (1-p)f_d]$$

其中，$p = \frac{e^{-rT} - d}{u - d}$。

在用于技术类无形资产评估时，期权标的物为技术产品，S 为产品定价，u 和 d 对应的是产品价格的上升和下降。

2. Black - Scholes 模型（以下简称 B - S 模型）

该模型假设期权为欧式期权，且期权的基础资产现货价格变动符合布朗运动，即每个区间内价格变动服从正态分布，不同区间内的变动是相互独立的。期权价格公式为：

$$C = SN(d_1) - E e^{-rT}N(d_2)$$

式中：$d_1 = \left[\ln\left(\frac{S}{E}\right) + (r + 0.5\sigma^2)\right] / \sqrt{\sigma^2 t}$；$d_2 = d_1 - \sqrt{\sigma^2 t}$；N(d) = 标准正态分布随机变量将小于或等于 d 的累计概率；S 为现行股价；E 为看涨期权的执行价格；t 为至到期日的期限；σ^2 为每年股票连续收益的方差；r 为年无风险利率。

在评估实践中，S 股价对应的是专利权的市场价格，E 则为全部投资成本，t 为专利用于生产的年限，r 可以从市场中获取，σ 的取值则有赖于管理者或者行业专家的判断。

第四节　技术类无形资产评估案例分析

一、专利资产评估案例[①]

评估机构受四川天一科技股份有限公司委托，评估西北橡胶塑料研究设计院有限公司的股东全部权益价值，其中包括 26 项专利（8 项发明专利和 17 项实用新型专利），评估基准日为 2017 年 9 月 30 日。

① 案例来源：北京天健兴业资产评估有限公司：《四川天一科技股份有限公司拟非公开发行股份购买资产所涉及之西北橡胶塑料研究设计院有限公司股东全部权益价值资产评估说明》，2021 年 1 月 8 日。http://static.cninfo.com.cn/finalpage/2018-08-04/1205258182.PDF。

（一）案例背景

1. 权利人概况

西北橡胶塑料研究设计院有限公司（以下简称西北院）隶属中国化工集团公司，是国内专业从事橡胶密封制品、特种橡胶制品、橡胶专用材料研发与生产的科技型企业。西北院自成立以来，组建研发团队开发研究技术，该部分技术主要用于西北院的航空密封型材，建筑工程、地下工程、核电站等工程用橡胶制品等。目前西北院拥有的知识产权均通过申请专利加以保护。

2. 行业现状

橡胶制品指以生胶（天然橡胶、合成橡胶、再生胶等）为主要原料、各种配合剂为辅料，经炼胶、压延、成型、硫化等工序制造的各类产品，种类和规格繁多，广泛应用于多个工业领域，市场前景良好。

3. 企业专利技术的优势

混炼胶料、橡胶密封制品、橡塑板材、工程用橡胶制品，在航空橡胶密封型材方面，约占据80%的市场份额；在军用橡胶密封制品领域，技术水平和产品配套数量国内领先；在工程防水橡胶密封领域，技术水平处于国内前三位。目前，西北院已与众多客户建立了长期友好合作关系。

（二）评估价值类型的选择

通过对评估目的、评估对象和市场条件的综合考虑，在无特殊限制条件的情况下，本次评估选择市场价值作为评估价值类型。

市场价值是指在买卖双方自愿且理性行事的情况下达成交易的评估对象在评估基准日的交易价格。

（三）评估方法的选择

基于评估案例的情况分析，西北院的专利技术预计未来能够获得稳定的经营性收入，因此本次采用收益分成法进行评估，以便能够更好地反映无形资产产生收益的能力。

收益分成法是指通过企业引入无形资产后产生的预期销售收入或利润分成来计算无形资产价格的评估方法。经过分析，最终选择收入提成模型，具体公式如下：

$$P=\beta\sum_{i=1}^{n}S_i/(1+r)^i$$

式中：P为评估值；β为销售收入分成率；n为无形资产的剩余经济寿命；S_i为被引进无形资产方在i年预期销售收入；r为折现率。

（四）评估计算过程及各项参数的确定

1. 收益期限的确定

技术剩余经济寿命期即收益期限是指待估的专利能给专利所有者带来收益的期限。本次评估对象为专利技术和正在申请专利的技术，其中发明专利法定保护期限为20年，实用新型专利法定保护年限为10年。经向技术研发人员了解，在2008年以前由于对专利等无形资产的认识不够，西北院基本上没有申请专利，相关技术组合于2009年至2017年期间陆续研发并投入使用，应用效果良好，考虑到该行业相关技术的推陈出新速度、更新周期、物理寿命及法定年限等因素，本次将待估专利技术未来收益年限确定为4.25年，即专利收益预测期从2017年10月1日至2021年12月31日。

2. 收益收入的预测

本次委托评估的不同领域专利技术用于被评估单位的各种橡胶产品中，因此未来有效使用年期内的收入金额参考收益法中橡胶销售业务的预测结果，如表3－2所示。

表3－2　　销售收入预测　　单位：万元

	收益期				
	2017年10—12月	2018年	2019年	2020年	2021年
营业收入	6791.16	32042.33	32596.58	33178.31	33788.90

3. 销售收入分成率的预测

销售收入分成率是指该专有技术实施后由该技术在销售收入中产生的价值贡献所占的百分比。销售收入分成率与专有技术的市场竞争力、市场情况、销售收入等的高低相关，更与由技术推动的产业在国民经济中所占的重要地位相联系。最终，根据专家对化工行业统计数据从法律因素、技术因素、经济因素等方面的分析，最终确定初始销售收入分成率为3.05%，并预测了未来各年度的分成率，具体情况如表3－3所示。

表3－3　　各年度收入分成率预测

	收益期				
	2017年10—12月	2018年	2019年	2020年	2021年
销售收入分成率	3.05%	2.44%	1.95%	1.56%	1.25%

4. 折现率的确定

用收益法评估技术类无形资产，其折现率的确定有其独特性。由于不属于企业价值评估的范畴，所以对技术的评估不适宜采用资本资产定价模型（CAPM）法和资本加权平均成本（WACC）法计算折现率。根据技术本身的特点，本次评估采用专用的“因素分析法”进行风险累加来测算技术的折现率。

折现率 = 无风险报酬率 + 风险报酬率

本次评估以国债利率为无风险报酬率，在分析政治风险、市场风险、管理风险、资金风险及技术风险后确定风险报酬率，最终折现率确定为 18.45%。

5. 专利技术评估值的确定

通过上述分析计算，未来收益现值如表 3 -4 所示。

表 3 -4　　专利技术未来收益现值　　单位：万元

项目	评估计算过程				
收益年限	2017 年 10—12 月	2018 年	2019 年	2020 年	2021 年
销售收入	6791. 16	32042. 33	32596. 58	33178. 31	33788. 90
分成率（%）	3. 05	2. 44	1. 95	1. 56	1. 25
技术收益额	207. 33	782. 60	636. 91	518. 62	422. 53
折现率（%）	18. 45	18. 45	18. 45	18. 45	18. 45
折现年期（年）	0. 13	0. 75	1. 75	2. 75	3. 75
折现值	202. 99	689. 27	473. 58	325. 56	223. 93
专利评估值	1915. 33				

（五）评估结论

在评估基准日之后继续使用的前提下，西北院专利技术评估值为 1915. 33 万元。

二、专有技术评估案例①

评估机构受黑龙江珍宝岛药业股份有限公司委托，根据黑龙江珍宝岛药业股份有限公司收购专有技术事宜，评估所涉及专有技术于评估基准日的市场价值。评估基准日为 2020 年 3 月 31 日。

（一）案例背景

1. 委托方情况简介

黑龙江珍宝岛药业股份有限公司是以生产药品为主、以相关产业为辅的医药产业集群式企业。黑龙江省珍宝岛制药有限公司自 1996 年创建以来，先后在哈尔滨、鸡西、吉林、

① 案例来源：开元资产评估有限公司：《黑龙江珍宝岛药业股份有限公司收购专有技术所涉及的注射用 HNC042 项目技术价值评估说明》，2020 年 8 月 7 日。http://www.cninfo.com.cn/new/disclosure/detail?orgId=9900023465&announcementId=1208153239&announcementTime=2020-08-12。

安徽等地建厂，现已形成完整的医药产业链经营模式，集药品种植、科研、生产、销售于一体。在“以质量争生存、以品牌促发展、以标准上档次”的战略思想指导下，珍宝岛药业实现了健康、持续、快速发展。

2. 评估对象的基本情况

本案例中的评估对象为一种注射用药品类专有技术，具体是指针对 H274Y 位点突变设计，有望成为部分抗流感病毒一线用药的补充或替代。

（1）专有技术法律及保密状况。该技术由产权持有单位自主研发形成，还未上市，不存在侵犯其他专利权以及受任何国家法律保护的行为。公司已经与相关研发人员签订了严格的商业秘密保护合同，至今未发生任何泄密情况。因此，可以判断该技术的保密性良好。

（2）评估对象技术状况。作为中国医药百强企业，黑龙江珍宝岛药业股份有限公司研发的 HNC042 注射剂以达菲（磷酸奥司他韦）母核为主体，与抗病毒药物磷酸奥司他韦为同一治疗类别，有望成为部分抗流感病毒一线用药的补充和替代，并且 HNC042 注射剂为 1.1 类广谱抗流感病毒药物，具备一定的技术特色和先进性，拟用于治疗流感病毒感染，将解决磷酸奥司他韦的耐药性难题。因此，该项技术处于领域内的领先水平。

（3）行业发展前景。随着世界经济的发展、人口总量的增长、社会老龄化程度的提高以及民众健康意识的不断增强，全球医药行业保持了数十年的高速增长。2015—2019 年全球药品市场需求年均复合增长率将维持在 4%—5%；新兴市场的药品需求增长尤其显著，亚洲（日本除外）、非洲、澳大利亚 2014 年至 2019 年的医药市场增速将达到 6.9%—9.9%，超过同期全球 4.8% 的增速水平。我国是全球医药行业最大的新兴市场，我国医药工业总值从 2007 年的 6719 亿元增长到 2017 年的 35699 亿元，年复合增长率为 18.2%，医药行业发展前景广阔。

（二）实物期权法适用分析

尽管实物期权定价法弥补了传统方法的部分缺陷，但该方法并非普遍适用，因此本书将对实物期权定价法在本案例中的适用性进行分析。

实物期权法是对附着于标的资产上的期权进行识别，并基于交易背景下，后续合理的分阶段投入进行分析，通过计算标的资产价值、行权价格、行权期限和无风险收益率等确定评估基准日的资产的价值。本案例中，药品专有技术所涉及的注射用 HNC042 项目，对应的是一项新药的临床前的研发阶段性成果。由于新药的后续研发过程较长，当中存在的不确定性较大，而取得相应资产权利的一方可以在未来的一定时点行使权利，获得相应收益，因此，本案例中的专有技术具有实物期权的特性。

在新药研制领域，实物期权法中应用最广泛的是二叉树模型，主要由于药品专利可以在到期前的任何一个时点决定是否持有或者出售，即为一项美式期权，而二叉树模型的适用范围恰好是美式期权，故本案例决定采用实物期权法中的二叉树模型。

（三）评估计算过程及各项参数的确定

基于实物期权二叉树模型，评估计算过程分为计算未来自由现金流、确定各阶段研发成功率、确定二叉树模型参数三个部分。

1. 计算未来自由现金流

金融期权中，标的资产为股票、债券等金融资产的期权，相应市场中的现值即可作为市场价值。而实务期权中，获得标的资产的市场价值通常需要寻找类似产品的市场价值并进行调整。但是，寻找类似产品需要大量的前期调研，尤其是对于知识产权来说寻找类似产品更为困难，因此将技术产品预期超额收益折现作为现值。按照收益额与折现率口径一致的原则，本次评估收益额为项目运营净收益流量，故折现率选取加权平均资本成本（WACC）。本案例中，在考虑评估基准日的利率水平、市场投资回报率、项目特有风险收益率和评估对象的其他风险因素的基础上运用资本资产定价模型综合估算其权益资本成本，最终折现率确定为13.09%。根据案例中交易双方签订的合同，签约日至获得生产批件的研发期限为7年，故研发投入预测期限为2020年4月1日至2027年12月31日，新药收益预测期限为2028年1月1日至2042年12月31日。通过对本案例中药品的主营业务收入、主营业务成本、税金及附加、所得税、期间费用、折旧及摊销、资本性支出、营运资金追加额等参数的预测得到未来自由现金流量，通过折现计算未来自由现金流量现值，即上市时点新药价值。具体公式如下：

$$F_u = \sum_{i=1}^{n} \frac{R_i}{(1+r)^i}$$

式中：F_u为新药上市时点价值；R_i为第i年新药预测收益；R为折现率；n为收益期限。

计算过程如表3－5所示。

表3－5　　未来自由现金流量测算　　单位：万元

	2028年	2029年	2030年	2031年	2032年	2033年	2034年	2035年
自由现金流量	－2871.88	1925.29	5200.91	7254.45	9694.67	12693.25	13041.36	14711.38
折现期数（年）	0.5	1.5	2.5	3.5	4.5	5.5	6.5	7.5
折现率（%）	13.09	13.09	13.09	13.09	13.09	13.09	13.09	13.09
自由现金流量现值	－2700.56	1600.88	3824.01	4716.50	5573.45	6452.67	5862.27	5847.52

	2036年	2037年	2038年	2039年	2040年	2041年	2042年
自由现金流量	16286.41	16334.21	16382.16	16430.24	16478.48	16526.85	36130.58
折现期数（年）	8.5	9.5	10.5	11.5	12.5	13.5	14.5
折现率（%）	13.09	13.09	13.09	13.09	13.09	13.09	13.09
自由现金流量现值	5724.26	5076.54	4502.12	3992.69	3540.91	3140.24	6070.49

由表 3－5 数据可得待评估专有技术的未来现金流量现值和为 63223.99 万元，即 Fu＝63223.99（万元）。

2. 确定各阶段研发成功率

对 2006—2015 年 1103 家公司的 7455 个项目的临床成功率进行统计分析，最终确定各阶段的成功率。具体数据如表 3－6。

表 3－6　　各阶段新药研发成功率统计

	2020 年 3 月 31 日	2022 年 12 月 31 日	2025 年 12 月 31 日	2027 年 12 月 31 日
各阶段成功率	15.94%	23.66%	65.90%	91.65%

3. 确定二叉树模型参数

（1）项目参数包括可推向市场的新药价值 F_u，项目行权期 m，无风险收益率 r_f，资产价格 S。

（2）构建二叉树模型，确定各节点的新药现值及相应的概率。

$$F = [P \times (F_u - X) + (1 - P) \times F_d] / \left(1 + r_f \times \frac{m}{12}\right)$$

二叉树模型的基本假设是在可推向市场的新药现值的变动方向的只有两个，即上升或下降，上升概率为 P，下降概率为（1－P），上升的幅度为 u，下降的幅度为 d，计算公式如下：

$S = F_u \times$ 各阶段新药平均研发成功概率

$u = F_u / S$

$d = F_d / S$

$$P = \left(1 + r_f \times \frac{m}{12} - d\right) / (u - d)$$

具体计算过程如表 3－7 所示。

表 3－7　　参数计算

节点时间	2020 年 3 月 31 日	2022 年 12 月 31 日	2025 年 12 月 31 日	2027 年 12 月 31 日
成功率	15.94%	23.66%	65.90%	91.65%
F_u	63385.82	63385.82	63385.82	63385.82
F_d	0	0	0	0
S	10106.66	14995.05	41768.94	58093.11
X	21320.88	18994.38	3334.92	
u	6.27	4.23	1.52	
d	0	0	0	
r	3.30%	3.30%	3.30%	3.30%
m	93	60	24	
p	0.20	0.28	0.70	

4. 评估结果

根据上述二叉树模型计算过程可知，黑龙江珍宝岛药业股份有限公司收购专有技术所设计的注射用 HNCO42 项目时间节点评估价值如表 3－8 所示。

表 3－8　　时间节点估值　　单位：万元

时间节点	估值
2020 年 3 月 31 日	6700.00
2022 年 12 月 31 日	10500.00
2025 年 12 月 31 日	39600.00
2027 年 12 月 31 日	58100.00

思考题

1. 简述专利与专有技术的特点及主要差异。

2. 技术类无形资产的价值特征和主要影响因素有哪些？

3. 技术类无形资产评估的主要方法有哪些？分析各自的适用条件和优缺点。

4. 林肯曾说过：“专利制度就是给天才之火，浇上利益之油。”请结合我国专利制度的发展实践，谈谈这句话的现实含义。

本章参考文献

1. 刘小峰：《无形资产评估理论与实务》，北京大学出版社 2017 年版。

2. 姜楠：《无形资产评估》，中国财政经济出版 2015 年版。

3. 余炳文：《无形资产评估案例》，经济管理出版社 2017 年版。

4. 万君康、凌丹：《技术类无形资产评估的原理与方法》，《研究与发展管理》，1998 年第 4 期，第 87—93 页。

5. 刘莹华：《技术类无形资产价值评估中的实物期权方法》，《湖北工业职业技术学院学报》，2018 年第 1 期，第 61—64 页。

第四章

商标资产评估

本章学习目标

1. 了解什么是商标和商标资产。
2. 了解商标资产的价值特征及价值影响因素。
3. 熟悉商标资产的评估方法。
4. 掌握商标资产评估收益法的具体测算过程。

引导案例

不爽猫被侵权，2000 家店铺中招被索赔

不爽猫别名暴躁猫，是2012 年走红的萌猫，它本名叫塔妲·索斯（Tardar Sauce），是猫咪网络推手、好莱坞艺人经纪人拉希什（BenLashes）的大牌明星顾客。仅因身患侏儒症及别名“地包天”的反颌症，自始至终一副消沉小表情，却意外走红网络。它的主人根据图书出版、饮品推销产品等方法，得到高达约6000 万美元的盈利，以致有职业经理人为它收拾“业务流程”。在2014 年12 月7 日，“不爽猫”的身家达到6400 万美元，超出多名好莱坞影星。来自美国亚利桑那州的猫咪的主人 Tabatha Bundesen 透露，这只2 岁的猫咪实际上十分调皮，她全部的小表情基本上全是随心所欲的。虽然已创出了猫科动物中历史性收益6400 万美元，但依然难博这“美猫一笑”。

由于不爽猫走红，许多店家都期待能够应用“不爽猫”的形象用于自身的商业服务。不爽猫有限责任公司以它的形象为基础开发设计出影片、电视机、小玩具、衣服裤子等诸多衍生产品。美国一家名叫“手榴弹”的咖啡店，凭借独到眼光以近16 万美元获得了不爽猫在卡布奇诺冰咖啡上的使用权，仅限用于冰饮“卡布奇诺”的包装，但“手榴弹”咖啡店并不满足于此，开始在T 恤衫和其他饮料上使用不爽猫版权和商标。2015 年，不爽猫有限责任公司提出诉讼，称“手榴弹”企业违背协议书，把不爽猫形象印在咖啡生豆包装和T 恤衫等货品上。最终“手榴弹”咖啡店被判版权和商标侵权，不爽猫有限责任公司因此获赔了71 万美元。

很多卖家因不爽猫相关产品销量大，开始在亚马逊、Wish 等平台来冒险使用不爽猫和卡布奇诺冰咖啡关键词来引流，将近有2000 个店铺都能搜到不爽猫的相关图案和关键词，产品覆盖了服装、手机配件、杯子、箱包等，这些侵权不爽猫和卡布奇诺冰咖啡关键词的卖家，统统都引起了不爽猫有限责任公司的注意，最终委托HSP 律所发起侵权诉求。HSP 这次维权，从亚马逊到Wish 波及范围很广，这些跟卖的卖家店铺还没来得及下架，就面临着巨额赔偿。

（资料来源：https：//baijiahao. baidu. com/s？ id = 1699636854131120466&wfr = spider&for = pc）

第一节　商标与商标资产

一、商标与商标资产的概念

根据《中华人民共和国商标法》的相关规定，商标是自然人、法人或者其他组织对其

生产、制造、加工、拣选或者经销的商品或提供的服务项目上使用的，能与他人的商品或服务区别开的可视性标志，包括文字、图形、字母、数字、三维标志和颜色组合，以及上述要素的组合。

商标资产是指商标权利人拥有或者控制的，能够持续发挥作用并且能带来经济利益的商标权益。商标需要满足以下两个关键要素才能成为商标资产：其一，能够通过营销在消费者意识中形成独特的联想并产生经济利益；其二，以法律保护的形式将商标标识作用所带来的经济利益赋予商标权利人。

商标可以根据其是否享受法律保护、作用、功能等标准划分为若干种类。

按商标是否具有法律保护的专用权，可以分为注册商标和未注册商标。我国《商标法》规定："经商标局核准注册的商标为注册商标，包括商品商标、服务商标和集体商标、证明商标；商标注册人享有商标专用权，受法律保护。"我们所说的商标权的评估，指的是注册商标专用权的评估。

按商标的不同作用，可以分为商品商标、服务商标、集体商标和证明商标等。集体商标是指以团体、协会或者其他组织名义注册，供该组织成员在商事活动中使用，以表明使用者在该组织中的成员资格的标志。证明商标，是指由对某种商品或者服务具有监督能力的组织所控制，而由该组织以外的单位或者个人使用其商品或者服务，用以证明该商品或者服务的原产地、原料、制造方法、质量或者其他特定品质的标志。

按商标的功能分类，商标可以分为经常使用的商标、防御商标、联合商标、扩展商标、备用商标。经常使用的商标是指单位在生产经营中经常使用的商标；防御商标是为了防止他人侵权而申请使用一系列与自己商标近似而又相互联系的商标；联合商标是将同一商标在不同商品上注册，阻止别人在其他商品上使用自己已经注册的商标；扩展商标是指在同一商标的基础上，进行一系列的扩展注册，如注册汉字商标后，还注册英文的意译商标、音译商标。

二、商标资产的形成

商标资产是商标权资产，商标权是指商标经注册或被认定为驰名商标而获得法律保护，形成了排他使用等权利。绝大部分的商标权是通过商标注册获得的。商标经注册后，商标所有者依法享有商标权权益，并受到法律保护。因《驰名商标认定和保护规定》的存在，驰名商标可能是个例外，即注册和非注册的驰名商标都会受到法律保护。从某种意义上讲，驰名商标本身就是一种商标权。

商标申请注册时，应当具有显著特征，便于识别。商标显著性实际上是商标的可识别性。商标的区别性越明显，就越便于人们识别。商标的显著性可以通过两种方式获得：一是商标本身具有显著性，二是通过长期的使用获得商标的显著性。

商标权是以申请注册的时间先后为审批依据，而不以使用时间先后为审批依据。商标权一般包括排他专用权（或独占权）、转让权、许可使用权、继承权等。排他专用权是指注册商标的所有者享有禁止他人未经其许可而在同一种商品和劳务或类似商品和劳务上使用其商标的权利。转让权是商标所有者作为商标权人，享有将其拥有的商标转让给他人的权利。我国商标法规定："转让注册商标的，转让人和受让人应当签订转让协议，并共同向商标局提出申请。受让人应当保证使用该注册商标的商品质量。""转让注册商标经核准后，予以公告。"许可使用权是指商标权人依法通过商标使用许可合同允许他人使用其注册商标。商标权人通过使用许可合同，转让的是注册商标的使用权。继承权是指商标权人将自己的注册商标交给指定的继承人继承的权利，但这种继承必须依法办理有关手续。

商标权的价值是由商标所带来的效益决定的，带来的效益越大，商标价值就越高，反之则越低。而商标带来效益的原因，在于它代表的企业的产品质量、信誉、经营状况的提高。表面上看，商标价值来自设计和广告宣传，但实际并非如此。尽管在商标设计、制作、注册和保护等方面都需要耗费一定的费用，广告宣传有利于扩大商标知名度，为此需支付很高的费用，但这些花费只对商标价值起影响作用，而不是决定作用，起决定作用的是商标所能带来的超额收益。

第二节 商标资产的价值特征及其影响因素

按照《商标法》对商标的分类和定义，商标通常为商品商标和服务商标。集体商标和证明商标都存在商标使用不具有专有性和排他性的情况，难以单独交易转让，不具备成为商标资产的基本要素。而商品商标和服务商标则是自然人、法人或其他经济组织对其生产经营的商品或提供的服务项目申请注册的商标，具有专有性和排他性的特征。商标资产必须同时具备区别商品或服务提供者的功能，以及因其使用能够带来超额收益的能力。如果它们仅仅具有区别商品或服务提供者的功能，并不能自然而然地成为商标资产。这里需要注意的是，驰名商标基本具备了区别商品和服务提供者的功能和获得超额收益的能力，它们在获得法律保护之后是最典型的商标资产。

一、商标资产的价值特征

根据商标对所依附产品或者服务的价值贡献，可以发现商标资产实现经济价值，通常具有以下经济特征。

（一）商标资产一般融于无形资产的组合资产中

商标资产可以是独立商标权，如"贵州茅台"商标的信誉已经超出或游离于所标识的商品或服务之外，成为相对独立的商标资产。而在更多的情况下，商标资产是以商标权为核心的资产组合，通常是以商标权为核心，辅以支撑该商标权拥有超额收益能力的相关技术和管理。

（二）商标价值高低依附于产品或者服务的数量和质量

商标资产价值的实现，与商标的知名度、美誉度及市场影响力密切相关，它是通过所标识的特定商品或服务的质量逐步实现的。如果商品的销量大、质量好，商标就会被广泛认识，其价值就高。

（三）营销与管理对商标资产的价值有提升作用

商标在很大程度上发挥着广告营销的功能。商标是联结商品与市场、商品与消费者的桥梁和纽带，是商品展示自我、介绍自我、宣传自我的重要载体，具有极强的广告作用。好的广告宣传和好的营销管理对于商标的市场影响力有推动作用，从而会对商标资产的价值具有助推作用。

（四）商标资产需要相关技术和管理支撑

商标资产的价值在很大程度上是由其所标识的商品或服务的品质决定的。而商品或服务的品质与其生产技术和管理紧密相关，尤其是生产出的商品尤为明显。如果技术先进，管理规范，所生产的产品质量好，市场价格就高，无形之中提高了商标的知名度，进而提高了商标资产的价值，反之则价值就低。

商标资产除了价值特征外，还呈现一些法律的特征，具体包括时效特征和地区特征，根据我国《商标法》（2019 年修正）的相关规定：

在商标注册的申请阶段，商标注册申请人自其商标在外国第一次提出商标注册申请之日起六个月内，又在中国就相同商品以同一商标提出商标注册申请的，依照该外国同中国签订的协议或者共同参加的国际条约，或者按照相互承认优先权的原则，可以享有优先权。商标在中国政府主办的或者承认的国际展览会展出的商品上首次使用的，自该商品展出之日起六个月内，该商标的注册申请人可以享有优先权。

在商标注册的审查和核准阶段，对申请注册的商标，商标局应当自收到商标注册申请文件之日起九个月内审查完毕，符合本法有关规定的，予以初步审定公告。对驳回申请、不予公告的商标，商标局应当书面通知商标注册申请人。商标注册申请人不服的，可以自收到通知之日起十五日内向商标评审委员会申请复审。商标评审委员会应当自收到申请之日起九个月内做出决定，并书面通知申请人。有特殊情况需要延长的，经国务院工商行政管理部门批准，可以延长三个月。当事人对商标评审委员会的决定不服的，可以自收到通知之日起三十日内向人民法院起诉。对初步审定公告的商标提出异议的，商标局应当听取异议人和被异议人陈述事实和理由，经调查核实后，自公告期满之日起十二个月内做出是否准予注册的决定，并书面通知异议人和被异议人。有特殊情况需要延长的，经国务院工商行政管理部门批准，可以延长六个月。商标局做出不予注册决定，被异议人不服的，可以自收到通知之日起十五日内向商标评审委员会申请复审。商标评审委员会应当自收到申请之日起十二个月内做出复审决定，并书面通知异议人和被异议人。有特殊情况需要延长的，经国务院工商行政管理部门批准，可以延长六个月。被异议人对商标评审委员会的决定不服的，可以自收到通知之日起三十日内向人民法院起诉。人民法院应当通知异议人作为第三人参加诉讼。

在注册商标的续展、变更、转让和使用许可阶段，注册商标的有效期为十年，自核准注册之日起计算。注册商标有效期满，需要继续使用的，商标注册人应当在期满前十二个月内按照规定办理续展手续；在此期间未能办理的，可以给予六个月的宽展期。每次续展注册的有效期为十年，自该商标上一届有效期满次日起计算。期满未办理续展手续的，注销其注册商标。

在注册商标的无效宣告阶段，商标局做出宣告注册商标无效的决定，应当书面通知当事人。当事人对商标局的决定不服的，可以自收到通知之日起十五日内向商标评审委员会申请复审。商标评审委员会应当自收到申请之日起九个月内做出决定，并书面通知当事人。有特殊情况需要延长的，经国务院工商行政管理部门批准，可以延长三个月。当事人对商标评审委员会的决定不服的，可以自收到通知之日起三十日内向人民法院起诉。

同时，商标资产具有严格的地域性，商标权只在法律认可的一定地域范围内受到保护。由于不同国家有不同的商标保护原则，商标权并不是在任何地方都受到保护。如果需要得到其他国家的法律保护，必须按照该国的法律规定，在该国申请注册，或向世界知识产权组织——国际局申请商标国际注册。

二、商标资产的价值影响因素

商标资产的价值影响因素可以从两个方面考虑：一是商标资产本身的法律状况，不同的权利状态对应的价值存在较大的差异；二是商标资产对应的产品或者服务的市场状况，具体包括宏观经济状况、产业或者行业情况、产品或者服务本身市场状况等。

（一）商标资产的法律状况

商标资产的法律状况包括商标注册情况、商标权利状态、商标期限等。

我国实行的是“不注册使用与注册使用并行，仅注册才能产生专用权”的商标专用权制度。按照这种制度，只有获得了注册的商标使用人才享有专用权，才有权排斥他人在同类商品上使用相同或相似的商标，也才有权对侵权活动起诉，因而一般情况下，只有注册了的商标才具有经济价值，未注册的商标即便能带来经济效益，其经济价值也得不到确认。

对于已经注册的商标，违反《商标法》关于注册商标标志范围规定的，或者是以欺骗手段或者其他不正当手段取得注册的，自商标注册之日起五年内，在先权利人或者利害关系人可以请求商标评审委员会宣告该注册商标无效，对恶意注册的，驰名商标所有人不受五年的时间限制。商标注册人在使用注册商标的过程中，自行改变注册商标、注册人名义、地址或者其他注册事项的，由地方工商行政管理部门责令限期改正；期满不改正的，由商标局撤销其注册商标。此外，注册商标成为其核定使用的商品的通用名称或者没有正当理由连续 3 年不使用的，任何单位或者个人可以向商标局申请撤销该注册商标。

注册商标有效期满，需要继续使用的，商标注册人应当在期满前 12 个月内按照规定办理续展手续；在此期间未能办理的，可以给予 6 个月的宽展期。每次续展注册的有效期为 10 年，自该商标上一届有效期满次日起计算。期满未办理续展手续的，注销其注册商标。无论是注册商标被撤销、被宣告无效还是期满不再续展，原商标所有人都不再享有商标专用权。丧失了注册商标专用权，也就失去了商标评估的对象，商标也就不再具有经济价值。

在我国，注册商标的有效期为 10 年，自核准注册之日起计算。

（二）商标资产所处宏观环境和产业发展状况

商标资产的价值与宏观经济形势密切相关。在评估基准日宏观经济景气高涨，评估值相对较高，低迷时评估值较低。另外，宏观经济政策对商标价值评估也有一定影响。财政政策、货币政策是紧是松，尤其是与所评估商标的行业相关的政策走向，也是商标评估必须考虑的因素。

商标所依托的商品所在的行业发展情况，对商标资产的价值能产生重大影响。行业的状况直接影响商品的生产规模、价格、利润率等经济指标，进而影响商标的价值。另外，一个行业很难保持长久的繁荣与稳定。总有一些新兴的行业不断产生，一些陈旧的行业不断衰退，甚至消亡。商标资产的价值在于其获得超额利润的能力，在销量相同的情况下，新兴行业往往是产品附加值高的行业，其商标资产价值也高。

（三）商标资产及其依附产品或者服务状况

商标资产自身状况包括商标资产的美誉度、知名度、商标所依托的商品或者服务的市场竞争力。商标权本身不能直接产生收益，其价值大都是依托有形资产来实现的。商标资产的经济价值是由商标所带来的效益决定的，带来的效益越大，商标资产价值越高。商标所带来的效益是依托相应的商品或服务来体现的。

一是商标的美誉度。商标的美誉度是指商标商品或服务的质量及其相关服务得到消费者肯定和信任程度的指标。商标的美誉度可能是与商标商品或服务的知名度相伴而生，也可能是因商标商品或服务长期良好的性价比或相关服务而形成。商标的美誉度能大大提升商标商品和服务的市场竞争力，也是商标资产具有价值的重要基础。

二是商标的知名度。商标的知名度是指消费者对商标商品或服务的认知认可程度。商标的知名度越高，商标商品或服务就越受消费者的青睐，商标商品或服务进入市场的阻力就越小，商标商品或服务的市场竞争力越强。一般情况下，同一行业，驰名商标价值高于非驰名商标价值。是否完成驰名商标认定影响着商标资产的价值。

三是商标资产对应产品或者服务的市场竞争力。产品或者服务的市场竞争力越强，商品销量越大，利润及超额利润也越大，商标资产的价值也就越高，反之则价值越低。

四是商标资产对应产品或者服务的获利能力。所有影响商标资产价值的因素最终都会体现在商标商品的获利能力上，即能给拥有者带来超额收益的能力上。商标商品的获利能力越强，超额利润越多，商标资产的价值就越高。因此，商标商品的获利能力是决定商标资产价值的根本性因素。

五是商标资产的使用年限。在运用收益法评估商标权价值时，按照《商标法》的规定，商标权法律保护期限为 10 年，到期后可以续展。有人主张商标权收益期限为 10 年，有人则认为商标权收益期限应为无限年。其实，上述两种做法都是欠妥的。商标权之所以有价值，是因为通过它能够带来超额收益，如果注册商标所代表的产品不能带来超额收益，该商标同样不值钱。因此，确定商标权未来获利期限的依据是其获得超额收益的时间，注册年限仅供分析参考，不应作为直接依据。

此外，商标资产的价值还与商标的使用方式、类似商标的交易情况相关。商标的使用既可以是商标所有人的使用，也可以是商标所有人以外的第三人许可使用。商标的注册、使用、购买成本、商标注册时间、有无许可使用期限等是影响商标资产价值的重要因素。同时，当使用市场法进行商标价值评估时，可比交易案例及其交易情况对商标价值评估起决定性作用。这些因素包括可比交易案例的交易价格、交易情况、本身情况、交易日期等。

第三节　商标资产的评估及注意事项

一、商标资产评估目的

商标资产评估目的是商标权发生的经济行为。从商标资产转让方式来说，可以分为商标所有权转让和商标许可使用权转让。商标所有权转让是指转让方放弃商标权，转归受让方所有，实际上是商标所有权出售。商标许可使用权则是拥有商标权的商标权人在不放弃商标所有权的前提下，特许他人按照许可合同规定的条款使用商标。商标权转让方式不同，评估价值也不一样。一般来说，商标所有权转让的评估值高于商标权许可使用的评估值。从股份制企业商标权评估情况来说，一般包括以商标权投资入股、商标权许可使用以及商标权转让等。在股份制改造或股份公司上市时，考虑股本结构、出资要求等原因，往往将商标许可使用，这样既可以保证股份制企业正常生产经营，又不影响其股权结构和出资规定。在这种情况下，不仅要对商标资产进行评估，还应评估许可使用费标准，作为签订许可使用权合同的依据。

通常，企业出于保护性目的，会在相同类别注册一系列外形类似的相关商标。这些相关商标中部分为常用的主要商标，部分商标可能从未使用。

二、商标资产的评估方法

商标资产价值评估通常有三种方法可以参考使用，即成本法、市场法和收益法。

理论上讲，使用成本法对商标资产进行评估，是利用重建被评估商标资产所需的现时成本估算相应的商标资产价值。但是，商标资产的投入与产出具有弱对应性，因为商标的重置成本不仅包括商标设计、注册手续费等，还包括相当一部分商标的推广、管理和维护等消耗的难以货币化衡量的资源，如广告宣传、市场推广、产品质量控制、人力资源投入等。有时设计创造商标的成本费用较低，其带来的收益却很大；有时为设计、创造某种商标成本费用较高，比如为宣传商标投入了巨额的广告费，但带来的收益却不高，因此，采用成本法评估商标权时必须慎重。只有在被评估商标有关的收益无法计量或可比的市场参考交易价格难以确定，而其重置成本可以被合理、可信地衡量，或该商标刚刚建立不久的情况下，才能适用成本法进行评估。

使用市场法对商标权进行评估，是通过与被评估商标权类似的其他资产的交易来估测其价值，关键是选择可比的市场参照物。从交易的可比性来看，采用的参照物商标应具备以下条件：（1）同行业存在知名度和美誉度等类似的商标；（2）使用商标的产品或服务的范围应基本相同；（3）商标许可的限制条件明确，无本质上差异，可以比较，如许可形式一致，同为独占、排他的普通许可等；（4）商标许可发生的时间相近，有可比性；（5）商标许可双方的情况有可比性；（6）商标的发展潜力有相似之处。

如果能找到足够多的合适参照物商标，通常可采用许可使用费收益折现法评估待评估商标资产价值。在许可使用费收益资本化中，对商标资产的评估要参考假设目标商标在公平交易中被许可给第三方使用所能产生的使用费收益金额。在使用该方法时，应分析公平的许可证协议，作为指导性案例样本。选择的许可证协议应该具有与目标商标类似的风险和投资回报。在充分了解目标商标和用于比较的指导性交易的风险和投资报酬因素后，可以预测出目标商标的公平许可使用费率。目标商标的公平许可使用费率乘以其预期产生的净收入，即为目标商标产生的使用费收益的估计值。然后，将估计的许可使用费收益视为在预期使用年限内的年金，按照适当的折现率进行折现，就得出目标商标的公平市场价值。然而，由于商标的唯一性和独特性，商标所有权的转让市场一般是不活跃的，可比的交易案例难以寻找，而且有关交易的具体条件往往得非公开的，因此通过市场法评估商标权价值受到限制。

尽管成本法和市场法是商标权价值评估可参考的评估途径，但相对而言，通过收益法评估商标权价值，无论是理论上还是实践上都是比较合理的。

三、商标资产评估的注意事项

一是对商标资产评估对象和范围的认识。评估专业人员执行商标资产评估业务，应当根据具体情况将评估对象确定为单一商标权益或者商标组合权益。对商标资产进行评估时，应当将商标注册人在相同或者类似商品和服务上注册的相同或者近似的商标作为商标组合。

商标资产评估需要厘清评估范围，它是评估商标的前置条件。商标资产的评估范围是商标资产涉及的产品或者服务范围，即在哪些产品或者服务中使用了该商标，包括这些产品或者服务的各种收入、支出、管理等。通常情况下，被评估商标的价值高低与其标识的商品或服务的范围以及在多大空间范围内使用有着极为密切的关系，因此界定商标权标识的商品范围或服务范围以及地域空间范围等是界定商标评估对象和范围的重要工作。

二是其他资产共同发挥作用时商标资产贡献的确定。评估专业人员执行商标资产评估业务，应当了解商标资产与相关有形资产以及专利权、专有技术和著作权等无形资产共同发挥作用的情况。注意区分这些无形资产共同产生作用时所带来的现金流，以确定商标资产的贡献，这是确定商标价值的基础。

除了共同作用的无形资产外，还需要考虑商标资产的所有者和使用者的差异，它们对应的是所有权和使用权，在评估时需要关注商标资产的使用协议，以便确定各自的权利大小。一般来说，商标所有权的评估值高于商标权许可使用的评估值。

三是需要区分几个容易与商标混淆的概念，主要有商标与商誉、商标与品牌和商标与商号的差异。

（一）商标与商誉的差异

在无形资产评估中容易混淆的是商誉和商标，两者存在较大的差异：（1）商标是产品的标志，而商誉则是企业整体声誉的体现。商标与其产品相结合，其价值来自其代表的产品的超额获利能力；商誉是与企业密切相关的，其价值来自企业所具有的超额获利能力。(2) 二者性质完全不同。商标权作为企业可辨认的无形资产，有自己特定的内容和名称，它可以单独取得和单独存在，也可以在原组织继续存在的同时，转让给另一个组织；而商誉没有专门的内容，无法单独存在，也没有自己的名称，是不可辨认的无形资产，它与企业及其超额获利能力结合在一起，不能够脱离企业而单独存在。(3) 商标可以转让其所有权，也可以转让其使用权。而商誉只有随企业行为的发生实现其转移或转让，没有所有权与使用权之分。尽管商标权与商誉的区别明显，但二者有时存在相互包含的因素。例如，与商誉相对应的企业超额收益中包含商标作用的因素，这也是在评估中必须加以分析确定的。

（二）商标与品牌的差异

根据国际商标协会对品牌的定义，“品牌是企业在其生产的商品或提供的服务项目上使用的标记，用以同其竞争者的产品进行区分。品牌属于知识产权，是企业资产或商誉的一部分，并可以像其他资产或财产一样进行交易”。从使用者的角度出发，商标是相关品牌依据法律在不同地区，对不同产品以及服务进行注册的保护手段。相对而言，品牌的内涵和外延更为宽泛，没有法律限定的使用范围，如果未经注册，不受法律保护；商标有法律限定的具体使用范围，在使用范围内受到法律保护。因此在资产评估中，应以选取的商标为评估对象和载体，品牌的因素如品牌强度、影响力等应该在体现商标价值的大小时给予考虑。

（三）商标与商号的差异

商标与商号同属工业产权的范畴，构成要素和功能基本相同，因此在评估中常常把二者混淆。虽然商标和商号具有千丝万缕的联系，但二者之间存在着明显的区别：(1) 二者的取得方式不同。商标权的取得必须要申请注册，经有关部门审查符合商标法的规定后可获得，商号名称中需经工商行政管理部门登记后即可获得。(2) 二者的数量个数不同。一个企业只能有一个商号名称，一个企业可以有多个商标。(3) 二者的保护范围不同。在我国，商标权在全国范围内受保护，不能相近似，而商号名称只能在特定的行政区域内受到保护。(4) 二者的许可使用不同。商标权可以根据特许合同许可他人使用，而且可以多次许可，商号名称则不能许可他人使用，只能转让。某企业一旦将商号名称转让，该企业将不得使用原名称，即发生了商号名称的转让，也丧失了商号名称的专有权。

第四节 商标资产评估案例分析

一、评估案例基本情况

A 集团公司委托评估机构对其拥有的“X”系列注册商标专用权进行评估。A 集团公司的核心产业为茶叶的生产和销售。A 集团公司在生产经营过程中创建了“X”系列注册商标，目前使用相关商标生产和销售茶叶的企业主要是 A 集团公司下属的 B 上市公司。现在 A 集团公司拟将其拥有的“X”系列注册商标转让给 B 上市公司。

本次评估对象是 A 集团公司创建并拥有的“X”系列注册商标专用权。委估商标是在中国境内注册的第 X 类商标，共 10 个。A 集团公司出于保护性目的，在茶叶类别内注册了这 10 个外形相似的商标。10 个商标中有一部分为常用的主要商标，还有一部分从未使用过。评估时将这 10 个具有相关性的商标作为一个整体来考虑。

本次评估范围包括使用“X”系列注册商标的所有产品。截至评估基准日，只有 B 上市公司在使用“X”商标生产和销售茶叶，并且 B 上市公司生产的产品全都采用了“X”商标，所以评估范围包括 B 上市公司的所有产品。

本次评估的价值类型为市场价值，评估基准日为 2020 年 12 月 31 日。根据评估目的和评估对象的特点，考虑市场条件及评估对象的使用等并无特别限制和要求，因此确定本次评估结论的价值类型为市场价值。

二、评估过程

本次评估采用收益法、成本法对 A 集团公司的“X”系列注册商标资产价值进行评估。评估过程具体是：首先评估出拥有商标权企业的组合无形资产价值，再通过委估商标在组合无形资产中的贡献，对组合无形资产价值进行分割，确定委估商标权价值。组合无形资产价值评估采用“割差法”，商标资产价值确定采用“要素贡献法”。

（1）采用收益现值法对企业全部资产价值进行评估。

（2）采用成本法对企业账面记录的资产价值进行评估。

（3）根据收益现值法与成本法的差额估算组合无形资产的价值。

组合无形资产评估值 = 收益法的全部资产评估值 − 成本法的资产评估值

上步估算出的组合无形资产价值包含委估商标、企业其他商标、销售网络、客户关系等可辨认无形资产和不可辨认无形资产，因此需要根据委估商标对企业未来收益的贡献程度进行分析，确定委估商标在组合无形资产中的贡献份额即分成率，进而得到委估商标的评估值。

（4）根据委估商标在组合无形资产价值的贡献份额，确定其价值。

第一步，用收益法评估企业全部资产价值。

1. 企业自由现金流测算

根据分析预测，B 上市公司未来五年各年预测产品销售收入、费用的参数如表 4－1—表 4－6 所示。

表 4－1　未来 5 年 B 公司内销市场销售情况统计　单位：万元

	2021 年	2022 年	2023 年	2024 年	2025 年
销售收入	7000	8600	10200	11500	13000
其中：边销	6000	6600	7020	7500	8000
内销	1000	2000	3000	4000	5000

表 4－2　未来 5 年 B 公司主营业务成本预测表　单位：万元

	2021 年	2022 年	2023 年	2024 年	2025 年
销售收入	7000	8600	10200	11500	13000
销售成本	3080	3784	4488	5060	5720

表 4－3　未来 5 年 A 公司营业税金及附加预测表　单位：万元

	2021 年	2022 年	2023 年	2024 年	2025 年
内销销售收入	1000	2000	3000	4000	5000
税金及附加	55	110	165	220	275

表 4－4　未来 5 年 A 公司营业费用预测表　单位：万元

	2021 年	2022 年	2023 年	2024 年	2025 年
销售收入	7000	8600	10200	11500	13000
营业费用	784	963. 2	1142. 4	1288	1456

表 4－5　A 公司固定资产折旧费用预测表　单位：万元

固定资产	评估净值	折旧年限	年折旧额
房屋建筑物	463. 47	20	23. 17
机械设备	331. 83	10	33. 18
合计	795. 30		56. 35

表 4-6　　**未来5年A公司管理费用预测表**　　单位：万元

	2021 年	2022 年	2023 年	2024 年	2025 年
付现费用	1030	1060.9	1092.73	1125.51	1159.28
折旧与摊销	71.55	71.55	71.55	71.55	71.55
合计	1101.55	1132.45	1164.28	1197.06	1230.83

各年财务费用取决于付息债务总额和利率两个因素。按企业目前账面值计算有关指标：资产负债率48.43%；付息债务总额1500万元，均为流动负债性质；付息债务占流动负债比率52.69%；经营性应付款占流动负债比率47.31%；经营性应付款占销售收入比率28.52%；净营运资本占销售收入比率38%。

随着未来生产量和销售量的逐步扩大，在资金周转率不变的条件下，所需要的净营运资本也将按比例增加。净营运资本增加的资金来源一般有三个：一是随采购规模扩大等经营活动相应增加的非付息经营性应付款项；二是以累计未分配利润补充流动资金；三是增加付息债务。可见，估算各年增加的付息债务，首先要确定各年可增加的非付息经营性应付款项和可用于补充流动资金的未分配利润。通过与委托方访谈，按目前非付息经营性应付款项占销售收入比率估算可增加的非付息经营性应付款项；剩余部分的50%由未分配利润补充，其他50%增加付息债务。年利率为5.56%。

以2021年为例说明表4-7数据计算过程：

新增销售收入 = 7000 - 5000 = 2000（万元）

新增净营业资本 = 2000 × 38% = 760（万元）

新增经营性应付款 = 2000 × 28.52% = 570.4（万元）

以未分配利润补充 =（760 - 570.4）× 50% = 94.8（万元）

增加付息债务 = 760 - 570.4 - 94.8 = 94.8（万元）

付息债务平均余额 = 1500 +（94.8 ÷ 2）= 1547.40（万元）

财务费用总额 = 1547.40 × 5.56% = 86.04（万元）

企业所得税税率为25%，按各年预测的利润总额计算。

表 4-7　　**未来5年B公司财务费用预测表**　　单位：万元

	2021 年	2022 年	2023 年	2024 年	2025 年
新增销售收入	2000	1600	1600	1300	1500
新增净营运资本	760	608	608	494	570
新增经营性应付款	570.4	456.32	456.32	370.76	427.8
以未分配利润补充	94.8	75.84	75.84	61.62	71.1
增加付息债务	94.8	75.84	75.84	61.62	71.1

续表

	2021 年	2022 年	2023 年	2024 年	2025 年
年初付息债务	1500	1594.80	1670.64	1746.48	1808.1
付息债务平均余额	1547.40	1632.72	1708.56	1777.29	1843.65

根据以上各步计算结果，评估基准日后各年净利润预测如表 4－8 所示。

表 4－8　　未来 5 年 B 公司净利润预测表　　单位：万元

	2021 年	2022 年	2023 年	2024 年	2025 年
销售收入	7000	8600	10200	11500	13000
销售成本	3080	3784	4488	5060	5720
税金及附加	55	110	165	220	275
销售费用	784	963.2	1142.4	1288	1456
管理费用	1101.55	1132.45	1164.28	1197.06	1230.83
财务费用总额	86.04	90.78	95	98.82	102.51
利润总额	1893.41	2519.57	3145.32	3636.12	4215.66
减：所得税	473.35	629.89	786.33	909.03	1053.92
净利润	1420.06	1889.68	2358.99	2727.09	3161.74

根据企业自由现金计算公式，企业自由现金流量＝税后净利润＋折旧与摊销＋税后利息费用－资本性支出－净营运资本增加，扣除所得税影响后利息费用＝利息费用×（1－所得税税率）。

预测企业自由现金流量时，一般假定资本性支出于年初支出，当年全年扣减；净营运资本一般在年度内陆续增加，于年末增加到位，因此应按前述各年新增净营运资本的 50% 扣减。

企业目前的固定资产和土地使用权等长期资产已基本满足企业未来 5 年生产经营的需要，未来 5 年资本性支出规模较小。根据企业固定资产更新改造计划，2021 年完成投资 200 万元更新改造一条多功能茶叶生产线，以后各年只发生少量的维修费，不增加资本性支出。未来 5 年公司自由现金流量预测如表 4－9 所示。

表 4－9　　未来 5 年 B 公司自由现金流预测表　　单位：万元

	2021 年	2022 年	2023 年	2024 年	2025 年
净利润	1420.06	1889.68	2358.99	2727.09	3161.74
加：折旧与摊销	71.55	71.55	71.55	71.55	71.55
利息费用	64.53	68.09	71.25	74.12	76.88

续表

	2021 年	2022 年	2023 年	2024 年	2025 年
减：资本性支出	200				
净流动资本变动	380	304	304	247	285
企业自由现金流量	976.14	1725.32	2197.79	2625.76	3025.17

根据评估准则和行业惯例，5 年以后的各年企业自由现金流量均以第 5 年数据为依据。

2. 收益期限的确定

我国商标法规定，商标注册可无限次续展注册；企业经济性质为股份有限公司，营业执照未注明其终止日期。因此，从理论上看，委估商标权的获利期是无限期的。但是，工业知识产权无形资产必须依附于土地使用权、房屋建筑物和机器设备等有形资产才可以真正发挥其效益。

企业的房屋建筑物和机器设备虽有使用寿命，但均可以在企业经营过程中不断进行更新。企业生产茶叶基地的土地使用权期限为 50 年，自本次评估基准日起计算，剩余使用年限为 49 年。49 年后企业是否还能取得目前宗地国有土地使用权并不确定。因此，本次评估以 49 年作为企业获利期限。

3. 折现率的确定

根据中评协《企业价值评估指导意见》的要求，当以企业自由现金流量为基础采用收益法评估企业整体价值时，折现率应当采用加权平均资金成本。

加权平均资金成本 = 债权资本权重 × 债权资金成本 + 权益资本权重 × 权益资金成本

债权资金成本 = 企业付息债务利率 ×（1 − 企业所得税税率）

整个企业平均投资回报率即加权平均资本成本。加权平均资本成本计算公式为：

$$WACC = \frac{E}{E+D} \times R_e + \frac{D}{E+D} \times R_d \times (1-T)$$

式中：WACC 为加权平均资本成本；E 为权益的市场价值；D 为付息债务的市场价值；R_e 为权益资本的投资回报率；R_d 为债务资本的投资回报率；T 为企业的所得税税率。

（1）确定企业的目标资本结构。权益的市场价值和债务的市场价值决定着企业的资本结构。选取企业的目标资本结构来计算加权平均资本成本，即从农业类上市公司中选取具有可比性的参照公司，然后根据其权益市场价值和债务市场价值的相关比率进行加权平均来确定目标资本结构。

（2）预测债务资本的投资回报率。债务成本的预期收益率与企业的经营风险和财务风险有关，在企业的经营风险一定的情况下，企业的财务杠杆越高，财务风险越高，其债务资本的预期收益率也越高。评估时选用该上市公司平均贷款利率作为债务资本的预期收益。

（3）预测权益资本的投资回报率。采用资本资产定价模型确定可比企业权益资本的投资回报率。计算公式如下：

$$R_e = R_f + \beta \times (R_m - R_f) + R_s$$

式中：R_e 为股权资本成本；即权益资本的投资回报率；R_f 为无风险报酬率；β 为企业风险系数；R_m 为市场的预期报酬率；$R_m - R_f$ 为市场风险溢价；R_s 为企业特有风险调整系数。

①无风险报酬率。评估专业人员选择了10年期的国债到期收益率作为无风险收益率。

②市场的预期报酬率。评估专业人员选取彭博咨询提供的2016年12月31日至评估基准日的上海证券市场和深圳证券市场各自的周风险收益率，换算成年收益率，扣除相应的历史无风险收益率后，用上海证券市场和深圳证券市场评估基准日的市值对其进行加权平均，进而求得评估基准日中国证券市场的年收益率。

③企业风险系数。评估专业人员采用彭博咨询提供的沪、深两地各参考上市公司股票相对于整个市场收益的系统风险系数β，并进行了显著性检验（t检验），以确定其统计结果的显著性。

④确定企业特有风险调整系数。因为使用“X”注册商标的B公司为上市公司，所以不再另行考虑企业特有风险调整。

⑤权益资本的投资回报率。根据资本资产定价模型计算出公司的权益资本投资回报率。

（4）加权平均资本成本的确定。根据上述公式及参数计算出加权平均资本成本为11%。

4. 企业全部资产评估值确定

根据企业全部资产评估值的测算公式，企业全部资产评估值 = $\sum$（企业自由现金流量×复利现值系数），得到表4-10。

表4-10　A公司收益法的评估结果　单位：万元

年度	企业自由现金流量	复利现值系数	现值
2021	976.14	0.9009	879.40
2022	1725.32	0.8116	1400.27
2023	2197.79	0.7312	1607.02
2024	2625.76	0.6587	1729.59
2025	3025.17	0.5935	1795.44
2026—2069	3025.17（每年）	8.9988×0.5935	16156.79
总计			23568.51

按收益现值法评估的企业全部资产价值为23568.51万元。

第二步，采用成本法评估企业的全部资产价值。

按照成本法评估企业价值的要求，结合 B 企业在评估基准日的资产负债表情况，得出采用成本法评估的全部资产价值为 6643.38 万元。

第三步，确定组合无形资产价值。

根据前述的组合无形资产价值测算公式，可获得组合无形资产的价值为：

23568.51 − 6643.38 = 16925.13（万元）

第四步，委估注册商标分成率。

以上评估的组合无形资产包括企业委估商标、其他商标、销售网络、客户关系等可辨认无形资产和不可辨认无形资产，因此需要根据委估商标对企业未来收益的贡献程度进行分析，确定委估商标在组合无形资产中的贡献份额，即分成率，进而得到委估商标的评估值。经过对 A 公司无形资产进行辨认，主要集中在产品和服务注册商标、技术、销售网络、客户关系四个方面，因此无形资产价值可以在上述四种无形资产中进行分割。

这里采用要素贡献法对商标、技术、销售网络、客户关系四种无形资产进行分割，根据对公司管理层和专家咨询的意见，可以得出四种无形资产的比较判断矩阵。

经过分析，A 公司的无形资产主要由商标、技术、销售网络、客户关系构成，因此，对组合无形资产的价值分析只在此四种无形资产中进行分割，处理方法是层次分析法。

（1）贡献要素及比较判断矩阵

将商标、技术、销售网络、客户关系四类无形资产对价值的贡献两两进行比较，确定它们之间的相对关系，采用咨询打分方法测算的结果如表 4－11 所示。

表 4－11　　无形资产价值的贡献四类比较判断矩阵

	技术	商标	客户关系	销售网络
技术	1	1/2	4	2
商标	2	1	3	2
客户关系	1/4	1/3	1	1/3
销售网络	1/2	1/2	3	1

（2）贡献要素权重计算

采用和积法计算各个要素的贡献权重，得到权重向量为：

$$\begin{bmatrix} \text{技术} \\ \text{商标} \\ \text{客户关系} \\ \text{销售网络} \end{bmatrix} = \begin{bmatrix} 0.3049 \\ 0.4024 \\ 0.0907 \\ 0.2020 \end{bmatrix}$$

（3）一致性检验

采用层次分析法的一致性检验，得出 CR = 0.0491 < 0.1，表明上述权重计算通过一致

性检验，可确定委估组合无形资产价值的要素贡献权重分别为：技术 30.49%、商标 40.24%、客户关系 9.07%、销售网络 20.2%。

因此，委估注册商标的分成率为 40.24%。

三、评估结果

委估商标评估值 = 组合无形资产评估值 × 委估商标分成率，即 16925.13 × 40.24% = 6810.67（万元）。

思考题

1. 什么是商标及商标权？它们有哪些特点？
2. 什么是商标资产？谈谈你对商标资产评估对象的认识。
3. 采用收益法评估商标权价值时，需要关注的问题有哪些？
4. 商标资产的价值影响因素有哪些？其中法律影响因素需要关注哪些内容。
5. 资产评估的市场法和成本法可以评估商标资产价值吗？为什么？除此之外，还有哪些方法能够评估商标资产价值？

本章参考文献

1. 余炳文：《无形资产评估案例》，经济管理出版社 2018 年版。
2. 余炳文：《资产评估原理》，经济管理出版社 2021 年版。
3. 苑泽明：《无形资产评估》，高等教育出版社 2015 年版。
4. 汪海粟、王同律、汤湘希：《无形资产评估》，中国人民大学出版社 2002 年版。
5. 中国资产评估协会：《资产评估实务（二）》，中国财政经济出版社 2022 年版。
6. 埃斯瓦斯·达莫达兰著，李必龙、李羿、郭海等译：《估值：难点、解决方案及相关案例（第 2 版）》，机械工业出版社 2013 年版。
7. 姜楠：《无形资产评估》，中国财政经济出版社 2015 年版。
8. 刘德运、王爱国、梁美健：《无形资产评估》，中国财政经济出版社 2010 年版。
9. 刘小峰：《无形资产评估：理论与实务》，北京大学出版社 2017 年版。

第五章

著作权资产评估

本章学习目标

1. 了解什么是著作权和著作权资产。
2. 了解著作权资产的价值特征及价值影响因素。
3. 熟悉著作权资产的评估方法。
4. 理解和掌握著作权资产评估收益法的具体测算过程。

引导案例

《鬼吹灯》著作权侵权及不正当竞争纠纷案

2006年4月，张牧野将《鬼吹灯》系列小说著作权中的财产权全部转让给上海玄霆娱乐信息科技有限公司。2011年7月，上海玄霆娱乐信息科技有限公司将小说《鬼吹灯》的复制权、改编权及摄制权授予第三人万达影视传媒有限公司，万达影视传媒有限公司根据该小说改编拍摄了电影《寻龙诀》，该片上映后获得了良好的口碑和票房。

2014年4月，张牧野授权北京新华先锋出版科技有限公司独家享有小说《摸金校尉》的出版发行权及转授权等权利。2015年11月，万达影视传媒有限公司将电影《寻龙诀》海报著作权授予北京新华先锋文化传媒有限公司，用于小说《摸金校尉》相关宣传。北京新华先锋文化传媒有限公司设计了小说《摸金校尉》的封面，北京新华先锋出版科技有限公司负责文字内容的制作，并交由群言出版社出版。2015年12月1日起，小说《摸金校尉》在京东、当当等网络销售平台及全国各大书店全面销售。

上海玄霆娱乐信息科技有限公司认为，小说《摸金校尉》大量使用了该公司作品表达要素，侵犯了其著作权。北京新华先锋出版科技有限公司、北京新华先锋文化传媒有限公司以及群言出版社出版在宣传推广图书时使用“鬼吹灯”“胡八一”“shirley杨”“王胖子”字样及与电影《寻龙诀》有关的宣传推广行为，分别构成擅自使用原告上海玄霆娱乐信息科技有限公司知名商品特有名称及虚假宣传的不正当竞争行为。故诉请判令被告立即停止侵权；被告北京新华先锋文化传媒有限公司、北京新华先锋出版科技有限公司、群言出版社等刊登声明、消除影响，共同赔偿经济损失及合理支出共计人民币2000万元。

法院经审理认为，小说《摸金校尉》虽然使用了与原告权利作品相同的人物名称、关系、盗墓规矩等要素，但小说《摸金校尉》有自己独立的情节和表达内容，与原告作品在情节上并不相同或相似，也无任何延续关系，不构成对原告著作权的侵犯。小说《摸金校尉》封面使用电影《寻龙诀》海报的行为，直接或间接地向相关公众传递了小说《摸金校尉》和电影《寻龙诀》在内容上有关联的信息，易使相关公众将小说《摸金校尉》误认为《寻龙诀》的原著或与原著内容有关联，构成引人误解的虚假宣传。法院遂判决被告新华文化公司、北京新华先锋出版科技有限公司、群言出版社停止虚假宣传行为并刊登声明消除影响；被告新华公司停止销售涉案图书；被告北京新华先锋文化传媒有限公司、先锋出版社赔偿上海玄霆娱乐信息科技有限公司经济损失90万元，群言出版社对其中的60万元承担连带赔偿责任，三被告共同承担合理费用；驳回原告其余诉讼请求。一审判决后，原、被告提起上诉，二审驳回上诉，维持原判。

随着版权产业的兴盛，同人作品的创作日渐增多，与之相关的版权纠纷也越来越多，该案中针对续写作品是否构成对原作著作权侵权，涉及思想与表达的划分，是非常复杂的问题。尤其是涉案作品知名度很高，思想与表达的界限不易把握，法院准确地运用著作权法原理认定续写作品虽然和原作品有一定程度的相似，但主要不是表达相似，因此不构成著作权侵权，但因虚假宣传构成不正当竞争，这是对法律的精准适用。

（资料来源：https：//baijiahao. baidu. com/s? id = 1665388877651395278&wfr = spider&for = pc）

第一节　著作权与著作权资产

一、著作权与著作权资产的概念

（一）著作权的概念

1. 著作权

依据《中华人民共和国著作权法》[①] 的规定，著作权是指文学、艺术作品和科学作品的创作者依照法律规定对这些作品所享有的各项专有权利。这些权利可以分为人身权利和财产权利。人身权利有发表权、署名权、修改权和保护作品完整权。财产权利有 13 项，具体包括 12 项财产权利和 1 项应当由著作权人享有的其他权利，这些财产权利分开列示、独立存在。

人身权利不可分离、无限制期限且不可剥夺，也不能转让。人身权利虽不能转让，但可以依法继承，继承人可以保护其不受侵犯。权利的不可剥夺性指作品完成后，著作权的精神权利和财产权利均归权利人所有，不可随意剥夺或者侵犯。财产权利体现了权利人的作品与具体权利的对应关系。

我国《著作权法》第十条规定著作权人享有的权利和转让或者许可他人使用的权利属于著作权资产的财产权利形式。相关条款规定的与著作权有关的权利包括：出版者对其出版的图书、期刊的版式设计的权利，表演者对其表演享有的权利，录音、录像制作者对其制作的录音、录像制品享有的权利，广播电台、电视台对其制作的广播、电视享有的权利以及由国家法律、行政法规规定的其他与著作权有关的权利。

中国资产评估协会出台的《著作权资产评估指导意见》第十二条规定，评估著作权时，评估对象是财产权利，包括著作权以及与其有关权利的财产权利，同时对财产权利的

---

① 我国《著作权法》大致经历了三次修改：1990 年 9 月 7 日第七届全国人民代表大会常务委员会第十五次会议通过，根据 2001 年 10 月 27 日第九届全国人民代表大会常务委员会第二十四次会议《关于修改〈中华人民共和国著作权法〉的决定》第一次修正，根据 2010 年 2 月 26 日第十一届全国人民代表大会常务委员会第十三次会议《关于修改〈中华人民共和国著作权法〉的决定》第二次修正，根据 2020 年 11 月 11 日第十三届全国人民代表大会常务委员会第二十三次会议《关于修改〈中华人民共和国著作权法〉的决定》第三次修正，自 2021 年 6 月 1 日起施行。

形式也做出了规定。在著作权资产评估报告中，资产评估师应该反映著作权资产的特点，包括评估对象的财产权利及限制条件、与著作权有关的权利情况、著作权和相关权利事项登记情况、权利作品基本情况、作品的类别和创作形式、涉及的演绎作品的详细情况等。

根据我国《著作权法》的规定，著作权的财产权利有以下 13 项：

（1）复制权，即以印刷、复印、拓印、录音、录像、翻录、翻拍、数字化等方式将作品制作一份或者多份的权利；

（2）发行权，即以出售或者赠与方式向公众提供作品的原件或者复制件的权利；

（3）出租权，即有偿许可他人临时使用视听作品、计算机软件的原件或者复制件的权利，计算机软件不是出租的主要标的的除外；

（4）展览权，即公开陈列美术作品、摄影作品的原件或者复制件的权利；

（5）表演权，即公开表演作品，以及用各种手段公开播送作品的表演的权利；

（6）放映权，即通过放映机、幻灯机等技术设备公开再现美术、摄影、视听作品等的权利；

（7）广播权，即以有线或者无线方式公开传播或者转播作品，以及通过扩音器或者其他传送符号、声音、图像的类似工具向公众传播广播的作品的权利，但不包括第（8）项规定的权利；

（8）信息网络传播权，即以有线或者无线方式向公众提供，使公众可以在其选定的时间和地点获得作品的权利；

（9）摄制权，即以摄制视听作品的方法将作品固定在载体上的权利；

（10）改编权，即改变作品，创作出具有独创性的新作品的权利；

（11）翻译权，即将作品从一种语言文字转换成另一种语言文字的权利；

（12）汇编权，即将作品或者作品的片段通过选择或者编排，汇集成新作品的权利；

（13）应当由著作权人享有的其他权利。

以上权利可以纳入资产评估范围，成为资产评估的评估对象。

2. 著作权归属

我国《著作权法》对著作权的归属做出了明确的规定。著作权归属的基本原则是除法律另有规定，著作权属于作者。著作权的内容就是法律赋予著作权人的权利内容，包括人身权利和财产权利，即著作人身权和著作财产权。著作人身权是指作者通过创作表现个人风格的作品而依法享有获得名誉声望和维护作品完整性的权利。该权利由作者终身享有，不可转让、剥夺和限制。具体规定如下：

创作作品的自然人是作者。由法人或者非法人组织主持，代表法人或者非法人组织意志创作，并由法人或者非法人组织承担责任的作品，法人或者非法人组织视为作者。在作品上署名的自然人、法人或者非法人组织为作者，且该作品上存在相应权利，但有相反证明的除外。作者等著作权人可以向国家著作权主管部门认定的登记机构办理作品登记。改编、翻译、注释、整理已有作品而产生的作品，其著作权由改编、翻译、注释、整理人享有，但行使著作权时不得侵犯原作品的著作权。

两人以上合作创作的作品，著作权由合作作者共同享有。没有参加创作的人，不能成为合作作者。合作作品的著作权由合作作者通过协商一致行使；不能协商一致，又无正当理由的，任何一方不得阻止他方行使除转让、许可他人专有使用、出质以外的其他权利，但是所得收益应当合理分配给所有合作作者。合作作品可以分割使用的，作者对各自创作的部分可以单独享有著作权，但行使著作权时不得侵犯合作作品整体的著作权。

汇编若干作品、作品的片段或者不构成作品的数据或者其他材料，对其内容的选择或者编排体现独创性的作品，为汇编作品，其著作权由汇编人享有，但行使著作权时，不得侵犯原作品的著作权。使用改编、翻译、注释、整理、汇编已有作品而产生的作品进行出版、演出和制作录音录像制品，应当取得该作品的著作权人和原作品的著作权人许可，并支付报酬。

视听作品中的电影作品、电视剧作品的著作权由制作者享有，但编剧、导演、摄影、作词、作曲等作者享有署名权，并有权按照与制作者签订的合同获得报酬。视听作品中的剧本、音乐等可以单独使用的作品的作者有权单独行使其著作权。

自然人为完成法人或者非法人组织工作任务所创作的作品是职务作品，除本条第二款（《著作权法》第十八条第二款）的规定以外，著作权由作者享有，但法人或者非法人组织有权在其业务范围内优先使用。作品完成两年内，未经单位同意，作者不得许可第三人以与单位使用的相同方式使用该作品。

同时，著作权还存在集体管理的情况，著作权集体管理是指通过代表著作权人的集体组织授权使用者使用作品并收取报酬分发给著作权人的活动。著作权的集体管理制度是随着复制、传播技术的发展，作品使用形式日趋多样化，适用范围日趋扩大的新形势而产生的。著作权人和与著作权有关的权利人可以授权著作权集体管理组织行使著作权或者与著作权有关的权利。依法设立的著作权集体管理组织是非营利法人，被授权后可以以自己的名义为著作权人和与著作权有关的权利人主张权利，并可以作为当事人进行涉及著作权或者与著作权有关的权利的诉讼、仲裁、调解活动。著作权集体管理组织根据授权向使用者收取使用费，并将使用费的收取和转付、管理费的提取和使用、使用费的未分配部分等总体情况定期向社会公布，同时建立权利信息查询系统，供权利人和使用者查询。

3. 著作权作品

著作权的权利是建立在著作权作品的基础上的。著作权作品是指文学、艺术和科学领域内具有独创性并能以一定形式表现的智力成果，共有 9 个类别，具体包括：文字作品；口述作品；音乐、戏剧、曲艺、舞蹈、杂技艺术作品；美术、建筑作品；摄影作品；视听作品；工程设计图、产品设计图、地图、示意图等图形作品和模型作品；计算机软件；符合作品特征的其他智力成果。对这些作品的认定，也做了相应的规定：

中国公民、法人或者非法人组织的作品，不论是否发表，享有著作权。外国人、无国籍人的作品根据其作者所属国或者经常居住地国同中国签订的协议或者共同参加的国际条约享有的著作权，受《著作权法》的保护。外国人、无国籍人的作品首先在中国境内出版的，享有著作权。未与中国签订协议或者共同参加国际条约的国家的作者以及无国籍人的作品首次在中国参加的国际条约的成员国出版的，或者在成员国和非成员国同时出版的，受《著作权法》的保护。

4. 著作权保护期限

作者的署名权、修改权、保护作品完整权的保护期不受限制。自然人的作品，其发表权、财产权利的保护期为作者终生及其死亡后50年，截止于作者死亡后第50年的12月31日；如果是合作作品，截止于最后死亡的作者死亡后第50年的12月31日。

法人或者非法人组织的作品、著作权（署名权除外）由法人或者非法人组织享有的职务作品，其发表权的保护期为50年，截止于作品创作完成后第50年的12月31日；财产权利的保护期为50年，截止于作品首次发表后第50年的12月31日，但作品自创作完成后50年内未发表的，《著作权法》不再保护。

著作权人享有的著作权受法律保护，侵犯著作权的行为应当依法承担相应的法律责任。不过，以下两种情形不构成对著作权的侵犯：一是合理使用。合理使用是指他人依法律规定，可以不经著作权人许可而无偿使用其作品的行为。合理使用必须符合下列条件：指明作者姓名或者名称、作品名称；只能针对已经发表的作品；不得与作品的正常使用相冲突，不得不合理地损害著作权人的合法权益。《著作权法》列举了合理使用的13种情形。二是法定许可。法定许可指在法律明文规定的范围内，行为人可以不经著作权人许可使用作品，但应向著作权人支付报酬。法定许可主要涉及著作权人与作品传播者之间的关系。法定许可主要包括4种情形：编写出版教科书；报刊转载、摘编；录音制作；播放广播电视节目。

除了我国《著作权法》对著作权的获得、归属等做出规定外，国际法中的《伯尔尼公约》、《罗马公约》等对著作权也做出了相应的规定，我国加入了这些相关的著作权国际公约，需要遵守相关的规定。同时，国内也相应地制定了多部与著作权相关的法律法规，除了《著作权法》外，还包括《著作权法实施条例》、《信息网络传播权保护条例》、《互联网著作权行政保护办法》、《著作权集体管理条例》等相关规定。对著作权资产进行评估时，需要关注这些规定。

（二）著作权资产的概念

著作权资产是指著作权权利人拥有或者控制的，能够持续发挥作用并且能带来经济利益的著作权的财产权益和与著作权有关权利的财产权益。并非所有的著作权都能成为资产评估中的著作权资产，著作权中能够持续发挥作用并且预计能为权利人带来经济利益的著作权才能够成为资产评估中的著作权资产。

这里需要注意著作权资产与著作权载体之间的区别，如图书是承载具体作品的纸质实物，通过购买而拥有该图书的实物资产，并不代表享有了书中作品的著作权资产；购买载有某办公系统软件的光盘，购买者便获得了一个载有著作权作品的实物资产，并可以占有、使用该光盘中的软件，但并不能拥有该光盘包含的软件著作权，即购买者所购买、拥有的仅仅是相关的实物资产，而不是评估中的著作权资产。

对著作权资产评估，是指资产评估机构及其资产评估专业人员遵守法律、行政法规和资产评估准则，根据委托对评估基准日特定目的下的著作权资产价值进行评定和估算，并出具资产评估报告的专业服务行为。对著作权资产评估，资产评估机构及其资产评估专业人员应当独立进行分析和估算并形成专业意见，拒绝委托人或者其他相关当事人的干预，不得直接以预先设定的价值作为评估结论。执行著作权资产评估业务，应当具备著作权资产评估的专业知识和实践经验，能够胜任所执行的著作权资产评估业务。执行某项特定业务缺乏特定的专业知识和经验时，应当采取弥补措施，包括利用专家工作及相关报告等。

第二节　著作权资产的价值特征及其影响因素

著作权资产因著作权的存在而具有价值，著作权资产与其他无形资产一样，需要与有形资产结合才能发挥效用，并产生效益。同时，著作权资产发挥效应，还受到宏观因素、法律因素、市场因素、自身因素等因素的影响，其价值也因此存在差异。

一、著作权资产的价值特征

（一）著作权资产的价值需要考虑与其他资产共同发挥作用

著作权资产往往需要与其他资产共同发挥作用，其他资产既包括有形资产，也包括无形资产。如计算机软件著作权资产，著作权保护的是计算机程序及其文档的表达形式，即一般情况下仅涉及开发程序的代码等内容，但在评估时，需要结合计算机设备、专利技术、操作方法等内容，综合考虑计算机软件实现的功能。在这种情况下，由于计算机软件著作权的作用已经嵌入软件及硬件所需要的功能中，评估时需要考虑其他资产如设备、专利资产的贡献。还有一个可以说明的是著作权资产与商标资产共同发挥作用，同样的计算机软件著作权，由于编制软件的公司拥有不同的商标，可能导致软件著作权产品的销售价格存在较大差异，这种差异可能是由商标等无形资产产生的。因此在评估著作权资产价值时，需要考虑其他共同发挥作用资产的贡献。

（二）著作权资产价值需要考虑著作权资产的权利关系

著作权许可是财产权利的重要实现形式，《国有文化企业无形资产评估意见》第十八条和《著作权资产评估指导意见》第十二条规定，在评估被许可行使的著作权时，应该了解许可合同中所载明的内容，包括许可形式、内容和期限等。因此，实施著作权资产评估业务，应当明确著作权资产的权利形式。著作权资产的权利形式包括著作权人享有的权利和转让或者许可他人使用的权利，许可使用形式包括法定许可和授权许可，授权许可形式包括专有许可、非专有许可和其他形式许可等。

许可方式有多种，如授权许可、法定许可、专有许可、非专有许可等，授权许可和法定许可较为简单，这里只说明一下专有许可与非专有许可的差异，两者的差别体现在单独授权一个使用者还是授权多个使用者，这会对著作权价值产生较大的影响。对网络著作权而言，由于网络覆盖范围较广，可以设置访问时间，对用户在时间上做出规定，但覆盖范围广的特点决定了使用者的数量难以限制，一般只能在网络上采用设置权限的方式限定使用范围，所以无论是专有许可还是非专有许可，只能以授予计算机指令的形式实现，也就是非专有许可可以看成多个专有许可的组合。

对于汇编作品或者期刊作品而言，无论是法定许可还是授权许可，作品制作者都可以获得使用者支付的报酬，不同的是是否得到单件作品的著作权人许可。当汇编作品或者期刊作品制作者使用单项作品时，需要得到原始权利人的许可，并支付相应的报酬；当消费者使用网络中的单件作品时，不一定得到了作品原始权利人许可，但只要使用权利人的作品，就需要支付报酬。

（三）著作权资产价值需要考虑著作权作品的形式

著作权作品存在多种形式，如文字作品、音乐作品、口述作品、建筑图纸等。著作权作品类别不同，虽然思想可以传递，但权利归属会发生变化。如《鬼吹灯》为原创文字作品，享有著作权，如果需要将其改编为电影《寻龙诀》作品，则改编好的电影《寻龙诀》作品也享有著作权，并且小说《鬼吹灯》作品著作权与电影《寻龙诀》作品著作权不同，著作权权利人也不同。电影《寻龙诀》作品的著作权称为在原创《鬼吹灯》作品著作权上演绎形成的著作权。著作权法规定，演绎作品著作权人行使自身作品著作权时，不能侵犯原创作品著作权人的权益，即电影《寻龙诀》作品行使权利时不得侵犯原创《鬼吹灯》作品的著作权，在拍摄电影《寻龙诀》时，需要取得原创小说《鬼吹灯》作品改编权、摄制权等权利，并支付相应的报酬。同时，当电影院播放电影《寻龙诀》，除了取得放映许可外，还需要取得电影《寻龙诀》著作权人放映权的授权。电影院播放改编的电影《寻龙诀》作品时，将会为著作权人带来收益，该收益从实质上说应该包括演绎作品著作权中的“放映权”和原创作品著作权中的“改编权”、“摄制权”结合在一起共同发挥作用产生的收益。

演绎作品著作权人通常需要通过以下两种方式将收益进行分割：一是采用一次性支付的方式，一次性支付给原创作品著作权人以获得将原创作品改编为电影的权利；二是以收益分账的方式将电影播放的收益在原创作品著作权人与演绎作品著作权人之间进行分割。

（四）著作权资产价值需要考虑著作权权利的构成

著作权作品虽然是单一作品，但其权利的构成存在多种关系，一件作品可能包含不同权利人和不同的权利。著作权财产权利包括复制权、发行权、出租权、展览权、表演权、放映权、广播权、信息网络传播权、摄制权、改编权、翻译权、汇编权以及著作权人享有的其他财产权利。这些权利是和特定作品（产品）相关联的。由于作品自身特性，并不是每一种作品都具有这些财产权利。与著作权评估有关的权利通常包括：出版者对其出版的图书、期刊的版式设计权利；表演者对其表演享有的权利；录音、录像制作者对其制作的录音、录像制品享有的权利；广播电台、电视台对其制作的广播、电视所享有的权利；法律、行政法规规定的其他与著作权有关的权利。

在执行著作权资产评估业务时，应当要求委托人明确著作权资产评估对象的组成形式。著作权资产评估对象通常有下列组成形式：单个著作权中的单项财产权利；单个著作权中的多项财产权利的组合；分属于不同著作权的单项或者多项财产权利的组合；著作权中财产权和与著作权有关权利的财产权利的组合；在权利客体不可分割或者不需要分割的情况下，著作权资产与其他无形资产的组合。

以小说《鬼吹灯》的出版为例，作者创作完成作品后授权出版社出版，出版社编辑、设计加工后经印刷复制、发行，图书很畅销，图书销售所产生的收益既有作者著作权的贡献，也有出版社版式设计的贡献，是著作权和与著作权有关的权利共同发挥作用的结果。

（五）著作权资产价值需要考虑著作权自身状况

著作权资产价值高低还与著作权自身状况密切相关，根据《著作权资产评估指导意见》，执行著作权资产评估业务，应当对享有著作权的作品相关情况进行调查，包括必要的现场调查、市场调查，并收集相关信息、资料等。

与著作权自身状况的因素通常包括：作品作者和著作权权利人的基本情况；作品基本情况，包括作品创作完成时间，首次发表时间，复制、发行、出租、展览、表演、放映、广播、信息网络传播、摄制、改编、翻译、汇编等使用情况；作品的类别，包括文字作品，口述作品，音乐、戏剧、曲艺、舞蹈、杂技艺术作品，美术、建筑作品，摄影作品，电影作品和以类似摄制电影的方法创作的作品，工程设计图、产品设计图、地图、示意图等图形作品和模型作品，计算机软件，法律、行政法规规定的其他作品；作品的创作形式，包括原创或者各种形式的改编、翻译、注释、整理等；作品的题材类型、体裁特征等情况；著作权和与著作权有关权利的情况及其登记情况；各种权利限制情况，包括相关财产权利在时间、地域方面的限制以及质押、诉讼等方面的限制；与作品相关的其他无形资产权利的情况；作品的创作成本、费用支出；著作权资产以往的评估和交易情况，包括转让、许可使用以及其他形式的交易情况；著作权权利维护情况等。

除此之外，著作权资产价值还与法律的时效性和地域性等相关，如不同的著作权具有不同的法律保护期限，著作权财产权以及应当由著作权人享有的其他权利保护期一般为50年，图书、期刊出版的权利保护期为10年，截止于使用该版式设计的图书、期刊首次出版后第10年的12月31日。一般情况下，著作权只在授予权利的国家的管辖范围内受到该国相关法律的保护，对其他国家没有域外效力。著作权的这一性质限制了因转让或者使用著作权而产生收益的地域范围。一般而言，著作权的地域性限制越小，著作权评估值就越大。

二、著作权资产价值影响因素

根据我国《著作权法》、《著作权资产评估指导意见》第十九条和《国有文化企业无形资产评估意见》第十八条的相关规定，资产评估人员对著作权进行评估时，需要对该权利作品的有关情况进行调查，关注权利的经济、法律等特性。下面除了论述经济、法律因素外，还将论述著作权自身以及经营模式因素。

（一）经济因素

著作权是文学、艺术和科学领域智力成果所体现的权利，其价值与宏观经济发展、相关行业政策以及作品市场发展状况等因素相关。

经济因素主要是宏观和产业政策方面的因素，一般可分为两部分：一是政府政策层面的因素，二是具体市场因素。政府政策层面的因素又分为宏观因素和行业因素，宏观因素指宏观经济的发展状况，行业因素主要是行业发展因素。宏观因素涉及国民经济运行和发展状况、物价水平、就业、通货膨胀以及汇率等。以网络作品为例，宏观因素是网络作品发展所依存的大环境，影响了整个网络资产和互联网产业的发展。国家宏观经济运行良好，人们整体的消费水平就会保持稳定或者提升，对网络作品的消费就会增加，网络文化产业就会繁荣，会促进网络作品产业的发展，此时消费者、网络作品制作者等围绕网络作品及其著作权的交易也会增加，这些因素提升了网络作品及其著作权的价值。如果宏观经济环境不景气，人们整体的消费水平就会下降，对网络作品的消费会产生不利影响，市场中的作品交易量也会随之下降，这些都不利于网络作品价值的增加。

以网络作品视频产业为例进行说明，该产业因素主要涉及两个方面：一是作品所在行业的发展。从目前的发展速度来看，互联网毫无疑问属于发展较快的几个产业之一，不仅带动了其他产业的发展，还出现了一些像“互联网 +”和“ + 互联网”这样的专有词汇。自互联网行业开展的“网剑行动”实施以来，网络侵权、网上虚假广告等违法行为大为减少，该行动对优化网络环境、加大知识产权保护起到了较好的作用。二是文化产业的发展。一般认为著作权作品是文化产业作品，文化产业发展对著作权保护起着重要的作用，特别是对网络作品这类典型的知识应用型产品。

具体市场因素则专门针对市场而言，市场是网络作品实现价值的主要场所，影响网络作品价值的市场因素包括用户数量、用户偏好、网络资产的专业性、市场容量、市场价格、竞争状况等。更多的用户使用网络作品，就会带来更高的收入，其价值就会更大，同时，网络环境的快速扩张效应就会使更多的消费者知晓该网络作品，进而使用该网络作品，导致用户人数继续增加，形成一个良性扩张循环，网络作品的价值就得以持续增长。相反网络作品用户数量越少，则其价值越低，用户如果对网络资产存在偏好，选择了自己偏好的网络作品，自然该网络作品的价值就高。一般认为，网络作品越专业，针对的消费者就越少，也就是市场容量越有限，则用户数量越少，其价值越低。如果是综合较多类型的网络作品，使用者就较多，会增加其价值。网络著作权价值一般与网络作品价值呈正相关关系，网络作品的价值越高，其著作权的价值越高。

市场价格由供求双方决定，网络作品需求多，而供给少，则价格会较高；如果需求少，而供给多，则价格较低。如果是很专业的网络作品，世界范围内只有一家网络资产供应商，则该供应商就有较大的定价权，可以采用垄断定价方式定价，获得较高的销售价格，但由于需求者较少，总体的收益不一定高。同时还受到供求弹性的影响，弹性较小，价格的高低对消费者数量的影响不大，可以保证销售收入；弹性较大，消费者对价格较敏感，就会影响销售收入。市场竞争状况是影响网络作品及其著作权价值的一个重要因素，归根到底还是要从市场供求关系方面进行分析，可以采用 SWOT 等方法做较详细的分析。

（二）法律因素

法律因素除了前面分析的财产权利因素外，还包括其他的相关法律法规因素，涉及的制度主要有合理使用制度以及法定保护期制度。

1. 著作权合理使用制度

合理使用制度主要是为了平衡作者和社会公众之间的利益而设置的制度。一部优秀作品的问世，是作者创作的成果，也是人类社会智力成果的结晶，是在继承前人成果的基础上创作出来的。如果对该成果只实施著作权的保护，而没有考虑到该成果对社会发展和公众合理利益的影响，就会阻碍该成果对社会进步的推动，因此提出了合理使用制度。

我国《著作权法》规定，在使用著作权作品时，特殊情况下可以不经著作权人许可，并列举了 12 种免费使用的情形：为个人学习、研究或者欣赏，使用他人已经发表的作品；

为介绍、评论某一作品或者说明某一问题，在作品中适当引用他人已经发表的作品；为报道时事新闻，在报纸、期刊、广播电台、电视台等媒体中不可避免地再现或者引用已经发表的作品；报纸、期刊、广播电台、电视台等媒体刊登或者播放其他报纸、期刊、广播电台、电视台等媒体已经发表的关于政治、经济、宗教问题的时事性文章，但作者声明不许刊登、播放的除外；报纸、期刊、广播电台、电视台等媒体刊登或者播放在公众集会上发表的讲话，但作者声明不许刊登、播放的除外；为学校课堂教学或者科学研究，翻译或者少量复制已经发表的作品，供教学或者科研人员使用，但不得出版发行；国家机关为执行公务在合理范围内使用已经发表的作品；图书馆、档案馆、纪念馆、博物馆、美术馆等为陈列或者保存版本的需要，复制本馆收藏的作品；免费表演已经发表的作品，该表演未向公众收取费用，也未向表演者支付报酬；对设置或者陈列在室外公共场所的艺术作品进行临摹、绘画、摄影、录像；将中国公民、法人或者其他组织已经发表的以汉语言文字创作的作品翻译成少数民族语言文字作品在国内出版发行；将已经发表的作品改成盲文出版。对照《著作权法》条文，可以发现合理使用制度主要是针对出版者、表演者、录音录像制作者等设置权利限制，让他们的权利在该制度下受到约束，也间接地影响了这些权利人的利益。

对不同网络作品而言，其著作权权利会存在一定的差异。网络汇编作品的权利属于汇编作品的制作者，具体而言有复制权、发行权、汇编权以及信息网络传播权等。如果合理使用这些作品，就会获得免费使用的权利，对作品的制作者而言，免费使用就意味着收入减少，所以合理使用制度会对网络作品的价值产生影响，减少了网络作品及其著作权所带来的经济收益。但这种影响是有限的，理由主要基于两点：一是网络环境下的市场使用者绝大部分是付费使用者，制作者对这些使用者采用付费下载模式，免费使用作品不能以盈利为目的，这就限制了使用者的用途，所以即使是有意利用合理制度来免费使用作品，也难以实现经济利益。二是对网络环境中的大量用户来说，合理使用者的比例非常小，不会影响到网络制作者的整体收益水平。

2. 著作权法定期限制度

我国著作权法对著作权的保护设定了期限，《著作权资产评估指导意见》要求在采用收益法来确定著作权的价值时，需要确定著作权的剩余经济寿命，同时还要考虑著作权的法定使用期限。《著作权法》规定了合作作品的期限和独立作品的期限。一般来说，它们的保护期限都是在一部作品发表后 50 年。不同的是，合作作品权利保护期限是到最后一名死亡的作者死亡后的第 50 年。同时，《著作权法》载有对财产权利中与著作权有关的权利的法律规定，一般保护期为 50 年，具体来说，公民作品的保护期为作者的终身和作者死后 50 年，法人或者其他组织的作品和著作权（署名权除外）的保护期自作品首次出版后 50 年。电影作品或者以类似电影摄影的方法创作的作品、摄影作品，保护期限为 50 年。对出版的图书、期刊的版式设计的保护期是 10 年。

为了衡量著作权的价值，其价值的持续时间应限制在保护期内。著作权超过保护期限的，不再受法律保护，此时消费者可以免费使用，从而著作权权利人的经济价值将不再存在。

（三）著作权资产自身因素

著作权资产自身因素是基于著作权作品的因素，除了作品法律权属因素外，还与作品的类型、作品的时代性、作者的知名度、作品的传播方式等相关。

1. 作品的类型

不同类型作品的著作权资产，价值影响因素可能会有差异。如计算机软件与电影作品，它们分属于不同的作品类型，其盈利的方式存在较大的差异。计算机软件是在与特定机器设备一起使用的过程中发挥作用，价值多在购买特定机器设备时实现，且多作为机器设备的价值组成部分。而电影作品的价值实现与观众直接相关，观看作品的观众越多，其价值就越高。同样是录音制品，如流行音乐和经典音乐，由于受众不同，其价值存在较大差异。不同类型作品的著作权资产，其法律规定也有不同。如原创作品和演绎作品的差异，演绎作品是在原创作品的基础上通过翻译、改编等方式产生的新产品，虽然也具有价值，但在转让和使用许可中受到很多法律限制，因此其价值也就和原创作品不同。

2. 作品的时代性

作品的时代性是指作品是否符合社会主流的价值观，反映时代要求。与时代相呼应，顺应时代的要求，能较大程度地满足人们某方面的需求，其价值就高。一般而言，时代性强的作品使用价值大，著作权资产的价值也较高。如电影《长津湖》反映了中国人民解放军抗美援朝、保家卫国，与美国在高科技领域持续打压中国、制造贸易摩擦等时代背景相关，引起了观影人群的共鸣，因而取得了较高的票房收入。

当然，部分作品还与技术水平相关，特别是制作要求较高的作品，如电影、电视剧、游戏、网页等，投入成本越高、创作难度越大，往往价值越高，当然风险也越大，但两者之间并不是绝对关系，还与社会风俗、艺术鉴赏水平、消费偏好、侵权打击力度等相关。

3. 作者的知名度

有些著作权资产的价值与创作者的知名度有很大关系，如文字、摄影、动漫、音像等创意设计作品，创作者知名度高，其作品更受欢迎，市场对其需求更大，未来取得收益较多，价值也就更高。名作家和刚涉足创作的人士相比，具有较高知名度，投入作品的人力成本要高很多，所以创作者的知名度本身就是一种无形资产，其作品也就具有较高价值。

4. 作品的传播方式

不同的作品，其传播方式也不同，因此会影响其传播范围、传播效果及传播收益。比如文字作品可以通过广播方式进行传播，但美术、摄影作品就很难通过同样的方式传播，所以文字作品广播权价值就比美术作品广播权价值要大。

一般来讲，作品的传播越带有数字化功能，其传播速度越快，被人观看或阅读的次数就越多，范围也就越大，其著作权资产的价值较高。如果作品越吸引人，受到的关注度越高，加上先进的制作技术、超强的制作团队以及知名的导演等，其价值就会越高。如一部好莱坞大片，因为其制作技术先进、导演与主要演员知名度高以及影片内容时代性较强，这部电影短时间内就在世界各国遍地开花，那么这部电影的使用价值达到最高，其著作权资产的价值也就较高。

（四）著作权资产运营情况

不同的著作权资产运营模式对著作权资产价值的实现具有较大的影响。从权利产生的基础来看，原有的著作权可以衍生出新的著作权，主要原因是著作权作品有 9 大类，著作权财产权利有 13 类，一种作品可以衍生出多种类型的作品，从而形成新的权利。对于产业链较长、作品著作权开发比较深入的模式，企业有比较成熟的运作模式，使得作品著作权各类权利的充分利用成为可能。在这种情况下，如果涉及著作权资产的全部财产权利价值，就需要结合企业运营模式，充分考虑各类权利收益的实现途径和金额，并且需要考虑衍生收益的价值。

著作权财产权有两种主要的收益方式：直接收益型和间接收益型。直接收益型主要是通过销售作品从而获得直接收益，例如图书作品通过销售直接获得收益。间接收益型是通过使用该作品间接实现其收益，例如一组机器的设计图纸，它的价值实现方式不在于直接转让，而是体现在根据该图纸制造出来的机器设备的价值收益中。对于能够通过销售实现收益的著作权资产，通常会采用法律规定的或市场上惯用的一定比例的版税或提成费用的评估方法直接获得著作权资产的评估值，其收益更容易反映在其价值中。而对于通过使用的方式实现收益的著作权资产，评估过程中涉及的问题较为复杂，需要考虑作品的社会影响力、技术发展的水平等较难可靠量化的因素，因此有可能漏计或多计其贡献，影响其价值。

（五）著作权资产的其他因素

其他因素主要是指权利因产品额外带来的收益，包括广告和衍生品产生的价值，特别是在网络环境中，这种现象特别明显。如果评估网络环境中的著作权价值，那么作品所带来的收入不一定全部计入，也就是说作品的价值和作品著作权的价值不是同一个概念。最明显的是广告收入，很多作品制作者会在页面中植入广告，以增加收入，但这种收入不能完全看成是著作权所带来的收入，而应该看成是作品、硬件设施、软件设施、组织管理等各类资产的贡献收入，所以通常所称的作品价值，并不一定是著作权价值，作品价值范围更大一些，但这项收入的主要贡献是网络著作权，在其他资产对价值贡献非常小的情况下，一般也就认为是著作权所带来的价值。需要说明的是，汇编作品是著作权制作者对单件作品汇编形成的作品要是在此基础上再对已经形成的作品进行改编，重新进行注释、整理、汇编，产生具有独创性的新作品，就形成了演绎作品，此时产生的收益应计入改编权或者汇编权价值中，但这种情况较少出现。

第三节　著作权资产价值评估方法及注意事项

一、著作权资产价值评估方法

著作权资产评估实质上就是对和著作有关的经济权利的评估。著作权的种类有很多，下面以图书为例说明著作权资产评估的技术方法。

（一）市场法

著作权具有不可复制性，在参照物的选择上比较困难，所以市场法的选择也受到了限制。按图书出版的惯例，一般有两种稿酬支付方式：一是按照千字稿酬的方式支付，二是按照版税的方式支付。按照千字稿酬的方式支付就是对市场法的应用。

［例5－1］ 教师甲编写了一本资产评估方面的专业教材，共30万字。教师甲在和出版社商谈稿酬时，双方约定采用千字稿酬的方式付酬，由出版社一次性买断出版权。此时，著作权价值由字数和每千字的单价决定。参照该作者以前的著作和市场类似著作的价格，双方商定稿酬为每千字100元，则该著作权的价值为：

$300000 \div 1000 \times 100 = 30000$（元）

这种方法主要适用于销售量不是很大的图书，此时所有的风险由出版社承担。

（二）收益法

采用收益法评估著作权资产时，主要考虑收益额、折现率和折现期三个指标。其中，最难确定的是收益额，收益额取决于销售量、销售单价和版税率，而销售单价、销售量和版税率又是相互影响的。一般情况下，图书的销售单价取决于图书的印刷成本、版税成本、发行成本和印刷数量的大小。此外，对于畅销的书籍，还要考虑国家法律对于盗版的打击力度以及读者对于盗版的态度。为了保障作者利益，有时候也可以采用千字稿酬加版税的方式，即出版社先按照千字稿酬的方式支付作者稿酬，在加印时，出版社再按照加印部分销售额的一定比例向作者支付版税。对于大多数图书而言，其发行和销售都有一个过程，此时就要严格按照收益法的公式进行计算。

［例5－2］ 预计某图书定价为24元/册，在著作使用权合同10年期内的总发行量估计能够达到50000册，前5年的年销售量为7000册，后5年的年销售量为3000册，版税率（收入提成率）为10%，稿酬的所得税税率为20%（按应纳税额减征30%），折现率为

10%。该著作使用权的价值评估过程为：

（1）前5年与后5年的年版税收入分别为：

$7000 \times 24 \times 10\% = 16800$（元）

$3000 \times 24 \times 10\% = 7200$（元）

（2）前5年与后5年缴纳所得税后的年版税收入分别为：

$16800 - 16800 \times (1 - 20\%) \times 20\% \times (1 - 30\%) = 16800 - 1882 = 14918$（元）

$7200 - 7200 \times (1 - 20\%) \times 20\% \times (1 - 30\%) = 7200 - 806 = 6394$（元）

（3）该著作使用权价值为：

$14918 \times (P/A, 10\%, 5) + 6394 \times (P/A, 10\%, 5) \times (P/F, 10\%, 5) = 71601$（元）

（三）成本法

根据成本法评估的概念，其基本计算公式可以表述为：被评估著作权资产的评估值 = 重置成本 - 实体性贬值 - 功能性贬值 - 经济性贬值。

测算著作权资产的重置成本，要分清是自创著作权资产还是外购著作权资产。自创著作权资产的重置成本根据著作权资产生产过程中所消耗的费用测算，外购无著作权资产的重置成本则根据购买的相关费用测算，二者所依据的数据信息来源不同。

一项或一组著作权资产的贬值是指其数量或效用随时间变化而预期的损失。从评估理论上说，由于无形资产没有实体，因此一般不适用实体性贬值概念，但是可能会有功能性贬值和经济性贬值。

需要注意的是，著作权资产线性贬值率的前提是被评估资产的贬值在其经济寿命期内呈现直线型变化。实务中许多无形资产的贬值不是直线型的，因此无法直接采用线性贬值计算贬值率，例如影视作品著作权资产，按照相关法律规定经济寿命期可能超过50年，但是其经济利益的80%—90%可能在其第一轮放映期内就实现了，其后的剩余经济寿命期内仅有10%—20%的经济利益，对于这种无形资产，显然也不能采用线性变化的贬值率计算。

对于计算机软件著作权资产评估，还可能用到COCOMO模型，它是根据软件开发及维护成本来估算软件资产的方法。现在使用比较多的是COCOMO Ⅱ模型，根据软件著作权开发后所形成的源程序代码行，运用COCOMO Ⅱ模型确定计算机软件开发的源程序指令号码语句行数的工作量成本，即所需发生的社会劳动力平均人工，再综合考虑目前的人工成本确定评估值。计算公式为著作权软件的评估价值 =（软件开发的重置工作量 × 软件开发的单位工作量成本 + 软件开发成本 × 软件维护成本参数 + 合理利润）× 成新率，其中软件开发成本 = 软件开发的重置工作量 × 软件开发的单位工作量成本，软件开发的重置工作量 = 工作量常数 × 软件源代码有效行数^{软件规模指数} × 工作量修正系数。

［例5-3］ A公司有一著作权软件，该软件需要3人开发，开发的工作量常数为3，软件规模指数为1.12，工作量修正系数为1.23，软件源代码有效行数为60千行，开发技

术人员工资为10000元/人·月，软件开发其他成本约占人员工资的20%，软件维护成本系数为0.25，合理利润为开发成本和维护成本之和的20%，软件的成新率为63.88%，请计算该软件的价值。

软件开发的工作量 = 工作量常数 × 软件源代码有效行数^{软件规模指数} × 工作量修正系数

$= 3 \times 60^{1.12} \times 1.23$

$= 361.87$（人·月）

软件开发的工作量成本 = 开发技术人员工资 + 软件开发中其他成本

$= 10000 + 10000 \times 20\%$

$= 12000$（元/人·月）

软件的开发成本 = 软件开发的工作量 × 软件开发的工作量成本 × 人数

$= 361.87 \times 12000 \times 3$

$= 13027320$（元）

软件的维护成本 = 软件的开发成本 × 软件成本维护系数

$= 13027320 \times 0.25$

$= 3256830$（元）

软件合理利润 =（软件的开发成本 + 软件的维护成本）× 合理的利润率

$= (13027320 + 3256830) \times 20\%$

$= 3256830$（元）

软件的重置成本 = 软件的开发成本 + 软件的维护成本 + 软件合理利润

$= 19540980$（元）

软件的价值 = 重置成本 × 成新率

$= 19540980 \times 63.88\%$（元）

$= 12482778.02$（元）

二、著作权资产评估注意事项

（一）著作权资产评估是“权利” + “作品”的评估

针对著作权资产评估对象，既要关注权利类型，也要关注作品的类型，根据著作权财产权益类别和作品类别两个维度的价值分析视角，可以构建出一个“作品类别”加上“财产权益类别”的著作权价值评估矩阵，其中的元素即为著作权价值评估对象为某某作品的某某权。在具体评估业务中，则需要根据特定的经济行为、评估目的确定评估对象，著作权的评估对象可能是单个作品的单项权利，也可能是单个作品的组合权利，还可能是多个作品的权利。

对著作权资产评估对象的界定还需要关注财产权利形式。著作权资产的财产权利形式包括著作权人享有的权利和转让或者许可他人使用的权利。许可使用形式包括法定许可和授权许可，授权许可形式包括专有许可、非专有许可和其他形式许可等。

此外，著作权资产评估对象的界定还需要充分关注评估目的的影响。比如，以投资、转让为目的的著作权评估，直接关系到投资各方或者转让方与受让方之间的利益，所以应注意确认著作权各项权利的归属，明确投资、转让的权利的内涵、时间、范围等，以保持评估目的与评估对象的一致性。

（二）著作权资产评估需要关注著作权资产的数字化与盈利模式

盈利模式是著作权资产价值评估的基础，特别是互联网和移动互联网的发展，对著作权资产的价值产生了极大的影响，数字化时代资产存在形式和利用方式发生了深刻变化，以大数据、人工智能、物联网、区块链以及5G为代表的现代信息技术与版权产业的结合日益密切，不断重塑产业的细分业态和应用布局，版权产业的价值日益凸显，并成为产业变迁浪潮中极具发展潜力与活力的业态。随着我国居民消费结构的不断升级，网民版权付费意愿持续增强，网络版权产业的市场规模不断增大，发展质量不断提升，推动我国数字经济结构向更加多元化的方向发展。

目前，网络新闻媒体和网络游戏依然是网络版权产业核心业态，两者市场规模合计占比超过50%，与此同时短视频、直播、网文、动漫、虚拟现实等新业态占比显著提升。在网络游戏占比下降的情况下，短视频、直播发展迅速，深刻影响了社会娱乐方式，并搭建了线上消费场景，信息资讯、知识文化等非娱乐性内容传播也成为新潮流，网络版权内容整体呈现“视频化”与“价值化”的发展趋势。

在盈利模式上，通过向最终客户传递信息流，以达到客户向企业支付现金的目的。相对于传统产业或提供实体性产品的行业，受技术约束，信息传递与支付实现更多的是面对面或通过纸质等实物载体。在信息技术飞速发展的今天，互联网、移动互联网、计算机、移动终端、可穿戴设备给信息传递和支付提供了更多可选择的方式和途径，并且未来技术发展还会带来更多我们意想不到的变化，从而不断改变作品的收益方式。可以预见的是，不论技术如何变化，其趋势应当是对作品的定位更精准，收益计量更精确，资金周转更迅捷，消费者购买支付更快捷，客户需求与作品创作结合得更加紧密，个性化作品定制会越来越多，企业的盈利模式会更加多样化。《中国网络版权产业发展报告》（2020年）显示，“十三五”期间，我国网络文学、网络音乐、网络视频、动漫等业态构建起较为成熟的付费订阅会员模式，用户付费规模连年增长。除付费订阅之外，知识付费、超前点播等多元化的付费新模式也较快发展，用户不仅为优质内容本身付费，也更愿意为视听增强、时效性等消费体验买单。

（三）著作权资产评估需要关注其他资产的贡献

与商标资产评估类似，著作权资产评估也需要关注其他资产贡献。由于著作权资产的财产权利有多种形式，在评估著作权资产时，需要明确评估对象的权利属性，即需要明确评估的是作品的哪一种或者哪几种权利。一般而言，一件作品的所有权归制作者所有，如果笼统地说图书或者电影的著作权价值，通常指的是图书或者电影作品制作者的所有权，评估的也是图书或者电影的所有权（全部财产权利）。如果将图书的权利进行分解，可以分为作者的复制权、出版权，以及版式设计者的权利等。如果将该书内容改编成电影，还涉及改编权等。

以上只是论述了著作权资产的权利，如果要实现著作权资产价值，还需要其他资产共同产生作用。如图书顺利出版发行，除了制作者产生贡献外，还需要印刷、销售渠道等多个环节，这些有形资产或者无形资产都发挥了作用，所以图书的销售收入并不能全部归于著作权资产的贡献，而是要在印刷、营销渠道等其他有形或者无形资产之间进行分配，这是在评估著作权资产价值时需要重视的一个问题。因此，在著作权资产评估中，在不能直接获取被评估对象无形资产收益的情况下，需要考虑其他有形资产、无形资产贡献收益的分割。

具体分割的方法有很多，如经验数据、专家打分、层次分析、模糊评判等。但无论采用何种方法，需要注意以下一些事项：要知道每种方法的适用性和不足，分析是否能够采用；对预测收益来自哪些有形资产和无形资产进行分析和辨认；在定性分析基础上，按照所采用方法要求的步骤进行量化。

（四）著作权评估需要关注的其他方面

著作权资产评估需要关注的其他方面是指文化艺术品、资产时限、政策变化、侵权风险等。文化艺术品的消费具有较大的不确定性，它主要满足消费者的精神需求，属于符号效用满足型产品。文化消费具有主观性、易变动性、不稳定性的特征，在快速变动的社会中对文化产品的认知价值随时可能会改变。著作权资产时限使作品产生的效益存在较大的差异，小说等文学作品保护期限较长，一般是作者去世后 50 年，而电影电视作品期限较短，电影作品院线放映一般在 30—50 天，电视剧作品一般在首轮播放就能够实现 80% 以上的收入，手机游戏产品生命周期仅有 2—3 个月。虽然通过商业模式的创新可以延长其寿命期限，但这种延长相对于物质产品还是短得多。

政府政策的不稳定性也会造成文化需求波动的不确定性，比如对有劣迹的导演、编剧、演员等主创人员参与制作的电影、电视节目、网络剧、微电影等暂停播出等，这种由于政府政策造成的需求变动对于文化企业而言具有更大的不可预见性和风险性，对文化市场需求影响更大。著作权作品存在较大的侵权风险，特别是互联网高速发展的今天，网络侵权时有发生，导致著作权资产的价值受损。

文化产品不仅生命周期短，而且重复利用的价值较低，即文化艺术品开发支出对于文化企业而言属于沉没成本，投资所形成的资产具有很强的资产专用性。因此，需要关注所评估著作权资产面临的制作风险、内容风险、技术风险、政策变化风险等。

第四节　著作权资产评估案例

一、评估案例基本情况

本案例的评估委托方为A公司，它是一家专门以计算机应用为主的公司，成立至今一直致力于交通、社保行业应用软件开发及行业解决方案的设计工作，它是R省高新技术企业，华为公司的认证合作伙伴。公司承担了多个国家火炬计划项目、省市科技计划项目和高技术产业化项目，公司通过了CMMI3级的认证，拥有完善的软件质量体系。现A公司拟收购本地区一家软件企业，该企业与A公司的经营性质类似，业务领域主要集中在电力、银行等部门的软件应用，由于经营管理不善，目前处于亏损状态，但该企业的技术研发能力较强，大部分的软件人员具有研究生以上学历，有较成功的实战经验，对A公司未来的发展具有较好的推动和补充作用。为了筹集必要的收购资金，A公司拟将本公司所拥有的软件著作权进行质押，获取银行贷款。

A公司为收购本地区一家软件企业以其拥有的软件著作权为质押物向银行申请贷款，本次评估的目的是为合理确定软件著作权的市场价值提供参考意见。根据评估目的和评估对象的特点，考虑市场条件及评估对象的使用等并无特别限制和要求，确定本次评估的价值类型为市场价值。

本次评估对象为A公司所拥有的一款社会保险信息化软件著作权。A公司评估对象仅包括著作权，没有专利权、专有技术和商标权。评估具体对象的具体内容为：一是计算机软件程序的源程序和目标程序；二是相关文档，即指用来描述程序的内容、组成、设计、功能规格、开发情况、测试结果及使用方法的文字资料和图表等，包括程序设计说明书、流程图、用户手册等。

项目资产评估基准日为2020年12月31日。评估基准日由委托方确定，确定的理由是评估基准日有利于评估目的的实现，本次评估以评估基准日的价格为取价标准。

二、评估过程

结合本次评估的无形资产特点，本案例确定采用收益法。收益法是指分析评估对象预期收益来确定其价值的一种方法，是用无形资产创造的现金流折现价值来确定委估无形资产的公平市场价值。本次评估目的是企业为融资将软件著作权进行质押，实质上是对软件著作权的盈利能力的价值评估。需要说明的是，本次评估的计算机软件目前销售的方式有直接销售和间接销售两种。直接销售是指软件直接销售给客户使用；间接销售是指将软件集成于硬件产品中与硬件产品进行捆绑销售。

通过上述分析，根据企业的实际情况，无论企业是直接销售还是间接销售，软件收益的表达公式可表示为：

软件收益 = 销售收入 -（业务成本 + 销售费用 + 管理费用）
×（1 + 行业成本费用机会成本率）+ 著作权软件相关增值税返还

这里的销售收入是指软件的直接销售收入和间接销售收入之和。

软件成本费用包含软件业务成本、销售费用和管理费用。由于企业经营中还有其他相关业务，因此上述成本费用需要在被评估著作权软件业务和其他业务之间进行分摊。这里采用历史数据和未来预测销售收入数据，按委估软件销售收入占全部软件业务销售收入或全部业务销售比例来确定分摊比例。

行业成本费用机会成本率采用对比公司平均加权资金成本，即税前 WACC 的平均值。

增值税返还是由于本次评估的著作权软件是一个软件包，因此一般情况下可以使获得该软件包的企业获得软件企业认定。根据国家相关规定，软件企业实际增值税税负不超过3%，企业超额部分会返还，返还金额也是软件著作权的贡献组成部分，应该作为软件的收入。

（一）软件产品销售收入预测

企业的软件产品销售收入来源于企业各类软件、硬件的增值服务的销售收入。根据对企业经营现状和历史以及目标市场的分析，2020 年及以后随着国家政策导向发挥作用，软件收入出现了较大幅度的增长，预计今后仍将保持高位增长势头。但委估软件在 2025 年后会由于新软件的出现而被新软件替代，因此被评估的著作权软件产品的销售收入会逐步下降。根据公司以前年度的经营状况，销售增长率取前三年的平均增长率 3%，到 2025 年出现零增长，随着市场竞争的加剧和同类新软件的出现，市场增长率会逐步下降，预测 2026 年和 2027 年的增长率分别为 -10% 和 -20%[①]。则预测的销售收入如表 5 - 1 所示。

（二）软件产品销售成本预测

1. 业务成本预测

根据历史经营中成本与销售收入的关系进行测算，其中硬件成本约占硬件销售收入的 81%，服务成本约占服务销售收入的 13.79%，软件成本约占软件销售收入的 4.52%。软件成本包括人工费、差旅费、办公费和其他费用，按照一定的比率测算，其中人工费约占软件成本的 73.3%，差旅费约占软件成本的 10.87%，办公经费约占软件成本的 1.99%，其他费用约占软件成本的 13.83%。经过计算，2021 年至 2027 年公司的软件、硬件及增值服务成本预测如表 5 - 2 所示。

---

① 预测时，对各项销售收入做了适当的调整，但总收入金额按照预测比率不变。

表 5－1　　2021—2027 年公司软件、硬件及增值服务收入预测　　单位：万元

序号	业务名称	基年	未来预测						
		2020 年	2021 年	2022 年	2023 年	2024 年	2025 年	2026 年	2027 年
一	软件销售收入	4660.19	4800.00	4944.00	5092.32	5245.08	5245.08	4720.57	3776.46
1	管理系统业务收入	1941.75	2000.00	2060.00	2121.80	2185.45	2185.45	1966.91	1573.53
2	电子政务软件收入	970.87	1000.00	1030.00	1060.90	1092.73	1092.73	983.46	786.77
3	医院管理软件收入	873.79	900	927	954.81	983.45	983.45	885.11	708.09
4	其他软件收入	873.79	900	927	954.81	983.45	983.45	885.11	708.08
二	硬件销售收入	1941.75	2000.00	2060.00	2121.80	2185.45	2185.45	1966.91	1573.52
三	软件服务收入	776.70	800	824	848.72	874.18	874.18	786.762	629.41
四	收入合计	7378.64	7600.00	7828.00	8062.84	8304.71	8304.71	7474.24	5979.39

表 5－2　　2021—2027 年公司软件、硬件及增值服务成本预测　　单位：万元

序号	费用明细项	未来预测						
		2021 年	2022 年	2023 年	2024 年	2025 年	2026 年	2027 年
1	硬件成本	1627.68	1676.51	1726.81	1778.61	1778.61	1904.16	1941.13
2	服务成本	110.33	113.64	117.05	120.56	120.56	129.07	131.58
3	软件成本	216.78	223.29	229.99	236.89	236.89	258.37	268.89
3.1	人工费	158.91	163.68	168.59	173.65	173.65	189.39	197.10
3.2	差旅费	23.57	24.28	25.01	25.76	25.76	28.10	29.24
3.3	办公费	4.31	4.44	4.57	4.71	4.71	5.14	5.35
3.4	其他费用	29.99	30.89	31.82	32.77	32.77	35.74	37.20
4	合计	1954.79	2013.44	2073.85	2136.06	2136.06	2291.60	2341.60

2. 管理费用和销售费用的分摊

根据委估软件销售收入与全部业务收入的比例，计算出分摊系数。用预测期各年管理费用和销售费用乘以分摊系数，计算出委估软件业务对应的管理费用和销售费用。根据历史经营中管理费用、销售费用与销售收入的关系进行测算，管理费用约占软件销售收入的7.02%，销售费用约占销售收入的10.1%，则2021年至2027年公司的软件、硬件及增值服务的管理费用与销售费用预测如表5－3所示。

表 5－3　　2021—2027 年管理费用和销售费用预测　　单位：万元

项目	2021 年	2022 年	2023 年	2024 年	2025 年	2026 年	2027 年
管理费用	533.52	549.53	566.01	582.99	582.99	524.69	419.75
销售费用	767.60	790.63	814.35	838.78	838.78	754.9	603.92
合计	1301.12	1340.16	1380.36	1421.77	1421.77	1279.59	1023.67

3. 机会成本的确定

机会成本的回报率取对比公司平均投资回报率。经过测算，对比公司平均回报率为13.40%。具体内容详见折现率中的相关描述。

4. 增值税返还

根据著作权软件销售收入情况和国家有关税收的规定估算增值税，并且按4%的比例进行返还。

5. 确定软件对收入的贡献

对于本次评估的软件，其产品年销售收入的贡献为：软件对收入的贡献＝软件产品年收入－(业务成本＋管理费用＋销售费用)×(1＋销售成本费用机会成本率)＋相关增值税返还。具体的测算如表5－4所示。

表 5-4 2021—2027 年委估软件著作权收入预测 单位：万元

项目	2021 年	2022 年	2023 年	2024 年	2025 年	2026 年	2027 年
销售收入	4800.00	4944.00	5092.32	5245.08	5245.08	4720.57	3776.46
成本	1954.79	2013.44	2073.85	2136.06	2136.06	786.76	629.41
管理费用	533.52	549.53	566.01	582.99	582.99	524.69	419.75
销售费用	767.60	790.63	814.35	838.78	838.78	754.90	603.92
机会成本	589.32	607.00	625.21	643.97	643.97	374.01	299.21
税收返还	672.00	692.16	712.92	734.31	734.31	660.88	528.70
软件著作权对销售收入贡献合计	1626.77	1675.57	1725.82	1777.60	1777.60	2941.09	2352.87

（三）折现率的估算

折现率又称期望投资回报率，是收益法中确定评估价值的重要参数之一。本次评估的折现率采用对比公司的无形资产投资回报率作为评估的折现率。

1. 对比公司的选取

在本次评估中对比公司的选择标准如下：对比公司近年为盈利公司；对比公司至少有两年上市历史；对比公司只发行人民币 A 股；对比公司所从事的行业或其主营业务为软件和信息技术。

根据上述四项原则，我们选取了以下 5 家上市公司作为对比公司，分别为用友软件、浪潮软件、浙大网新、恒生电子和金证股份。通过股票波动与沪深 300 指数波动相关性的 t 检验测试，可以认定上述 5 个对比公司的股票波动与股票市场沪深 300 指数波动存在相关关系。

2. 加权平均资本成本的确定（WACC）

WACC 代表期望的总投资回报率。它是期望的股权回报率和债权回报率的加权平均值。在计算总投资回报率时，第一步需要计算截至评估基准日股权资本回报率和利用公开的市场数据计算债权资本回报率。第二步，计算加权平均的股权回报率和债权回报率。

（1）股权资本回报率的确定。为了确定股权回报率，利用资本资产定价模型（CAPM）进行计算。CAPM 测算公式如下：

$R_e = R_f + \beta \times ERP + R_s$

式中：R_e为股权回报率；R 为无风险回报率；β 为风险系数；ERP 为市场风险超额回报率。分五个步骤进行。

第一步：确定无风险收益率。

国债收益率通常是无风险的，因为持有该债权到期不能兑付的风险很小，可以忽略不计。我们在沪、深两市选取从评估基准日到国债到期日剩余期限超过 10 年的国债，并计算到期收益率，取所有国债到期收益率的平均值作为本次评估无风险收益率，以上述国债到期收益率的平均值4.35%作为本次评估的无风险收益率。

第二步：确定股权风险收益率。

股权风险收益率是投资者投资股票市场所期望的超过无风险收益率的部分。在美国，Ibbotson Associates 的研究发现从1926年到1997年，对大企业的股权投资的平均年回报率为11.0%，超过长期国债收益率（5.8%）。测算的ERP为7.36%。

第三步：确定对比公司股票市场风险系数β（Levered Beta）。

本次评估选取该公司公布的β计算器计算对比公司的β值，股票市场指数选择的是沪深300指数。采用对比公司基准日前53个月（可比公司中上市日期离评估基准日最近月数）的历史数据计算β值。经计算各可比公司的β值分别为0.8602、0.8535、0.8316、0.5663和0.7354。

第四步：估算公司特有风险收益率 R_s。

采用资本资产定价模型一般估算一个投资组合的收益，单个公司的投资风险一般高于投资组合的风险，因此，在考虑单个公司股票的投资收益时应该考虑该公司的特有风险所产生的超额收益。目前国际上对公司特有风险考虑比较多的是公司规模对投资风险的影响，公司规模小，投资风险就较大，公司规模大，投资风险就较小。

在国际上有许多知名的研究机构发表过有关文章，详细阐述了公司资产规模与投资回报率之间的关系。如美国的 Ibbotson Associate 在其 SBBI 年度研究报告中就有类似的论述。美国研究公司规模超额收益比较著名的另一个机构是 Grabowski - King，表5-5就是该机构研究的结论。

表5-5　美国公司规模与投资回报率测算关系

组别	净资产账面价值（百万美元）	规模超额收益率算术平均值（%）	规模超额收益率平滑处理后算术平均值（%）
1	16884.00	5.70	4.20
2	6691.00	4.90	5.40
3	4578.00	7.10	5.80
……	……	……	……
20	205.00	10.30	9.80
21	176.00	10.90	10.00
22	149.00	10.70	10.20
23	119.00	10.40	10.50
24	84.00	10.50	11.00
25	37.00	13.20	12.00

从表 5 -5 可以看出公司规模超额收益率随着资产规模的降低由 4.2% 逐步增加到 12% 左右。参考 Grabowski - King 研究的思路，我们对沪、深两市的 1000 多家上市公司 1999—2006 年的数据进行了分析研究，最后选择了 700 多家样本数据，经过分析后将样本点按调整后资产账面价值进行排序并分组，得到表 5 -6 和图 5 -1。

表 5 -6　　国内公司规模与投资回报率测算关系

组别	样本点数量（个）	规模指标范围（亿元）	规模超额收益率（原始 β）（%）	股东权益（亿元）
1	7	0—0.5	3.22	2.28
2	20	0.50—1.0	2.79	2.04
3	28	1.0—1.5	2.49	2.47
4	98	1.5—2.0	2.27	3.08
5	47	2.0—2.5	2.02	3.56
6	53	2.5—3.0	1.78	4.43
7	88	3.0—4.0	1.49	5.62
8	83	4.0—5.0	1.31	6.37
9	57	5.0—6.0	0.99	8.35
9	47	6.0—7.0	0.84	10.09
10	34	7.0—8.0	0.64	10.16
11	41	8.0—10.0	0.54	11.11
12	79	10.0—15.0	5.05	16.63
13	35	15.0—20.0	5.90	24.52
14	35	20.0—	7.41	60.36

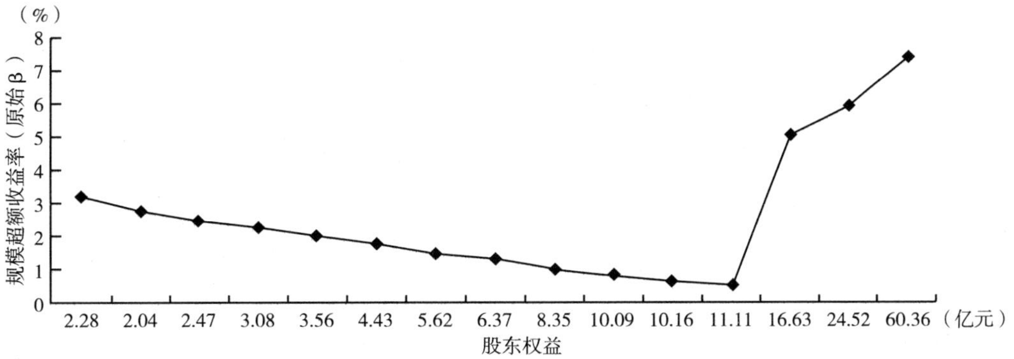

图 5 -1　国内公司规模与投资回报率测算关系

从表 5－7 和图 5－1 可以看出，规模超额收益率在净资产规模低于 10 亿元时呈现下降趋势，当净资产规模超过 10 亿元后不再符合下降趋势。根据表 5－7 中的数据，我们可以采用线性回归分析的方式得出净资产规模在 10 亿元以下时超额收益率与净资产之间的回归方程：

$R_s = 3.139\% - 0.2485\% \times NA$

式中：R_s为公司规模超额收益率；NA 为公司净资产账面值（NA≤10 亿元）。

根据以上结论，将对比公司评估基准日净资产规模平均值代入上述回归方程可测算出规模超额收益率。经过对对比公司财务报表的测算，对比公司的净资产账面值低于 10 亿元的有浪潮软件、恒生电子和金证股份，因此可以将这些公司的净资产代入公式中进行测算。这些公司的净资产分别为 7.84 亿元、9.8 亿元和 5.86 亿元，代入公式后其 R_s分别为 1.19%、0.70% 和 1.68%。对于资产超过 10 亿元的公司，规模超额收益按照最高的 7.41% 测算。

第五步：测算现行股权收益率。

将上面的数据代入 CAPM 模型中，就可以测算出对被评估企业的股权期望回报率。由于本次评估采用的是税前现金流口径的收益流，因此为了与折现率口径保持一致，需要估算税前股权收益率，因此我们采用如下公式计算税前股权收益率。

税前股权收益率 = 税后股权收益率/(1 － T)

式中：T 为适用所得税税率，按照 25% 测算。对比公司税前股权收益率测算如表 5－7 所示。

表 5－7　对比公司税前股权收益率测算

对比公司名称	无风险收益率 R_f（%）	风险收益率 ERP（%）	风险系数 β	超额规模收益率 R_s（%）	股权收益率（%）	税率（%）	税前股权收益率（%）
用友软件	4.35	7.36	0.8602	7.41	18.09	25	24.12
浪潮软件	4.35	7.36	0.8535	1.19	11.82	25	15.76
浙大网新	4.35	7.36	0.8316	7.41	17.88	25	23.84
恒生电子	4.35	7.36	0.5663	0.70	8.59	25	11.45
金证股份	4.35	7.36	0.7354	1.68	11.44	25	15.26

（2）债权回报率的确定。债权回报率是债权人投资被评估企业债权所期望得到的回报率，债权回报率也体现了债权投资者所承担的风险因素。目前国内对债权回报率的估算一般多采用银行贷款利率。但采用贷款利率估算债权回报率存在以下弊端：

一是无法反映不同经营风险公司的债权投资风险。在估算 WACC 中的 R_d时，不管被评估公司的经营规模、经营业绩等情况，一律采用同样的贷款利率，无法反映被评估公司经营风险对债权投资人所产生的风险。

二是贷款利率的变化与企业经营情况不协调。贷款利率是政府进行宏观经济控制的一种重要手段，它会随着宏观经济的发展规划不断进行调整。对于一个特定公司的经营业务，并不是所有的宏观经济因素都会对其造成影响，但由于采用了贷款利率，债权回报率随着贷款利率的变化而变化，导致债券回报率与企业经营情况不协调。

根据 Wind 资讯数据，对国内债权交易市场上距到期日 10 年以上的债权投资到期收益率情况进行分析，债券信用评级不同，其到期收益率存在明显差异。被评估企业的期望投资回报率应该与债券信用评级的 A 级相当，即为 7.85%。

（3）总资本加权平均回报率的确定。对股权收益率和债权回报率进行加权平均来计算总资本加权平均回报率。权重取评估对象实际股权、债权结构比例。税前总资本加权平均回报率可以利用下面公式计算：

$$税前\ WACC = \frac{R_e}{1-T}\frac{E}{D+E} + R_d\frac{D}{D+E}$$

式中：WACC 为加权平均总资本回报率；E 为股权价值；R_e为股权回报率；D 为付息债权价值；R_d为债权回报率；T 为企业所得税税率。根据对比上市公司的税前股权收益率、权益占比、税前债权收益率和债权占比关系，可以测算税前 WACC 的平均值为 13.40%，具体测算过程如表 5-8 所示。

表 5-8　　对比公司税前 WACC 测算　　单位：%

对比公司名称	税前股权收益率	权益占比	税前债权收益率	债权占比	WACC（税前）
用友软件	24.12	55.49	7.85	44.51	16.88
浪潮软件	15.76	66.44	7.85	33.56	13.11
浙大网新	23.84	43.96	7.85	56.04	14.88
恒生电子	11.45	74.29	7.85	25.71	10.52
金证股份	15.26	52.79	7.85	47.21	11.76
平均值			13.43		

（4）无形资产投资回报率的确定。上述计算的税前 WACC 可以理解为投资企业全部资产的期望回报率，企业全部资产包括流动资产、固定资产和无形资产，税前 WACC 还可以用下式表述：

$$税前\ WACC = W_c \times R_c + W_f \times R_f + W_i \times R_i$$

式中：W_c为流动资产（资金）占全部资产比例；W_f为固定资产（资金）占全部资产

比例；W_i为无形资产（资金）占全部资产比例；R_c为投资流动资产（资金）期望回报率；R_f为投资固定资产（资金）期望回报率；R_i为投资无形资产（资金）期望回报率。

投资流动资产所承担的风险最小，因而期望回报率应最低。我们取一年期银行平均贷款利率7.47%（税前利率）为流动资产期望回报率。投资固定资产所承担的风险较流动资产高，我们取银行5年以上平均贷款利率7.83%（税前利率）为投资固定资产的期望回报率。可将上式变为：

$$R_i = \frac{WACC - W_c \times R_c - W_f \times R_f}{W_i}$$

采用企业营运资金估算流动资产，计算公式如下：

营运资金 = 流动资产合计 - 流动负债合计 + 短期银行借款 + 其他应付款等 + 一年内到期的长期负债等

在估算中，固定资产采用固定资产账面净值和长期投资账面净值。

计算对比公司无形资产期望回报率的平均值为30.62%，取该平均值作为无形资产折现率。需要说明的是我们这里估算的无形资产折现率是税前、现金流口径的折现率。具体计算如表5-9所示。

表5-9　对比公司无形资产收益率测算（税前） 单位：%

对比公司名称	流动资产占比	R_c	固定资产占比	R_f	无形资产占比	WACC（税前）	无形资产收益率（税前）
用友软件	51.10	7.47	14.58	7.83	34.32	16.88	34.73
浪潮软件	49.83	7.47	29.66	7.83	20.51	13.11	34.44
浙大网新	63.52	7.47	8.04	7.83	28.44	14.88	33.42
恒生电子	50.91	7.47	28.29	7.83	20.80	10.52	21.64
金证股份	62.88	7.47	18.02	7.83	19.10	11.76	29.59
平均值				30.76			

（四）软件著作权经济寿命确定

一般认为计算机著作权是有经济寿命周期的，根据国家《计算机软件保护条例》的规定，计算机著作权的保护期不超过50年。但对于一项计算机软件，其经济寿命一般没有50年，主要原因是计算机技术发展十分迅速，技术更新换代时间一般为3—5年，对于计算机软件，其经济寿命会与计算机技术同步。但本次委估的计算机软件属于社会保险领域内的用户软件。由于社会保险领域内的软件对可靠性、普及型方面的要求极高，因此软件竞争相对受到限制，该软件的使用寿命要比在其他领域里的软件长。另外，由于本次评估的软件包括源程序和相关文档，受益方可以进一步升级、完善甚至再开发，如果进行两次再开发，每次开发可以延长约 2 年寿命，因此该软件的经济寿命可以达到 10 年，也就是评估基准日至寿命结束日期还有 7 年的时间。从目前现实市场状况来看，也与上述分析相符。从评估基准日计算，评估的软件至少可以使用到 2027 年底。

三、评估结论

根据收益法的公式，将该公司软件著作权未来的销售收入进行折现，求取评估值，各年的现金流折现值的测算过程如表 5－10 所示。

表 5－10　　委估软件著作权评估计算

	2021 年	2022 年	2023 年	2024 年	2025 年	2026 年	2027 年
软件著作权对销售收入贡献（万元）	1626. 77	1675. 57	1725. 82	1777. 60	1777. 60	2941. 09	2352. 87
折现率（%）	30. 76	30. 76	30. 76	30. 76	30. 76	30. 76	30. 76
折现系数	0. 7648	0. 5849	0. 4473	0. 3421	0. 2616	0. 2001	0. 1530
折现值（万元）	5017. 38						

故委估对象在评估基准日条件下的市场价值为 5017. 38 万元。需要说明的是，该结果没有考虑缺乏流动性带来的折价。

思考题

1. 什么是著作权？我国法律对著作权资产有怎样规定？
2. 著作权资产对评估对象有什么特点，谈谈你对著作权资产评估对象的认识。
3. 著作权资产的价值影响因素有哪些？
4. 资产评估的市场法、收益法和成本法中，你觉得哪些方法适合著作权资产的评估。
5. 采用三大基本方法评估著作权资产时，各种方法分别应注意哪些问题？除此之外，还有其他哪些方法能够评估商标资产价值。

本章参考文献

1. 余炳文：《无形资产评估案例》，经济管理出版社 2018 年版。
2. 余炳文：《资产评估原理》，经济管理出版社 2021 年版。
3. 苑泽明：《无形资产评估》，高等教育出版社 2015 年版。
4. 汪海粟、王同律、汤湘希：《无形资产评估》，中国人民大学出版社 2002 年版。

5. 中国资产评估协会：《资产评估实务（二）》，中国财政经济出版社 2022 年版。

6. 埃斯瓦斯·达莫达兰著，李必龙、李羿、郭海等译：《估值：难点、解决方案及相关案例（第 2 版）》，机械工业出版社 2013 年版。

7. 姜楠：《无形资产评估》，中国财政经济出版社 2015 年版。

8. 刘德运、王爱国、梁美健：《无形资产评估》，中国财政经济出版社 2010 年版。

9. 刘小峰：《无形资产评估：理论与实务》，北京大学出版社 2017 年版。

第六章

商誉评估

本章学习目标

1. 了解商誉的性质与特征、商誉形成的理论基础及商誉形成的过程。
2. 了解商誉与商标、商誉与品牌的关系。
3. 熟悉和掌握商誉的评估方法。
4. 熟悉和掌握商誉减值测试的评估方法。

引导案例

联想集团的并购之路与商誉价值[①]

联想集团成立于中国改革开放初期的1984年，历经四个发展阶段：创业时期（1984—1993年）、PC品牌时期（1994—2003年）、全球化时期（2004—2013年）、多元化时期（2014年至今）。迄今联想在全球180多个国家和地区开展业务，布局均衡，在全球分为五个业务大区——中国、欧洲—中东—非洲、亚太其他地方、北美、拉美，联想的业务在每个大区都处于领先位置。联想集团在发展过程中经历了多次并购，通过各种并购，大大增强了联想的研发实力和核心竞争力，联想在业界的知名度也得到了很大的提升。

2004年12月8日，联想集团与美国IBM签署协议，以12.5亿美元收购IBM个人电脑事业部（PCD）。2005年5月1日，此次收购正式完成，被业界认为是联想集团PC业务国际化发展的一个里程碑。

2011年6月1日，联想集团宣布收购德国个人消费电子企业Medion，希望通过这笔收购占据德国PC市场14%份额，以及西欧PC市场7.5%份额。联想向卖方支付的总购买价约为2.3亿欧元。

2014年1月23日，联想集团（HKSE：992）与IBM（NYSE：IBM）共同宣布，联想集团计划收购IBM的x86服务器业务，包括System x，BladeCenter和Flex系统刀片服务器以及交换机，基于x86的Flex集成系统，NeXtScale和iDataPlex服务器以及相关软件、刀片网络和运维。联想集团通过此次并购，每年将增加50亿美元营收，将占有全球14%服务器市场份额，并成为第三大服务器厂商。总资产购买协议的金额约为23亿美元。

2014年1月30日，联想集团宣布，以29.1亿美元的价格从谷歌手中收购摩托罗拉移动业务，包括品牌和注册商标、3500名员工、2000项专利。在收购时支付14.1亿美元，包括6.6亿美元现金和7.5亿美元的联想普通股股票，剩下15亿美元则以三年期本票支付。

2021年，联想拟在中国科创板上市，但在申请上市获受理8天后，联想集团的科创板IPO审核状态更新为“终止”。根据联想集团的年度财务报告，2019—2021年联想集团商誉的账面值分别为332.79亿元、334.08亿元和318.54亿元。具体来看，联想集团并购摩托罗拉手机业务、IBM PC业务、System X服务器业务占据了商誉价值的主要份额，例如，仅收购摩托罗拉移动业务的商誉价值就高达95.28亿元。

---

① 本引导案例参考了联想集团发展历史的相关文献和联想集团历年年度报告。

第一节　商誉的性质与特征

一、商誉概述

（一）商誉的内涵

1. 商誉的定义

商誉是指能在未来时期为企业的生产经营带来超额利润的无形经济资源，即企业预期的获利能力超过可辨认资产正常获利能力（如社会平均投资回报率）的资本化价值。商誉是企业整体资产价值的组成部分，包括商业信誉和商品声誉，是基于企业的超额盈利能力和消费者的偏好与认同而形成的。商誉属于无形资产的范畴，是无形资产中最“无形”的资产。

关于商誉的内涵，主要有两种观点：一是会计学的理解，二是经济学的观点。会计学主要从商誉的确认与计量等方面进行界定，最初出现在会计账簿中是为了记录企业交易中实际交易额与企业账面价值之间的差额。目前形成了三种比较有代表性的观点，即超额盈利观、剩余价值观和无形资产观等。经济学侧重于商誉是一种经济资源，主要从商誉的来源和价值内涵等方面进行分析研究。

正确理解商誉的内涵，可以从五个方面入手：一是商誉是一种资产，具有经济价值；二是商誉是无法具体辨认的无形资产；三是商誉是能够带来超额收益的资产，但商誉本身不能单独产生收益；四是商誉是企业总资产的构成部分；五是商誉是企业整体资产长期、共同作用的结果。

2. 国外相关的会计和资产评估准则对商誉内涵的界定

（1）有关资产评估准则的界定。国际评估准则委员会（IVSB）2011 年发布的国际评估准则《无形资产评估准则》中对商誉的定义是：“任何与企业或资产组相联系的，且不可辨认的无形资产通称为商誉。”① 《国际财务报告准则》（IFRS3）中认为的商誉是“企业并购中买方支付的收购价格与被收购方的可辨认净资产的公允价值之间的差额。”② 第一种观点是基于商誉的不可辨识性而提出的，比较宏观也较为模糊；第二种观点是根据并购交易中的价格差异来确定商誉，易于确认与会计计量。

（2）有关财务会计准则的界定。英国会计准则委员会（ASC）颁布的第 22 号标准

---

①② 姜楠：《无形资产评估》，中国财政经济出版社 2015 年版，第 190 页。

会计惯例公告（SSAP22）《商誉会计》中给商誉下的定义是："商誉是企业的总体价值与企业可分离净资产公允价值总额之差。外购商誉是企业收购形成的结果，只有外购商誉才在财务报表中予以确认、计量并报告。商誉的货币计价为在收购日所支付代价的公允价值和所取得公司净资产的公允价值之间的差额。当收购价大于净资产的公允价值时，表现为正商誉，反之，则表现为负商誉。"① 英国会计准则理事会（ASB）1998 年颁布的第 10 号财务报告准则（FRS10）《商誉和无形资产》中对商誉所做出的界定是："外购商誉指购买企业的成本与该企业可辨认资产和负债公允价值的合计数之间的差额。当购买成本超过可辨认资产和负债的公允价值时，就产生了正商誉，相反，则产生负商誉。"②

美国会计原则委员会1970 年第17 号意见书（APB Opinion No. 17）将商誉定义为"被收购公司的成本超过其可辨认净资产价值的差额"。2001 年，美国会计准则委员会（FASB141）给商誉下的定义则是"企业并购时，购入被购企业的成本超过被购企业净资产公允价值的差额"③。

澳大利亚 1996 年第 18 号会计准则公告（SAS18）将商誉定义为"不可辨认资产所能带来的未来利益"④。

英国和美国的相关准则的观点基本是一致的，主要是从会计计量角度来确认商誉及其价值，并区分为正商誉与负商誉；澳大利亚的相关准则是从未来预期收益角度来确认商誉的。

3. 国内相关会计与资产评估准则对商誉内涵的界定

（1）有关资产评估准则的界定。我国《资产评估准则——无形资产释义》中将商誉定义为："企业由于各种有利条件，或历史悠久积累了从事本行业的丰富经验，或产品质量优异，或组织得当、服务周到以及生产经营效率较高等综合性因素，使企业在同行业中处于较为优越的地位，因而在客户中享有良好的信誉，从而具有获得超额收益的能力。这种能力的价值便是商誉的价值。"⑤

（2）有关财务会计准则的界定。我国 2001 年版的《企业会计准则——无形资产指南》中对商誉的界定是"企业由于所处的地理位置优越，或由于信誉好而获得了客户的信任，或由于组织得当、生产经营效益高，或由于技术先进、掌握了生产诀窍等原因而形成的无形价值"⑥。

以上两种观点基本是一致的，都是从商誉的形成角度来分析的，即因区位、管理、技术、服务和认同等原因形成了商誉。

---

① 姜楠：《无形资产评估》，中国财政经济出版社 2015 年版，第 190 页。

② 钟音、于亦铭：《对自创商誉纳入会计核算体系的思考》，《商业会计》，2013 年第 8 期。

③④⑥ 刘德运：《无形资产资产评估》，中国财政经济出版社 2010 年版，第 410 页。

⑤ 中国注册会计师协会：《资产评估准则——无形资产释义》，经济科学出版社 2002 年版。

（二）商誉的形成与演变

1. 商誉概念的形成

据相关文献资料记载，“商誉”一词最早出现于16世纪中后期，当时英国会计学家利克（Leake）在《商业商誉》（Commercial Goodwill）一文中最早使用“商誉”（Goodwill）一词，其基本含义是指企业在生产经营活动中所取得的一切有利条件。但是，这一概念出现之后并未引起当时会计学界的关注，这无疑与当时的经济环境和经济规模有关，直到19世纪末20世纪初，由于企业间的竞争日趋激化，这种被忽视的状况才逐渐发生改变。进入20世纪以来，企业的组织结构、规模结构、资本结构、市场结构、竞争方式等都发生了重大变化，竞争优势也不仅仅局限于企业与顾客间的友好关系，而是更加重视企业的内部管理、制度结构、组织形式、产品质量、销售环节、服务质量等，因为这些因素往往导致企业获得超额利润。对商誉的理解也进一步深化，内涵也进一步丰富，认为商誉是形成超额利润的重要因素，由此产生了超额利润观，并认为企业利润应分成正常利润与超额利润，正常利润是由企业的经营资产中的有形资产带来的，超额利润是由无形资产尤其是商誉带来的。当时的旅美学者杨汝梅先生在其博士论文基础上写成的《无形资产论》中指出：“凡足于使一企业产生一种较寻常收益为高之收益者，均得称之为商誉矣。”[①] 这一观点在当时具有代表性，之后的美国会计学家佩顿（Paton）也曾指出：“商誉一词最先仅限于现成的顾客群所具有的价值，后来逐渐被用来描述企业可以归因于销售、制造、理财和政治等各方面良好关系的那一部分价值。”[②] 比较二人对商誉的理解，其观点基本是一致的，同时也具有延续性。

2. 商誉的演变

20世纪40年代以来，学术界尤其是会计学界对商誉的理解与研究进一步深化，也扩展了商誉的外延，丰富了商誉的内涵。1965年，美国著名会计学家埃尔登·S. 亨德里克森（Eldon S. Hendriksen）在其名著《会计理论》（Accounting Theory）一书中将商誉的内涵总结为无形资产观、超额利润观和剩余价值观，即“三元论”。

（1）无形资产观（好感价值论）。无形资产观认为，商誉是因为企业所处的地理位置优越（区位优势）、良好的社会声誉和广泛的社会关系、良好的商业信誉、顾客对企业的认同与好感、企业内部融洽的劳资关系以及卓越的管理团队和优秀的员工队伍等因素形成的，而这些因素往往是看不见、摸不着的，也无法入账并进行账务处理。持这种观点的学者认为，商誉其实就是指企业所具有的各种未入账的无形资产。比如金瑟（Reg. S. Gynther）就认为：“之所以商誉存在，是由于资产代表的不仅仅是列示出来的有形资产。

---

① 杨汝梅：《无形资产论》，立信会计出版社2009年版。

② https：//doc. wendoc. com/b98981f5e37aaa816de281b55. html.

例如，‘特殊技能和知识’、‘极强的管理能力’、‘垄断的地位’、‘良好的社会及企业关系’、‘好名称和好声望’、‘有利的形势’、‘优秀的雇员’、‘贸易名称’和‘已经建立起来的顾客网络’都是这类资产。这些资产的价值（通常认为是无形资产）就是商誉的价值。”① 因此，无形资产论也就称为好感价值论。基于这样的观点，当购买价格超过各单项资产（可确指的有形与无形资产）的价值总和时，超额支付的价值就被看成特殊的无形资产的代价，也就是商誉。

（2）超额利润观。超额利润观认为，企业是以盈利为目的的经济组织，需要利用自身拥有与控制的所有资产通过正当的生产经营活动来获取利润，以寻求企业的生存与发展。商誉作为企业所拥有的无形资产，能增进企业在未来的生产经营活动中的盈利能力，虽然它不像厂房、机器设备等有形资产那样看得见、摸得着，但对企业来言，又能切实感受到其存在。因此，商誉是企业超额盈利的那部分价值。当然，企业所获得的利润，是企业所有生产要素共同作用的结果，既包括有形资产，也包含无形资产，很难从量上区分与精确计量每个单项资产所获得的利润。商誉这种无形资产是与企业整体资产融合在一起的，无法单独辨认，但企业一旦拥有了它，就具有了获得超过正常盈利水平的盈利能力。所以，商誉的价值只有通过企业全部资产所创造的超额利润才能体现出来。因此，商誉的价值应由超额盈利来界定。对此，美国会计学家佩顿早在1922年就曾指出：“‘商誉’一词在广义上表示未来超额盈利的估计价值……确切地说，商誉从这一点上可以被定义为某一特定企业所能赚取的超额盈利的资本化价值，即超过具有相同资本投资的代表性竞争者——‘正常’企业——的盈利水平的那部分盈利。”

未来预期超额收益一般是指企业在未来较长时期内能获得的较同行业平均收益水平更高的收益，短期的超额收益可能是偶然的非正常因素的影响导致的，不能判定为商誉。如果一个企业能够长期且持续地获得超过同行业平均收益的利润，这种未来预期超额收益的现值就被认为是商誉。

（3）剩余价值观（总计价账户论）。剩余价值观认为，商誉是企业总体价值与单项可辨认有形资产和无形资产价值的未来现金净流量贴现值的差额。其实，剩余价值观和超额利润观的基本观点具有一致性，分析的思路也大体相同。超额利润观是从总体上界定商誉的内涵，但由于未来的不确定性，超额利润很难直接确定，要精确区分与计量则更加困难。因此，从能够较准确区分与计量的那些资产入手，先确认单项有形资产和可辨认无形资产的未来现金净流量的贴现值，再计算企业总体价值与这一价值的差额，将差额部分确认为商誉。著名会计学家佩顿（Paton）也认为“无形资产是一个剩余价值，是公司的真实价值超过各种独立的有形财产的真实价值的余额……被单位列入财产目录中的各种有形

① https：//www. docin. com/p－1797289107. html.

财产总价值低于公司真实资产的数额应表述为商誉”①。

根据这一观点，一个企业的商誉是其总体价值与可确认单项资产价值之和的差额。所谓总计价账户，是企业持续经营价值和未入账资产价值的综合体，是对不能构成商誉的个别资产或资产组合（持续经营和未入账资产部分）的计量和分配价值，只能将其看作与企业整体资产的共同价值。商誉本身不是一项单独的生产与经营性资产，而是企业各项资产的整体价值超过其个别资产价值的部分，而未入账资产指的是优秀的管理团队、忠诚稳定的客户群、高效的销售网络、有利的地理区位等。

亨德里克森（E. S. Hendriksen）提出的“三元论”分别从不同角度阐述了商誉的性质，好感价值观是从资产角度来论述商誉的性质，虽列举出商誉的一些形成原因，但未能有效解决如何计量的问题。要注意的一点是，好感价值论认为商誉是一种未入账的无形的经济资源，这一观点无疑是存在缺陷的。比如按照现行会计惯例处理，自创商誉不入账，而外购商誉（合并商誉）入账，明显存在不合理性。超额收益论则从形成资产的基本条件出发，即经济资源、盈利能力和货币计量三个方面分析，在一定程度上解决了商誉的计量问题，因此具有一定的现实操作性。总计价账户论则是从方法论角度阐释商誉的计量方法，而不是定义商誉。

3. 商誉形成的原因

关于商誉形成的原因，早期从区位角度进行分析，认为企业所处的位置优越形成了商誉，之后又从内部管理等方面进行研究，但至今仍无比较一致的观点，这也是导致商誉复杂性的一个重要原因。对此，弗克（Fale）和戈登（Gordon）② 经过长期的研究，总结出企业形成商誉的因素主要有以下四个方面：

（1）短期现金流量的增加，包括生产的经济性、能筹集更多的资金、有现金储备较低的筹资成本、存货持有成本的减少、避免交易成本、税务优惠。

（2）稳定性，包括有稳定的原材料供应、无重大的经营波动、与政府保持良好的关系。

（3）人力因素，包括管理才能、良好的劳资关系、精细的培训计划、合理的组织结构、良好的外部公共关系。

（4）排他性，包括技术的独占权和品牌。

二、商誉的性质与特征

（一）商誉的性质

对于商誉的性质，目前学术界还存在很多争议，尚无一致的观点。早在 20 世纪 20 年

---

① https：//www. docin. com/p - 2430902356. html.

② https：//wiki. mbalib. com/zh - tw/%E5%95%86%E8%AA%89.

代，旅美学者杨汝梅先生在其著作《无形资产论》中把商誉的性质总结为五个方面的内容：其一，因为企业人事上的良好关系而产生的特定价值；其二，企业具有悠久的历史，并且其价值相对稳定；其三，具有可转让性；其四，在转让时，其价值大小可以用货币计量；其五，因企业具有完善的组织制度和科学的管理而获得较好的收益。[①] 杨先生的观点在当时具有一定的代表性，这些观点之后又经历了不断的发展与丰富，其内涵与外延都得到了延伸。从 20 世纪初至今，有关商誉的性质的观点，大致有“三元论”与“核心商誉论”两种。

1. 三元论

早在 20 世纪 60 年代，美国著名会计学家亨德里克森（E. S. Hendriksen）在其著作《会计理论》中，从会计学的角度对商誉的性质做出了三种解释（也称为“三元理论”，详细内容见商誉的形成演变）：

（1）商誉是对企业好感的价值，即好感价值论。

（2）商誉是未来预期超额收益的现值，即超额收益论。

（3）商誉是一个企业总的计价账户，即总计价账户论。

2. 核心商誉论

1999 年 9 月 7 日，美国财务会计准则委员会（FASB）公布了一项征求意见稿，首次提出“核心商誉”（core goodwill）的概念。FASB 认为，商誉的构成要素主要有六个方面的内容：

（1）被收购企业净资产在收购日的公允价值大于其账面价值的差额。

（2）被收购企业未确认的其他净资产的公允价值。

（3）被收购企业存续业务“持续经营”（going – concern）的公允价值。

（4）收购企业与被收购企业净资产和业务结合的预期协同效应的公允价值。

（5）收购企业由于计量收购报价的错误而多计量的金额。尽管在所有现金交易中的收购价格不会出现计量错误，但如果是涉及股票交换的交易，则很难说不会出现计量错误。

（6）收购企业多支付或少支付的金额。

在这六项要素中，要素（1）和要素（2）讲的是被收购企业的相关价值；要素（5）和要素（6）涉及的是收购企业的相关价值；要素（3）反映了被收购企业净资产的“超额组装价值”（excess assembled value），包含了被收购企业的自创商誉或以前的并购活动中形成的商誉；要素（4）指的是并购双方相互整合创造的“超额组装价值”，即并购产生的协同效应。FASB 将要素（3）和要素（4）称为“核心商誉”[②]。

---

① https：//wenku. baidu. com/view/3c04e9df580216fc710afd6e. html.

② 刘德运：《无形资产评估》，中国财政经济出版社 2010 年 1 版，第 413 页。

（二）商誉的特征

商誉作为一种特殊的无形资产，其形成的过程、条件等与其他可确指无形资产相比，有着与众不同的特征。企业拥有了商誉，就能在相同的环境与条件下，获得高于同行业平均投资报酬率的超额收益。从商誉形成的过程、条件、要素等方面分析与总结，商誉具有以下六个特征。

1. 依附性

商誉不能离开企业单独存在，也不能从企业可确指的有形或无形资产中剥离出来单独出售（当然也无法剥离），因此，企业是商誉存在的物质载体。比如土地使用权必须依附于土地才有价值，计算机软件离开了硬件就发挥不了作用，专利技术要依附于特定的机器设备才能创造价值，商标权也要通过产品的性能、质量、外观设计、服务等来体现其价值。商誉作为特殊的、不可确指的无形资产，没有独立的存在形式。值得注意的是，商誉的存在及其价值，是以企业持续经营为前提的，如果企业破产或关闭，其商誉也就随之消失。因此，商誉不存在独立的转让价值，必须依附于企业而存在。

2. 积累性

商誉的形成有一个较长的过程，不可能一蹴而就，是企业成长壮大的结果，也就是说，刚成立的企业一般不存在商誉。企业在长期的生产、经营过程中，由于技术先进、产品质量和服务信誉良好，深受消费者好评，其产品有较高的市场占有率，竞争优势明显，企业组织结构合理、员工素质高等因素长期作用，就形成了商誉。因此，商誉是构成企业的各种要素长期整合、优化配置以及持续运行的产物。

3. 整体性

商誉的形成是多种要素、诸多条件长期作用的结果，很难说企业的某个要素形成了商誉，形成商誉的单个要素也很难单独计价。形成商誉的各种要素和条件难以用一种公式或方法来计量和计价，只能把它作为企业的整体资源价值来计量，并通过企业的总体超额收益来体现其价值，即通过企业的收益水平与行业平均收益水平的比较来测定商誉的价值。

4. 动态性与不确定性

商誉的价值并非一成不变，而是会随着时间、环境、条件的变化而发生改变。可能会增加，也可能会减少；可能是正商誉，也可能变成负商誉。如果企业在生产经营过程中，不断地追求卓越、追求创新，不断地提高产品及服务的质量，优化资源的配置，提高经营管理水平和能力，不断满足消费者的需求，商誉的价值就会增加，反之则会减少。

5. 持续性

由于商誉依附于企业而存在，因此，只要企业能够持续存在并正常经营下去，商誉就会存在，而没有相对固定的时间长度，也没有法律约束的期限。

6. 专有性

商誉不能脱离企业而单独存在，其财产价值只属于企业主体，即商誉只能由一个经济主体所拥有与控制，只能独占而不能共有或分享，能为企业商誉拥有者带来超额收益。商誉不能单独出售与转让。

（三）商誉的类型

依据不同的分类方法和分类标准，商誉可分为不同的类型。

1. 按照商誉的来源划分为自创商誉和外购商誉

（1）自创商誉（Self - create Goodwill）。自创商誉是企业投资及长期生产经营活动的产物，并能给企业带来超额收益的经济资源。自创商誉是指企业在生产经营活动中自主创立和积累的、能给企业带来超额利润的资源，是企业无形资产的一种类型。

自创商誉是企业在生产经营过程中，在优质、高效的资源配置效率和各种生产要素的整合能力及企业核心竞争力、良好的服务等形成的社会声誉基础上产生的。如产品的技术、性能先进，管理水平高，客户资源稳定，服务周到，企业诚实守信，品牌形象良好，深得消费者好评等。商誉的本质是其超额收益能力，这种能力也是自创商誉形成的基础。值得注意的是，自创商誉理论上的研究与界定相对容易，但在实际评估实务中却存在诸多困难。

对于自创商誉是否入账的问题，目前存在两种截然相反的观点。一种观点认为，自创商誉由于确认困难且不易准确可靠地计量而被排除在传统会计确认体系之外。这是因为自创商誉的形成因素的价值难以确认和计量，因而不能按投入价值计量。另一种观点认为，在现代企业中，自创商誉是存在的，也是可以计量的，应纳入会计确认体系之内。葛家澍教授就持这样的观点。美国财务会计准则委员会也认为，自创商誉是企业在持续的生产经营过程中形成的具有超额收益能力的经济资源，既然超额收益可以计量，那么自创商誉也应该作为独立的资产加以确认和入账。

（2）外购商誉（并购商誉）（Purchased Goodwill）。外购商誉是指企业在收购或兼并其他企业的时候，所支付的价格高于或低于被收购企业全部净资产价值的总额部分的价值，高出部分称为正商誉，低于部分称为负商誉。

对于如何确认外购商誉的问题，国际会计准则第 22 号《企业合并》中第 41 条规定，“交易发生时，购买成本超过购买企业在所购可辨认资产和负债的公允价值中的股权份额的部分，应作为商誉并确认为一项资产”；美国第 141 号准则公告《企业合并》和第 142 号准则公告《商誉和无形资产》中规定，“公司必须将商誉列为财务报表的资产，并单独列示于资产负债表上。按第 16 号意见书的要求，以购买成本超过所取得资产和所承担债务金额的净额之差额来计量”。由此可见，在西方发达国家的会计准则中，一般是将企业购买成本与取得净资产的公允价值的差额认定为商誉，并进行摊销。

我国企业会计准则的有关规定是，外购商誉是企业在收购、兼并等经济行为中产生的，企业联合的方式不同，商誉的确认也有所不同。要注意的是，无论是国际会计准则还是我国的企业会计准则，对外购商誉的认定都是以能否获得可预期的超额收益能力作为判定的标准。对于外购商誉的计量，我国一般采用割差法、超额收益本金化法和超额收益折现法三种。

2. 按商誉的正负值划分为正商誉与负商誉

（1）正商誉。正商誉（Positive Goodwill）是指一个企业所具有的超额收益能力，即其收益能力高于同行业企业平均的收益能力，也就是企业存在的一种能带来超额预期收益能力的经济资源，这种经济资源就是正商誉。一般认为，企业在并购过程中，其并购成本与被并购企业净资产公允价值的差额即为商誉，如果差额为正即为正商誉。

商誉价值 = 并购成本 -（被并购方可辨认资产公允价值总额 - 被并购方可辨认负债公允价值总额）= 并购成本 - 被并购方可辨认净资产公允价值

对于正商誉的会计处理，在张翠荷、韩星张立主编的《高级财务会计》（天津大学出版社 2005 年版）中主要有以下三种方法①。

第一，将其作为一项资产，在预计的有效年限内加以摊销或列为费用或冲销留存利润。持此观点的理由为主并企业为了取得以后年度超过同行业水平的利润而付出了高额代价，这种代价伴随着被并企业进入主并企业而存在，要将其分期计入费用，与当期收入配比，正确计算出企业的利润。

第二，在合并当时注销，直接冲减主并企业留存利润。商誉是一种无形资产，其价值很不稳定，也不可能脱离原企业而存在，即商誉在被并企业存在，但是否还能在合并后的企业存在还不可知，所以本着谨慎性的原则将商誉在合并当时冲减留存利润，作为一项合并时的费用处理。

第三，将商誉作为一项永久性的资产，不予摊销，除非有足够证据证明其价值可能发生了持续下降，其理由在于商誉是一种无形资产，很难具体关联到某项有形资产上，但正是这些有形资产的使用（费用）导致了商誉的存在，如果把商誉进行分期摊销，就和有形资产费用的发生产生了重复。

在国际会计准则第 22 号《企业合并》中采用第一种方法处理，要求商誉在最长不超过 5 年的期限内摊销，若有足够的证据，可以延长到 20 年。美国的相关准则要求采用第三种方法处理商誉，每年进行减值测试，减值额确认为当期损失。

根据我国新的《企业会计准则——资产减值》的要求，商誉确认后，持有期间不再摊销，企业如果拥有因企业合并所形成的商誉，至少应当在每年年度末进行减值测试。

（2）负商誉。与正商誉相对的就是负商誉（Negative Goodwill），即企业在并购中的购买成本低于被并购企业可确认净资产公允价值的差额。负商誉作为与正商誉相对应的一个概念，其形成的原因也正好与正商誉相反。在企业的并购实务中，负商誉的出现往往与企

① https：//baike. baidu. com/item/%E6%AD%A3%E5%95%86%E8%AA%89/12754805？fr = aladdin.

业面临的经营环境和所处的经营状况及经营业绩相关。如果企业的经营业绩不理想，存在负面的社会影响，则产品销量及市场占有率下降，企业的利润指标下滑，现金流减少，从而导致并购价格低于企业净资产的公允价值。

对于负商誉存在的客观性，目前的并购实务中，主要有以下几种看法：

其一，现代企业因工艺技术及生产流水线等因素影响，很多资产无法单独或单件出售。如成套的流水线专业化配套设备，如果分开出售，其价值会大幅度缩水。

其二，考虑交易费用的因素，一般而言，单项资产出售的交易费用会大于整体出售净资产的交易费用，理性的企业资产出售者为了降低过高的交易费用往往会做出降低部分交易价格的决定。

其三，由于经营管理不善或受其他不可控的内外因素影响，企业多年亏损而面临破产倒闭，如市场原因、政策原因或消费者偏好发生改变等，企业的实际价值已经低于净资产的现行价值，为了尽快将企业出售，避免产生更多的价值损失，企业的产权所有者往往愿意将企业降价出售。

其四，并购双方均是理性的经济人，如果被并购企业存在一些未入账的隐性负债或成本等不利的负面因素，购买方一般会压低收购价格。被并购企业往往会进行综合分析与判断，接受降价出售，以避免更大的损失。

其五，因一些特殊的、无法逆转的因素影响，被并购企业的所有者因急于出售企业，也会降低出售价格，如技术升级、新的替代产品出现等。

三、商誉形成的理论基础

商誉分为自创商誉与并购商誉，两者形成的原因和理论基础各不相同。

（一）自创商誉形成的理论基础

美国著名会计学家埃尔登·S. 亨德里克森（Eldon. S. Hendriksen）1965 年在其著作《会计理论》中，从会计学的角度对商誉的形成、性质及构成要素等提出了“三元理论”，即好感价值论、超额收益论和总计价账户论，构成了企业自创商誉的理论基础。

（二）并购商誉形成的理论基础

企业间发生并购行为，一个重要原因是为了优化资源的配置，优势互补，扩大企业规模，产生协同效应，实施扩张与渗透战略，提高企业核心竞争力，增强盈利能力。并购导致的资源优化配置，产生了协同效应，形成了并购商誉。从经济学角度讲，并购行为产生的效应有四种。

1. 资源优化效应

在市场经济条件下，企业间的并购活动非常活跃，无论是国内企业并购还是国际企业并购，都是为了优化生产要素的配置，在全球范围内整合资源，形成竞争优势。企业通过并购，可以最大限度地整合技术、人才、管理、信息、资金、市场等，从而形成企业的核心竞争力，以获取超额盈利能力。

2. 规模经济效应

根据系统论的观点，系统整体的功能大于各部分功能之和。一般而言，企业的整体经济效益会大于单个独立企业的收益的算术和，多数企业都存在扩张与渗透冲动，希望通过投资、并购等行为扩大规模，产生规模经济效应。企业间发生并购行为，扩大了企业规模，产生了 1 +1 >2 的效应。原因是通过并购，减少了竞争对手，利用双方的供应链与销售网络、销售市场，既降低了交易费用，也降低了生产经营成本，实现了规模经济报酬的递增收益。

3. 管理协同效应

管理协调效应是指企业间的并购会引起企业生产、经营、管理等方面的制度结构的优化与调整，使企业的管理方式发生变化，从而提高管理效率。企业发生并购后，还会导致人员、技术、产品、品牌、营销、市场等的重新整合，形成新的合力，产生新的生产力，致使企业的竞争力得到强化与提升，产生了管理协同效应。

4. 财务协同效应

20 世纪 70 年代以来，企业间的并购交易从横向并购、纵向并购发展为纵横交错的混合型并购，目的就在于谋求并购后的财务协同效应。通过并购行为，降低企业资本成本和融资成本，通过交易内部化降低交易费用和合理避税，提高企业资金使用效益。同时，企业的并购行为还能够产生预期效应，使证券市场对股票评价发生变化，从而带来股票升值。

四、商誉与商标、品牌的关系

（一）商誉与商标的关系

1. 商标概述

（1）商标的内涵。商标是商品或服务的标识，是区别于其他经营者的商品或服务的标记，由文字、图形、字母、数字、三维标志、色彩等要素组合而成。商标分为注册商标与未注册商标，注册商标受国家法律保护，未注册商标不受法律保护。经国家相关部门核准注册的商标包括：商品商标、服务商标、集体商标和证明商标等。

世界知识产权组织（World Intellectual Property Organization，WIPO）对商标的界定是，商标是将某商品或服务标明是某具体个人或企业所生产或提供的商品或服务的显著标志。

我国《商标法》（2019 年修正）将商标界定为，能将自己的商品或服务与他人的商品和服务区分开的标志（包括文字、图形、字母、数字、三维标志、颜色组合和声音等，以及上述要素的组合）。

商标是企业的无形资产，其价值的认定还没有一个权威的、一致认可的判定标准。目前常用的商标价值判定依据取决于对商标的认知度、认可度、知名度和影响度等，一般以商标能为企业带来的预期收益值来评判。商标具有独占性、时效性、地域性、类别性、财产性等特点。

（2）商标权。商标权是指商标的拥有者对其商标所享有的独占、排他性的权利。商标权是商标所有者向国家申请、经国家商标局确认的专有权利，即因商标注册而产生的专有权。商标权人的权利主要有注册商标的专有使用权、禁止权、转让权、许可使用权等。

2. 商誉与商标的联系

商誉与商标存在着内在的联系，具体表现在以下四个方面：

（1）商誉与商标都是无形资产，都具有无形资产的共性特征，而且商誉和商标都能给拥有者带来超额收益。一般而言，商标的财产价值离不开商誉，商誉的财产价值却不限于商标。

（2）商标是商誉的载体，商誉是商标价值的体现，两者间存在着互相包容的关系。从一定意义上讲，商誉的载体就是商标，如果商标没有了商誉这个内核，就只是一个简单的区别商品或服务的符号或标识。商标的价值需要商誉来体现，当我们看到或谈论汽车领域里的奔驰、宝马时，首先想到的就是其品质、形象、性能等，而这些内容就是商誉，如果没有商誉作保障，其商标的价值就会大打折扣。

（3）商誉与商标的价值是相互促进的关系。商标的知名度和价值越高，商誉的价值也越高；反过来，商誉的价值越高，商标的价值与知名度也就越高。从一定意义上讲，商标是商誉的折射或影子，商誉是商标的内核。

（4）从法律角度讲，商誉与商标都是企业的无形资产，具有财产属性，都受国家法律的保护。

3. 商誉与商标的区别

商誉与商标虽然存在内在的联系，但也存在明显的区别，主要体现在以下方面：

（1）形成方式不同。商誉是企业在生产经营过程中自然形成的或者企业兼并其他企业形成的，晚于企业的存在，是企业存在之后产生的，也会随着企业的消亡而消亡，商誉无须注册；商标（注册商标）必须经过申请注册才能形成，并受法律保护。商标可以早于企业而存在，也可以和企业同时产生，并且企业消亡之后还可以继续存在。商誉没有具体的名称，商标则有具体的名称。

（2）载体不同。商誉的载体是企业整体，没有独立于企业之外的商誉，也没有特定的形式和具体的标识；商标的载体是具体的物质，并且有特定的形式和具体的标识。商标是可辨认无形资产，商誉则是不可辨认无形资产。

（3）存在及转让方式不同。商誉依附于企业而存在，企业不存在则商誉也不存在；商标不必依附于特定的企业，其产权主体可以是法人，也可以是自然人。商誉是不可确指无形资产，不能脱离具体的企业而独立存在，也不能单独转让，所有权与使用权不能分离，只能与企业整体一起转让；商标属于可确指无形资产，可以独立存在与转让，所有权与使用权可以分离，也可以单独存在和单独取得。

（4）构成要素不同。商誉没有具体、明确的构成要素，或者说其构成要素具有不确定性或不明确性；商标有具体的构成要素，即文字、图形、字母、数字、三维标志、颜色组合和声音等。

（5）功能不同。消费者可以通过商标来区分与辨识不同企业的商品和服务，也可以应用商标来进行市场营销及各种广告宣传；商誉则不具备这些功能。商标无论是自创的还是外购的，其价值都可以在会计账簿中反映出来；外购商誉的价值只是并购成本与企业净资产公允价值的差额，自创商誉的价值则不能体现，只有在企业整体出售时才能得到认可。商标除了自己应用之外还可以许可使用，商誉则不能。依据相关法律法规，商标权可以质押，商誉则不能。商誉代表企业整体的超额获利能力，商标代表的是产品的超额获利能力。

（二）商誉与品牌的关系

1. 品牌的内涵

品牌是指消费者对某种产品及产品系列的认知与认同程度，是基于对产品质量、功能、服务等的认可、好感与评价而形成的无形经济资源，能够给企业带来溢价，具有一定的竞争功能和经济价值。品牌的形成是一个长期的过程，需要持续不断地培育与维护。品牌在形成的过程中，融入了企业的经营理念、价值观和文化意蕴，已经成为企业形象的有机组成部分。

2. 品牌的价值构成

品牌的价值主要包括用户价值和自我价值两个部分，其中，用户价值包括品牌的功能、质量和价值，也称为品牌的内在三要素；自我价值包括品牌的知名度、美誉度和忠诚度，也称为品牌的外在三要素。

3. 商誉与品牌的联系

（1）商誉和品牌都是企业的无形资产，都具有经济价值，都能够给企业带来超额收益。

（2）商誉和品牌的形成过程类似，都是企业在生产经营过程中自然形成的，或者通过并购等交易行为而产生。两者都是基于消费者的认同、好感和偏好等形成的，初创企业一般不具有商誉和品牌。

（3）商誉与品牌相互促进。一方面，优良的品牌形象能够促进商誉价值的形成与增值；另一方面，商誉的形成也能导致品牌价值的上升。两者存在着相互融合与互相促进的关系。

4. 商誉与品牌的区别

（1）形成的基础和内涵不同。品牌是基于商品或商品系列而形成的，商誉是基于企业整体形象和价值而产生的，一个企业可以有多个品牌或品牌系列，但只能有一个商誉。从这个意义上讲，品牌既是单一性也是系列性的概念，商誉则是综合性的概念。从消费者角度讲，商誉是消费者对企业整体的好感与认同，品牌是消费者对个别商品或系列商品的好感与认同。

从商誉的内涵分析，商誉是指能够为企业未来带来超额收益的经济资源，是企业整体综合资产的一部分；品牌是能够为拥有者在生产经营活动中带来溢价、产生增值效应的资产，其载体是用于区分其他同类或相似的产品与服务的名称、形状、图案、标识等的综合体。

（2）功能不同。首先，品牌具有识别功能，而商誉不具有识别功能，也就是说，不能通过商誉来识别具体的产品或产品系列。品牌能帮助消费者快速地识别商品及服务，因其代表着某种商品或服务的品质、特点和功能，以及所蕴含的企业经营管理理念、文化等，商誉不能代表商品与服务的品质。其次，品牌具有促销与宣传功能，商誉没有促销与宣传功能。企业可利用品牌及品牌形象作为市场竞争的策略，如进行广告宣传，但不能用商誉进行广告宣传。

（3）入账方式不同。对于商誉的入账处理问题，依据现行会计准则，自创商誉不能入账，外购商誉可以入账；品牌也不能独立入账，但品牌与商标联系更紧密，往往是以商标价值的方式入账。国际会计准则和美国会计准则也有类似的规定，即自创商誉不入账，外购商誉可以入账。被并购企业的并购价值大于其净资产公允价值的部分是外购商誉，小于其净资产公允价值的部分则是负商誉。

（4）评估方法不同。对商誉的评估，无论是理论研究还是评估实务都严重不足，传统的成本法和市场法没有办法解决商誉构成要素的不可计量性问题而很难使用，因此，对商誉的评估一般采用收益法，目前主要有两种：一是超额收益法，二是割差法。而品牌价值的评估方法相对比较丰富，大致可以分为三大类：一是基于财务视角的评估方法，主要有成本法、收益法、市场法等；二是基于市场视角的评估方法，主要有 Interbrand 模型、市场结构模型、世界品牌实验室模型（World Brand Lab）（世界品牌实验室是 1999 年诺贝尔经济学奖获得者罗伯特·蒙代尔及其同伴于 2003 年创立，其发明的品牌价值评估方法被广泛认可并用于企业并购评估业务中）、Kemin 模型法等；三是基于消费者视角的评估方法，主要有品牌资产十要素模型、忠诚因子法、品牌财产评估电通模型，Aaker 品牌十要素模型等。

第二节　商誉的评估方法

一、商誉评估的基础及条件

根据商誉的内涵、性质、特征和形成机理，对商誉价值的评估需要具备一定的基础与条件，只有符合这些基本条件才能对商誉进行评估。因商誉评估中成本法与市场法受限因素比较多，虽然在理论上讲都可以应用，但在评估实务中很难操作，所以主要是应用收益法进行评估，这些假设条件主要是基于收益法而提出的。

（一）有关财务会计、资产评估制度、准则对商誉的认同

首先要承认存在商誉，并认同商誉是企业的一种无形资产，并具有经济价值，这是商誉评估的基础，如果不认同商誉是一种无形资产，就没有评估的基础。目前国内外相关财务会计准则基本认同商誉是企业的一种无形资产，具有经济价值，并能为企业在未来的生产经营活动中带来超额收益。

（二）企业并购

目前的财务会计准则不承认自创商誉，因而自创商誉无法入账，评估的意义与价值就很难体现。对商誉的评估一般是在企业并购时才能进行，所以企业并购构成了企业商誉评估的基础。

（三）持续经营假设

从经济学角度分析，收益法的理论基础源自效用理论，即商品的价值是因为其有效用，无用的东西是没有价值的。根据商誉的内涵、性质和特征，商誉的载体是企业，如果企业不能继续经营下去，抑或企业已经不存在了，商誉自然就消失了，因此，对商誉进行价值判断的前提是企业继续经营。

（四）未来超额预期收益预测假设

在持续经营假设前提下，企业的未来预期收益是可以预测的，并能用货币计量，这也是对商誉进行评估的重要条件，因为被并购企业的超额收益就表现为商誉。如果超额收益为正，表明存在正商誉，如果为负，就是负商誉。

二、商誉评估的方法

（一）超额收益法

应用收益法评估企业商誉的价值，是将商誉的未来预期超额收益折现或资本化处理之后确定其价值。从经济学角度讲，商誉的价值取决于其效用，有效用就有价值，无效用则无价值。在评估时，要把企业收益与行业平均收益进行比较，将高于行业平均收益的部分进行折现处理即为商誉价值。

超额收益法主要有两种形式，即超额收益现值法、超额收益资本化法。

1. 超额收益现值法

超额收益现值法也称为超额收益折现法，其应用前提是假设企业拥有商誉，并能在未来一段时期内获得超额收益，即企业获得超额收益只能维持有限的年度，将获得的超额收益进行折现或资本化处理即得到商誉的价值。

超额收益现值法的评估程序主要有四步：第一，科学、客观、理性地确定未来获取超额收益的期限；第二，预测未来一定时期内的年超额收益；第三，选择与确定折现率或资本化率；第四，评估计算商誉的价值。

超额收益现值法的计算公式如下：

$$G = \sum_{i=1}^{n} \frac{R_i}{(1+r)^i}$$

式中：G 为商誉价值；R_i 为第 i 年的超额预期收益；r 为折现率；n 为预期超额收益持续时间，一般以年为单位；i 为获取超额收益的各年。

上述公式只适用于可预期的未来一定年限内商誉价值的评估，也就是说，企业的超额预期收益只能维持有限的年限，而不是无限期。

［**例 6－1**］根据行业发展和企业历史数据的分析判断，以及对未来市场前景的预测分析，某企业在未来 5 年内将有超额收益，各年超额收益分别为：第一年 800 万元，第二年 820 万元，第三年 850 万元，第四年 870 万元，第五年 900 万元。该企业所在行业的平均收益率为 12%。要求评估该企业的商誉价值。

根据超额收益现值法评估商誉价值的公式：

商誉价值 $=800\times0.8929+820\times0.7972+850\times0.7118+870\times0.6355+900\times0.5674=714.32+653.704+605.03+552.885+510.66=3036.60$（万元）

若以未来 5 年超额收益的平均值作为预期的各年超额收益，则：

商誉价值 $=(800+820+850+870+900)\div5\times3.6048=848\times3.6048=3056.87$（万元）

2. 超额收益资本化法

超额收益资本化法评估企业商誉价值的基本前提是企业能够永续获得超额收益，并认为企业的超额收益是商誉创造的，把超额收益进行资本化处理，就得到企业商誉的价值。计算公式如下：

$$G=\frac{R}{r}$$

式中：G 为商誉价值；R 为企业预期超额年收益；r 为资本化率。

或

商誉价值 = 企业预期年超额收益 ÷ 资本化率

其中，企业预期年超额收益 = 企业预期年收益额 − 行业平均收益率 × 企业各单项资产评估值之和

或

企业预期年超额收益 = 企业各单项资产评估值之和 ×（企业预期年收益率 − 行业平均收益率）

其中，企业预期年收益率 = 企业预期年收益额 ÷ 企业各单项资产评估值之和 × 100%

因此，超额收益资本化法的公式可转换为：

$$G=\frac{I-(r_c\times c)}{r}$$

式中：I 为预期年收益；r_c为平均收益率；c 为企业的资本额（企业各单项资产评估值之和）；r 为资本化率。

应用该方法的基本条件是，企业的经营状况良好，收入稳定且永续经营。评估的基本程序是：

第一步，分别评估出企业可确指的各单项资产（包括有形资产与无形资产）的价值并加总求和得到总价值；

第二步，科学合理地确定行业平均收益率，行业平均收益率 = 某行业全部企业税后净收益 ÷ 某行业全部企业资产平均总额 × 100%；

第三步，将企业单项资产价值之和与行业平均收益率相乘，得出按行业平均收益水平计算的企业单项资产可取得的收益额之和；

第四步，预测企业未来年均收益额；

第五步，计算年超额收益，即将预测出的企业未来年均收益额减去各单项资产按行业平均收益水平计算出的总收益值，就得到年超额收益；

第六步，选择适当的资本化率进行资本化处理就得到商誉的评估值。

[例 6-2] 假设某高科技企业的预期年收益额为 5000 万元，该企业的有形资产评估价值为 14000 万元，可确认无形资产评估价值为 3000 万元，土地使用权评估价值为 3000 万元，企业所在行业的平均收益率为 20%，以行业平均收益率作为资本化率，评估该企业的商誉价值。

根据超额收益资本化法的公式：

$$商誉价值 = [5000 - (14000 + 3000 + 3000) \times 20\%] \div 20\%$$
$$= (5000 - 4000) \div 20\% = 5000\ (万元)$$

（二）割差法

1. 割差法的含义

割差法也称余值法、倒挤法和残值法。这种方法首先评估出企业整体资产的价值，然后再扣除各单项资产（包括各项有形资产和可辨认无形资产）价值。从理论上讲，割差法基于收益法的基本原理，源自总计价账户论的观点，即商誉价值是企业整体价值大于各单项资产价值的差额，也就是企业未入账的资产。

2. 割差法的评估程序

割差法的思路与原理简单明了，评估程序也比较清晰，一般分为三个步骤：

第一步，评估企业整体价值。企业整体价值评估是综合性评估，评估方法较为丰富，成本法、收益法、市场法都可以应用，也可用经济增加值（EVA）等方法来评估。

第二步，评估企业各单项资产价值。企业单项资产既包括所有有形资产，也包括可辨认的无形资产。评估方法多采用重置成本法，原因是单项资产一般都可以重置。另外，单项资产不一定能直接创造收益，所以收益法不适用。

第三步，计算商誉价值。用企业整体价值减去企业各单项资产价值的余额就是企业的商誉价值。

3. 割差法的计算方法

割差法的计算公式如下：

商誉价值 = 企业整体资产价值 - 企业所有单项资产价值之和（有形资产和可辨认无形资产）

即：$G = W - Z$

式中：G 为企业商誉价值；W 为企业整体价值；Z 为企业各单项资产价值（有形资产和可辨认无形资产）。

［例 6-3］ 某企业计划进行股改上市，根据企业以往的生产经营业绩和行业发展及对未来市场行情的分析判断，预计未来 5 年的净利润分别是 2000 万元、2200 万元、2100 万元、2300 万元和 2400 万元，并假定从第 6 年开始，以后各年净利润均为 2400 万元。根据银行利率及企业所在行业和企业生产经营风险情况确定的折现率和资本化率均为 10%。评估公司已采用适当的评估方法对企业的单项资产进行评估，评估得出企业全部有形资产的价值为 15000 万元，可确指无形资产评估值为 3000 万元，要求评估确定该企业的商誉价值。

根据割差法的评估程序和方法：

第一步，采用收益法确定该企业整体评估值。

企业整体评估值 = (2000 × 0.9091 + 2200 × 0.8264 + 2100 × 0.7513 + 2300 × 0.6830 + 2400 × 0.6209) + 2400 ÷ 10% × 0.6209 = (1818.2 + 1818.08 + 1577.73 + 1570.9 + 1490.16) + 14901.6 = 8275.07 + 14901.6 = 23176.67 (万元)

第二步，评估企业各单项资产价值。

经评估，企业全部有形资产价值为 15000 万元，可确指无形资产价值为 3000 万元，企业所有单项资产价值为 15000 + 3000 = 18000 (万元)

第三步，计算确定企业商誉价值。

G = W − Z = 23176.67 − 18000 = 5176.67 (万元)

第三节　商誉减值评估

一、商誉减值概述

(一) 商誉减值的含义

商誉表现为企业并购中购买方支付的价格超过被并购方净资产公允价值的部分。商誉减值就是指企业对在并购过程中形成的商誉进行减值测试，以确定减值损失。商誉作为企业获取超过正常收益水平的能力，是企业未来实现的超额收益的现值。在企业的并购重组中，一般是由于被并购方拥有较强实力，致使收购方的收购价格高于账面资产价值。

在现代企业的并购交易中，商誉的形成常常是一些未确认的资产与负债的价值，如优越的地理与市场区位、流畅高效的销售网络、优质的客户与订单、优秀的管理团队和高效的资源配置能力等。

(二) 商誉减值的原因

资产减值是指资产的可收回金额低于其账面价值所导致的价值减损，现实资产预计给企业带来的收益比原入账时所预计的要少，即实际收益低于预期收益。当发生资产减值时，依据谨慎原则，应当按照降低后的资产价值记账，以降低风险。因此，对资产减值的确认和计量，实际上是对资产价值的重新确认与计量。

商誉减值一般是并购时出现过高的估价和高溢价等原因导致的，即使并购对象的业绩很好，也不能摊销，如果业绩不理想，就需要进行减值处理。

二、商誉减值的确认

（一）商誉减值的确认（初始确认）

根据国内外相关准则的规定，商誉一般是指并购时并购成本超过交易日所取得的被并购方可辨认资产公允价值的部分，即并购时的溢价。根据我国《企业会计准则第20号——企业合并》、《企业会计准则第33号——合并财务报表》的规定，必须同时满足以下四个条件才能确认商誉。

第一，商誉必须在企业并购时才能确认，自创商誉不予确认，即只承认外购商誉；

第二，只承认非同一控制下的企业并购的商誉，同一控制下的企业合并则不承认商誉；

第三，商誉必须是并购时的并购成本高于被并购企业可确认净资产价值的差额，如果并购成本低于净资产价值，其差额应当计入当期损益，不确认商誉或负商誉；

第四，在企业账务和个别财务报表中确认的商誉，只有采用吸收并购或新设并购方式才给予确认，如果是采用控股合并方式发生的并购，只在合并财务报表时才予以确认。

（二）商誉减值的后续确认

依据新财务会计准则，商誉在持有期间不能进行摊销。按照《企业会计准则——资产减值》的规定，企业并购产生的商誉，至少应当在每年年末进行减值测试。因商誉不能独立产生现金流，减值测试就要结合与其相关的资产组或资产组组合进行。首先，对不包含商誉的资产组或资产组组合进行减值测试，以确定减值损失；其次，对包含商誉的资产组或资产组组合进行减值测试，确定是否发生了减值，如果发生了减值就要确定其减值损失额。

（三）商誉的终止确认

由于商誉的特性和存在方式决定了商誉作为企业资产，受现行会计准则的约束，不能计提摊销也不能报废处理。商誉一旦被确认，即使之后其真实价值已经为零，在账务上也依然存在。一般而言，商誉只会随企业的终结而终止，包括企业清算或吸收合并等。

三、商誉减值测试的程序

根据《企业会计准则第8号——资产减值》第六章第二十条规定：“企业合并所形成的商誉，至少应当在每年年度终了进行减值测试。商誉应当结合与其相关的资产组或者资产组组合进行减值测试。”第二十四条规定：“企业进行资产减值测试，对于因企业合并形成的商誉的账面价值，应当自购买日起按照合理的方法分摊至相关的资产组；难以分摊至相关的资产组的，应当将其分摊至相关的资产组组合。”“在将商誉的账面价值分摊至相关的资产组或者资产组组合时，应当按照各资产组或者资产组组合的公允价值占相关资产组或者资产组组合公允价值总额的比例进行分摊。公允价值难以可靠计量的，按照各资产组或者资产组组合的账面价值占相关资产组或者资产组组合账面价值总额的比例进行分摊。企业因重组等原因改变了其报告结构，从而影响到已分摊商誉的一个或者若干个资产组或者资产组组合构成的，应当按照与本条前款规定相似的分摊方法，将商誉重新分摊至受影响的资产组或者资产组组合。”

依据《企业会计准则第 8 号——资产减值》第二十三条、第二十四条规定的企业并购所形成的商誉每年年底要进行减值测试及操作要求和第二十五条规定的减值测试的操作程序等，将商誉减值测试的程序总结归纳为以下三个步骤：

第一步，认真分析、比较确认不包含商誉的资产组是否发生了减值情况，如有减值则要计算可收回金额，并与相关账面价值进行对比，以确认减值损失。按照国际通行的做法，如果发生了资产减值，就要评估单项资产的可回收金额，如果难以确认单项资产的收回金额，就要确认资产所属的资产组的可收回金额。

第二步，对包含商誉的资产组或者资产组组合进行减值测试，认真分析、比较包含商誉在内的资产组的账面价值与包含商誉在内的资产组的可收回金额，确定资产组的整体减值损失情况。因单项资产的商誉的收回金额无法确定，所以要结合相关的资产组或资产组组合进行减值测试。

第三步，计算出来的整体资产减值损失要首先抵减商誉的账面价值，其余的减值再由资产组或资产组组合中除商誉之外的其他资产来分担。要注意的是，合并报表中只反映母公司承担的商誉减值损失。

四、商誉减值测试评估的方法

商誉减值测试的目的是对商誉的减值情况进行科学有效的评估，因此，需要用科学有效的减值评估方法进行确认与计量。商誉由于不能独立于其他资产而存在，也不能独立地产生现金流，因此，其减值测试就必须与相关的资产组或资产组组合一同进行。

这里涉及两个基本概念：一是资产组，指的是企业中能够独立产生现金流的最小资产组合；二是资产组组合，指的是若干个资产组组合而成的最小资产组组合。

关于商誉减值的计量方法，目前国际上主要有两种：一是直接法，二是间接法。

（一）直接法

直接法是直接测算商誉内含的公允价值，然后和企业会计账面价值进行比较，最后计算得出商誉减值额。计算公式如下：

$S=(W-G)-Z$

式中：S 为商誉减值损失额；W 为测试单元资产的公允价值；G 为测试单元可辨认资产的公允价值；Z 为商誉的账面价值。

（二）间接法

间接法是先测算包含商誉测试单元的全部减值损失额，然后与测试单元的可辨认资产的减值损失额进行比较，以确定商誉的减值损失。计算公式如下：

$S=(W-A)-(G-B)$

式中：S 为商誉减值损失额；W 为测试单元资产的公允价值；G 为测试单元可辨认资产的公允价值；A 为测试单元的账面价值；B 为测试单元可辨认资产的账面价值。

间接法也可改进为：

$S=(W-A)-C$

$C=G-B$

其中，C 表示测试单元的可辨认资产的减值损失合计金额。改进后公式中的 C 可以从资产减值损失明细表和相关账户中的当期损失金额加总获得。

[例 6-4] A 公司是一家生产化妆品的上市企业，于 2020 年 1 月 1 日以 3000 万元收购同行业 B 公司 80% 的股权，并购交易日 B 公司可辨认资产的公允价值为 2800 万元。经专业人员评估，B 公司全部资产认定为一个资产组，根据公司章程的规定，A 公司每年年终要进行一次商誉减值测试。至 2020 年末，B 公司可收回金额为 2500 万元，可辨认净资产的公允价值（自购买之日起开始持续计算）为 2700 万元。

分析和计算过程：

第一，计算 2020 年 1 月 1 日并购交易日 A 公司需要确认的合并财务报表的商誉价值。

并购商誉 $=3000-2800\times80\%=760$（万元）

第二，计算与 B 公司相关的总商誉价值。

$760\div80\%=950$（万元）

第三，计算 A 公司应确认的不含商誉的有关资产组的减值额。

$2700-2500=200$（万元）

第四，计算 A 公司应确认的包含商誉的有关资产组的减值额。

$2700+950-2500=1150$（万元）

第五，计算 A 公司应确认的商誉的减值准备。

$(1150-200)\times80\%=760$（万元）

第六，A 公司应确认的其他资产的减值准备（其余有形资产的减值）。

$1150-950=200$（万元）

减值损失总计1150万元。归属于A公司的商誉为760万元，归属于少数股东的商誉为190万元。其他资产减值200万元。

减值测试的过程如表6－1所示。

表6－1　　　　单位：万元

2020年末	商誉	可辨认资产净值	合计
账面价值	760	2700	3460
未确认的归属于少数股东权益的商誉价值	190		190
调整后账面价值	950	2700	3650
可收回金额			2500
减值损失			1150

根据表6－1的分析与计算，该资产组的资产减值损失总额为1150万元，首先需要冲减商誉的账面价值，其次是将剩余的减值损失分摊到资产组中的其他资产，具体的减值损失分摊过程如表6－2所示。

表6－2　　　　单位：万元

2020年末	商誉	可辨认资产净值	合计
账面价值	760	2700	3460
确认的减值损失	760	200	960
确认减值损失后的账面价值	0	2500	2500

根据表6－2的计算结果，A公司应当确认的商誉减值损失为760万元，其他资产减值损失为200万元。

思考题

1. 简述商誉的内涵和商誉的特征。
2. 简述商誉的类型。
3. 试论商誉与商标、商誉与品牌有何关系？
4. 商誉评估的基础与条件是什么？
5. 商誉评估的基本方法有哪些？
6. 商誉减值的含义是什么？
7. 商誉减值测试的基本方法有哪些？

本章参考文献

1. 刘德运等：《无形资产评估》，中国财政经济出版社 2013 年版。
2. 姜楠：《无形资产评估》，中国财政经济出版社 2015 年版。
3. 刘小峰：《无形资产评估理论与实务》，北京大学出版社 2019 年版。
4. 朱萍：《资产评估学教程》，上海财经大学出版社 2017 年版。
5. 苑泽明：《无形资产评估》，高等教育出版社 2015 年版。
6. 苑泽明：《无形资产评估》，复旦大学出版社 2005 年版。
7. 中国资产评估协会：《资产评估实务（二）》，中国财政经济出版社 2017 年版。
8. 中国资产评估协会：《资产评估实务（二）》，中国财政经济出版社 2021 年版。

第七章

其他类型无形资产评估

本章学习目标

1. 了解合同权益、客户关系和特许权的内涵。
2. 熟悉合同权益、客户关系和特许权的价值影响因素。
3. 掌握合同权益、客户关系和特许权价值评估的基本思路与方法。

引导案例

文化产业的无形资产新类型

2016年3月30日，中国资产评估协会发布了《文化企业无形资产评估指导意见》（以下简称《指导意见》），引起社会的广泛关注。

中评协有关负责人在回应社会对《指导意见》的关注时指出，无形资产是文化企业的核心资产和重要资源，然而，由于其数量大，形式多样，价值波动大、确定难等特性，文化企业无形资产的评估面临六大问题：一是类型复杂、辨认困难；二是评估难度大、方法有待完善；三是融资缺乏评估支撑；四是新兴业态遇到评估技术瓶颈；五是法定确认范围不明确、账内确认少；六是评估准则规范尚不完善。以影视企业产品为例，在制作、发行和放映的不同阶段，不仅涉及著作权，而且还涉及销售网络、客户关系及衍生品价值等方面。对于人们所关注的明星效应、团队价值，其归属于哪一类无形资产也存在争议。它反映了文化企业的无形资产不仅有细分行业的不同，在产业链的不同环节，也会以不同形式体现，识别起来十分复杂。

《光明日报》新闻观察员张玉玲认为，《指导意见》进行了许多基础理论的创新，集成了近年来文化产业研究的成果，研究了文化企业无形资产的独特性，极大地丰富了无形资产的内涵，还明确细分了各文化行业不同类型无形资产的范围和特征。例如，原来的无形资产重点关注著作权、专利技术、商标等，而《指导意见》梳理了销售网络、客户关系、特许经营权、合同权益、域名、商誉等其他无形资产，对评估进行了细化，能更全面、客观地评价文化企业的价值。《指导意见》第十五条提出："文化企业无形资产不局限于无形资产会计科目核算的资产。符合资产评估准则关于无形资产定义的资产，均可以构成无形资产评估对象。"

新华社记者郁琼源和韩洁就有关媒体报道"名演员可以作为抵押品贷款"的标题表述问题采访了中评协，有关负责人在回应中指出，媒体关注内容是基于对《指导意见》第二十二条"人力资源作为文化企业资源的组成部分，通常纳入商誉范畴进行评估。人力资源在特定情形下也可能表现为经济服务合同约定的权益。例如，影视企业与著名导演、演员等签署的经纪服务合同，该类合同权益属于可辨认无形资产"。《指导意见》对资产评估师合理识别界定无形资产具有指导意义。一是当著名导演、演员等能为影视企业带来持续的经济利益时，其与影视企业签署的经纪服务合同形成的合同权益属于可辨认无形资产。二是根据法律、法规以及相关监管机构规定，可以进行交易、融资等行为的合同权益才可以进行评估。三是评估对象不是导演或演员本人，而是与导演、演员相关的符合无形资产定义的合同权益，该权益经过资产评估机构评估后由市场决定。

随着新兴产业的兴起，除了传统的专利权、商标权、著作权等知识产权受到重视外，一些新兴的可辨认无形资产也日益受到重视。中国资产评估协会发布的《资产评估执业准则——无形资产》，明确把客户关系、特许经营权、合同权益等作为可辨认无形资产。如何评估这些新兴的无形资产价值，既需要准确理解这些无形资产的内涵和价值创造机理，也需要在评估方法上进行创新。本章主要介绍实践中几种常见的新型无形资产价值评估，如合同权益、客户关系与特许经营权等。

（资料来源：张玉玲：《文化产业：变“无形资产”为“有形资本”》，《光明日报》，2016 年 4 月 21 日。郁琼源、韩洁：《演员合同权益政策：无形资产评估对象是合同权益，不是演员本人》，http://www.gov.cn/xinwen/2016-04/21/content_5066413.htm）

第一节　合同权益价值评估

一、合同权益类无形资产

根据《中华人民共和国合同法》第二条，合同是平等主体的自然人、法人、其他组织之间设立、变更、终止民事权利义务关系的协议。合同的要素主要包括有法定资格的合同各方、标的物、合法的对价、双方的约定事项和各方应承担的义务。在市场经济条件下，企业或个人从事商业交易活动，离不开签订各类合同。虽然从逻辑上讲，签署合同的双方都能认识到合同为各自带来的经济利益，并在双方利益均衡的基础上达成公平的协议，但合同签订后，履行合同的外部市场环境可能会发生变化，从而对现有合同未来产生的经济利益形成正面或负面的影响，进而对合同某一方产生特别的经济收益或损失。因此，基于这些合同，就会形成签署合同的当事人的一项特别的资产或负责。

美国著名资产评估专家赖利和施韦斯认为，合同类无形资产（Contract Intangibles）就是归属于个人或企业、通过具有法律效力的书面合同商定事项的结果所实现的权益[①]。合同类无形资产的价值取决于在特定时间内对合同条款进行认定和分析的基础上估计目标合同所表现的受益权益的价值。

国际评估准则（2020）没有直接定义合同类无形资产，而是提出合同相关的无形资产，认为合同相关的无形资产代表合同协议产生的权利价值，包括许可和版税协议、服务或供应合同、租赁协议、许可证、播放权、劳务合同、雇用合同、非竞争协议和自然资源权利等。国际评估准则提出的合同相关的无形资产比较广泛，把许可与许可证、播放权、自然资源权等具有特许性质的权益也纳入其中，而国内通常把特许经营权单独作为一类无

① 罗伯特·F. 赖利、罗伯特·P. 施韦斯著，俞兴保译：《无形资产评估》，中国大百科全书出版社 2001 年版，第 256 页。

形资产进行识别和确认。

中国资产评估协会发布的《资产评估执业准则——无形资产》没有使用合同类无形资产，而是直接把合同权益列为可辨认无形资产。中国资产评估协会编写的准则讲解中把合同权益界定为“依照已经签订的合同条件而存在的权利，合同的执行会给合同签订的双方带来一定的连续性的收益”①。《指导意见》指出，“合同权益是企业因为签订了租赁合同、劳务性合同、供应合同、销售合同等长期合同而在约定期限内所获得的连续性经济利益”。

虽然从权利的角度讲，许多无形资产的权益都与合同有关，企业经营中也都会签订各种各样的合同，但并非所有的合同都能够形成合同类无形资产，只有合同的条款给合同主体带来受益权益才能确认为合同类无形资产，即中国资产评估准则中界定的合同权益。

扩展阅读：

文化企业无形资产评估存误区

票房动辄超十亿元的国产大片，是中国文化产业强势前进的剪影，美轮美奂的舞蹈、曼妙无比的音乐、令人赏心悦目的文化饕餮背后，始终离不开金融活水的支持。然而长期以来，以著作权、人力资源等无形资产为主的文化企业却面临融资极其艰难的尴尬，无形资产评估难、变现难的老大难问题困扰着相关行业。近期，有关网红 Papi 酱获得 1200 万元融资，估值 3 亿元的消息尚未完全归于平静，文化行业再迎利好消息。

2016 年 3 月 30 日，中国资产评估协会制定发布《文化企业无形资产评估指导意见》(以下简称《意见》)。《意见》刚一出炉，立即引发各方广泛关注。市场普遍认为，《意见》体现了文化企业相对其他行业在无形资产评估方法上的特殊性，明确细分各文化行业评估需要考虑的各方面因素，是健全现代文化市场体系的重要标志，为文化资源和金融资本对接打通了任督二脉，是文化产业盼望已久的重要政策。

《意见》指出，“影视企业与著名导演、演员等签署的经纪服务合同，该类合同权益属于可辨认无形资产”。坊间认为，文化企业可把其拥有“范冰冰”、“冯小刚”一类的 IP 明星纳入无形资产评估，作为抵押品向金融机构贷款。

对此，中国资产评估协会有关负责人表示，政策的评估对象不是导演或演员本人，而是与导演、演员相关的符合无形资产定义的合同权益，该权益经过资产评估机构评估后由市场决定。

中国传媒大学文化产业研究院学术委员会主任齐勇锋对《每日经济新闻》记者表示：“文化企业在融资、投资、兼并重组、上市、改制等过程中，最大的难题就是无形资产的

① 中国资产评估协会编：《〈资产评估准则——无形资产 专利资产评估指导意见〉讲解》，中国财政经济出版社 2010 年版，第 30—31 页。

价值评估。《意见》虽然只是行业协会出台的参考意见，但对积累无形资产评估和交易经验很有意义。”

（资料来源：http：//www. nbd. com. cn/articles/2016 - 04 - 21/999718. html）

二、影响合同权益价值的因素分析

影响合同权益价值的主要因素有以下几个方面。

（一）合同的订立成本

对合同的订立成本进行分析是合同权益价值的重要影响因素之一。对合同的订立成本进行分析需要对认定和评估合同签订方的可靠性以及协商、起草并签订目标合同所耗费的总成本进行内部分析。这些成本包括：直接成本，如有关员工的工作时间耗费和外部律师费用等实付费用；间接成本，如分摊的管理费用，包括辅助员工和其他费用。

当然，量化和证实订立一份合同所发生的成本存在一定难度，关键在于合同往往是在某一特定的时间点上一组特定的市场条件、经济条件和特定企业因素的产物，因此对合同成本的分析要找到一个可提供可比收益的合同成本来替代特定合同的成本是有难度的。

（二）合同的相关收益实现和确定

合同权益的价值主要在于其能为企业提供的收益。对于买方型合同来说，合同收益来自于成本或费用的节约；对于卖方型合同来说，合同收益来自收入的增加或利润的增加。实际上，如果能对合同的收益进行清晰的分析和判断，则合同权益的价值也就基本上能予以确定。

（三）合同收益实现的风险问题

合同的订立一般来说都会有对合同风险损失进行弥补的条款或措施。但合同权益收益实现的风险问题不能等同于定金问题。大多数情况下，定金只能弥补企业因合同风险所造成损失的一部分。对于一些重要的合同如销售合同或采购合同来说，这些合同收益的实现与企业经营的风险存在很大的一致性和相关性。

（四）合同的条款变更和展期问题

由于每一个特定合同所面对的具体经济环境、市场条件和企业因素都是不同的，因此在不同时期订立的同一类型的合同其条款会发生变更，条款的变更会对合同的收益确定、风险估计等价值因素产生影响，从而对合同权益的价值产生影响。同时，合同还存在一个能否持续签订的问题，这就涉及对合同的展期的预测。

三、合同权益价值评估的准备工作

（一）合同权益无形资产的确认

在对合同权益价值进行评估前，评估人员首先需要确认企业的哪些合同能够确认为合同权益无形资产。中国资产评估协会编写的准则讲解中，把合同权益分为租赁合同、劳务性合同、长期供应性合同、长期销售合同和其他长期合同五类①，但这种分类没有揭示出合同权益的收益本质。因此，可以考虑按照合同权益的收益来源予以分类。例如，按经济上优惠的费率收到商品或劳务，或与被授予企业专有权相关，可分为买方型的合同权益；按经济上获益的费率提供商品或劳务，或与确保企业的未来经济收益流量或与授予别人专有权利相关的合同，归入卖方型的合同权益。表 7－1 是以此分类为基础的合同权益类别与受益特征。

表 7－1　　合同权益的类别与受益特征

合同名称	合同权益类别	受益特征
1. 租赁合同	买方	低于市场租赁费率
2. 分销协议	买方	存在优惠的分售权利
3. 劳动合同	买方	能确保劳动服务
4. 非竞争协议	买方	能保护市场或客户基础
5. 融资协议	买方	能获得优惠的融资
6. 保险合同	买方	能获得优惠的保险费率
7. 采购合同	买方	能获得低于市场成本或优惠条件
8. 采购（货物和服务）合同	买方	能获得低于市场成本或优惠条件
9. 经营和其他市场资质合同	买方	能有效控制市场份额
10. 销售合同	卖方	能确保未来经济收益
11. 债权协议	卖方	能保证未来债权收益
12. 抵押协议	卖方	能维护抵押资产安全
13. 服务合同	卖方	能确保未来收益的稳定实现和客户关系

注：现实中的合同类型无法一一列举，表中仅列举了典型的能够产生特别经济利益的合同类别及其受益特征。

---

① 中国资产评估协会编：《〈资产评估准则——无形资产 专利资产评估指导意见〉讲解》，中国财政经济出版社 2010 年版，第 30—31 页。

在企业中存在各种合同，但并非所有的合同都能作为确认为合同权益的基础。在实际中能否将某类合同权益单独确定为无形资产取决于以下几点：

（1）该类合同为企业带来稳定的未来经济收益流量或存在相应权利；

（2）该类合同使企业以较优惠的条件采购商品或劳务，且能确定该类优惠与合同的签订条款具有直接的相关性；

（3）由该类合同导致的相关收益是可预期和可计量的；

（4）该类合同所导致的收益在企业整体的价值创造中是不可忽略的；

（5）该类合同所导致的收益并未被其他无形资产所涵盖。

（二）合同权益信息资料的收集

除了按照资产评估程序要求收集的一般信息外，在对合同权益价值进行评估时，应当关注以下信息资料的收集。

（1）企业现有合同的数量和类型，合同展期和提前终止的历史记录等。

（2）合同按类别统计的平均使用年限，以及企业违约索赔的相关诉讼历史。

（3）企业内部与合同的执行有关的会计和财务信息，如历史的会计报表和预算等。

（4）合同文本及合同摘要，主要包括合同目的、定价或其他与合同基础有关的重要因素、合同签署的各方、合同生效日、合同期限以及展期选择等。

（5）与企业管理人员访谈以了解影响合同权益价值的主要因素，包括：①合同签订时以及当前的行业和市场经济条件对合同实施的特定影响；②合同签订时以及当前与签约人有关的特定公司环境；③合同形成的历史背景和续签程序；④其他签约人所提供的替代商品或服务及有关合同条款的信息。

（6）反映行业市场环境变化的相关信息，例如，公开出版物或行业信息中反映类似的合同的定价信息和限制条款，如市场上类似合同涉及的费率等。

四、合同权益价值的评估方法

资产评估方法通常可以分为三大类：成本法、市场法和收益法。

运用成本法评估合同权益的价值，需要评估重新签署类似合同的可能性，并对重置当前合同所耗费的总成本进行分析，包括合同协商、起草并签订目标合同的各项成本。然而，实践中由于一份合同通常是在某一时点上一组独特的、相互关联的市场条件和经济条件与特定公司因素的产物，因此重置目标合同的条件可能已不具备。合同权益的上述特性使得难以通过成本法评估合同权益价值。

合同通常具有保密性，因此常常缺乏足够的市场交易数据，通过市场法估计合同权益的价值存在困难。

合同权益价值反映了由于合同实施环境的变化所产生的特别收益的现值，因此运用收益法分析评估合同权益价值通常具有可行性。运用收益法评估合同权益价值，可以对目标合同的剩余期间及合理展期内所获得的经济收益（成本节约或收益增加额）进行折现。

运用收益法评估合同权益，需要分析确定以下主要参数：

（1）享有特别经济收益的预期时限。这一时限不仅包含合同的剩余期间，还应当考虑合同能否展期的可能性，合理确定合同权益的收益期限。

（2）合同权益的预期经济收益。合同权益预期经济收益的确定，是建立在对合同的受益特征的分析基础上的。通过对合同类型和合同受益特征的分析，确定在合同实施条件变化的情况下，合同能够给其权益主体带来的成本节约或收益增加。

（3）合理的折现率。由于多数合同权益产生于企业经营的正常运转过程中，因此可以合理假设为签订合同所要求的投资风险因素，可以与实施合同的企业的加权平均资本成本对应的风险相比较，因此可用享有合同特别权益的企业的加权平均资本成本作为合同权益的折现率。

五、评估案例

（一）案例概况[①]

一家设备生产商（M 公司）和某设备配件公司（A 公司）之间签订了一份供应商合同。评估的目的：评估供应商合同中无条件继承权益的市场价值，作为用资产基础法估计 M 公司 2020 年 12 月 31 日整体价值的一部分。

假设 M 公司有 30 年的经营历史，目前年营业收入是 25 亿元，生产各种型号的建筑机械设备，其产品市场销量国内领先。

假设 M 公司的现行所得税税率为 25%。

经过仔细分析，与公司加权平均资本成本相关的折现率是 14%。

截止到评估基准日，A 公司在过去 10 年内为 M 供应的零部件平均是其所需该类零部件总量的 25%，且 A 公司是 M 公司近 20 年来的长期供应商。A 公司的财务状况一直良好，在该行业中位居前列。M 公司鉴于 A 公司过去良好的供应信誉以及双方的合作关系，与 A 公司签订了 5 年期的长期供应合同。在评估过程中，适当实施了与资产基础法分析有关的程序，包括审核管理部门的合同摘要及与管理人员进行广泛交谈。通过这些程序的实施，完成了对 M 公司与 A 公司签订的优惠供应合同的认定。

---

① 本案例仅用于说明合同类无形资产评估的基本思路和方法，而不是严格按照相关准则的规定实施的评估。案例中的相关参数的确定，仅根据案例需要进行设计和演示，而不是真实的评估数据。案例的编写参考了罗伯特·F. 赖利、罗伯特·P. 施韦斯所著的《无形资产评估》中关于合同类无形资产评估的讨论。

（二）优惠的供应合同描述

通过对M公司与A公司签订的优惠供应合同进行了解和审核，该供应合同的基本情况如下：

合同展期日期（编号）：2018年9月30日（3）

买方：M公司

卖方：A公司

产品：一种建筑机械设备零部件

年度合同单价：15万件以内，每件480元；之后的9万件，每件450元；超过24万件，每件430元。

年度供应数量：每月至少2万件，每年至少24万件；每月最多3万件，每年最多36万件。

年度平均合同单价：假定按最低需求量，通常每件470元；假定按最大需求量，通常每件450元。年度成本按每年2.5%的比率逐步递增。

生效日：2019年1月1日

到期日：2023年12月31日

展期选择：提前60天通知，根据现行市场现货单价和估计供应量，按商定的单价每5年可给予展期。

根据对供应合同条款和外部市场环境发生变化的分析，A公司拥有的该优惠供应合同具有以下受益特征：

（1）提高优惠单价的主要事件。由于机械设备零部件主要生产国发生政治危机和冲突，导致供应受限制，预期3年后生产设备才能修复，生产才能恢复到正常水平。

（2）现货市场价格变动。由于外部供应市场的变化，现行市场现货单价高涨至每件580元，预期市场价格将随着生产能力的恢复而下降，未来3年每年价格按5.5%的比率递减。

（3）在剩余合同期限内的预期需求。根据M公司2010年预期成品销售情况，对A公司的产品需求可能达到最大水平。A公司依赖其作为供应商的市场地位和良好的财务状况，具有满足M公司需求的生产能力。

（三）收益法评估过程

根据对M公司与A公司签订的优惠供应合同的分析，评估人员认为外部市场环境的变化使得M公司获得了稳定的供应保障，同时采购成本的节约给M公司带来了特别的经济利益，这些经济利益能够可靠地预测和估计，因此运用收益法对该合同权益进行评估是适合的。收益法评估该优惠供应合同的基本思路，是对该合同约定的供应价格低于市场现货供应价格给M公司带来的成本节约额进行折现，得到供应合同权益的价值。

1. 收益法评估的主要假设和技术参数

根据对M公司的分析，在运用收益法评估M公司的优惠供应合同价值时，构建了以下假设：

（1）M公司和A公司均持续经营。通过分析，预计M公司目前享受的优惠的成本费率将持续到合同到期日，重签合同时，预计合同单价将接近市场单价。在合同剩余的3年经营期内，零部件的现行市场单价和合同单价之间的差异将随着供应市场的恢复和合同单价的上调而缩小。

（2）供应合同的实施，需要相关的支持性资产，没有这些资产的支持，优惠的供应合同就无法为M公司带来预期的成本节约。因此，供应合同实施所产生的总的成本节约中，应当扣除其他支持性资产所要求的回报。这些资本的回报用根据目标合同购入零部件的相关产品的年销售收入的百分比计算。根据M公司的分析，支持性资产的资本回报取相关销售收入的2%。

根据上述分析和假定，评估所采用的主要技术参数和取值如表7－2所示。

表7－2　　M公司与A公司签订的优惠供应合同权益评估参数

评估需要分析的主要变量	评估参数取值
预计2019年的年度价格变动率（市场单价）	5.5%
合同单价年度上调比率	2.5%
M基期总收入（2018年）（亿元）	25
M来自A公司合同的收入占比	25%
估计的M收入的年度增长率	5%
估计的支持性资产的资本回报占收入的比例	2.0%
现行的所得税税率	25%
加权平均资本成本	14.0%

2. 评估计算过程与结论

根据前面分析确定的评估参数，对M公司的优惠供应合同未来3年产生的成本节约估计如表7－3所示。通过对税后的净成本节约进行折现，M公司与A公司签订的优惠供应合同为M公司创造的经济收益的现值，即该合同权益的公平市场价值的估计额为3400万元。

表7－3　　收益法评估M公司的供应商合同权益价值

评估变量	2021年	2022年	2023年
M公司销售收入估计（万元）	262500	275625	289406
从A公司购货估计数量（万件）	36	36	36

续表

评估变量	2021 年	2022 年	2023 年
估计的市场现货单价（元/件）	580	550	520
在市场单价基础上估计的成本（万元）	20880	19800	18720
平均合同单价（元/件）	450	460	470
合同单价基础上的估计成本（万元）	16200	16560	16920
成本节约额	4680	3240	1800
减：分配给支持性资产的资本回报（万元）	1313	1378	1447
税前成本节约（万元）	3368	1862	353
所得税（25%）	842	745	141
税后成本节约额（万元）	2526	1117	212
折现期（年）	0.5	1.5	2.5
折现系数（折现率 14%）	0.9366	0.8216	0.7207
折现的成本节约净值（万元）	2365	918	153
M 公司供应商合同权益的评估值（万元）	3436		
市场价值（取整）（万元）	3400		

第二节　客户类无形资产价值评估

一、客户类无形资产概述

（一）客户类无形资产的界定

《国际会计准则第 38 号——无形资产》中列示了企业经营中的无形资源包括客户名单、客户或供货商的关系、客户的信赖等，但又进一步指出，“这些项目并不都满足无形资产的定义，即可辨认性、对资源的控制和存在未来经济利益”，“企业可能拥有客户组合或市场份额，并由于为建立客户关系和信赖付出了努力而期望这些客户继续与企业打交道，但是，因为缺乏法定权利来保护或缺乏其他方式来控制与客户的关系或客户对企业的信赖，所以企业一般无法对客户关系和客户信赖引起的经济利益实施足够的控制，从而不能认为这些项目（客户组合、市场份额、客户关系、客户信赖）满足无形资产的定义”。

国际评估准则（2020年）界定了客户相关的无形资产，包括客户名单、未交付订单、客户合同、合同性和非合同性客户关系。

我国的《企业会计准则第6号——无形资产》（2006年）只给出了无形资产的定义，没有列示具体的无形资产，但《企业会计准则第20号——企业合并》中要求，“合并中取得的无形资产，其公允价值能够可靠地计量的，应当单独确认为无形资产并按照公允价值计量”。因此，在非同一控制下的企业合并中，若客户关系会给购买方带来未来经济利益的流入，且其金额能够可靠计量，则符合无形资产的定义，可以确认为无形资产。目前，我国已有部分上市公司把客户关系列示在资产负债表中①，但通常客户关系仍被视为企业商誉的一部分，未被单独确认。

中国资产评估协会发布的《资产评估执业准则——无形资产》在可辨认的无形资产中列示了客户关系，但中国资产评估协会编写的准则讲解并没有对客户关系进行明确的定义②。中国资产评估协会2016年发布的《文化企业无形资产评估指导意见》把客户关系界定为“企业与供应商、顾客等客户建立的能够持续发挥作用并且带来经济利益的往来关系”。随着互联网和数字化的兴起，企业加强了对客户关系的管理，对企业的客户信息进行记录、分类整理并固化下来，不仅使企业在市场竞争中拥有比对手更大的客户优势，从而增强了企业获利能力，而且使得客户类无形资产从商誉中分离出来成为可能，客户资源日益成为企业的一项重要的可辨认和可计量的资产，这必将引发对客户类无形资产进行评估的需求。

客户资源被确认为企业的一项无形资产必须具备以下三个条件：

（1）客户和卖方之间必须存在事实关系；

（2）必须存在与上述关系有关的、对无形资产的买方（或使用者）有用的数据和文件；

（3）这些客户关系能给拥有者带来可靠的收益流量。

上述三个条件把客户类无形资产同一般意义上的客户区别开来。

（二）客户类无形资产的分类

任何一个企业都必须有客户才可能生存，然而如前所述，只有对客户信息进行良好记录和管理的企业才可能形成有价值的客户类无形资产。根据企业与客户之间的关系，常见的客户类无形资产有以下几类。

1. 专业服务机构的客户类无形资产

通常这些专业服务机构需要通过某种专业资格认证，才能向客户提供专业的服务。专

① 例如，商赢环球（600146）、纳思达（002180）、蓝色光标（300058）、华熙生物（688363）等在年报中列示了客户关系无形资产。商赢环球（600146）于2018年4月26日发布了《关于计提无形资产（客户关系）减值准备的公告》。

② 中国资产评估协会编：《〈资产评估准则——无形资产 专利资产评估指导意见〉讲解》，中国财政经济出版社2010年版，第30—31页。

业服务机构在提供服务的过程中，往往能够了解和掌握客户的一些特别的个性信息，从而使得客户对专业服务机构具有一定的依赖性，形成较为稳定的客户关系。这种类型的客户关系包括医生和病人的关系、会计师事务所和委托人的关系、律师和委托人的关系等。在评估这些专业服务机构的价值时，其客户往往是最重要的资产之一。

2. 非专业服务机构的客户类无形资产

这一类服务机构也向客户提供服务，但服务机构及其职员通常不需要专业的职业资格认证，客户主要是向其购买无形的服务。常见的这类服务机构有理发店和美容院等，这些服务机构提供的服务与客户的消费过程是同时发生的。由于服务机构提供的服务质量以及客户对服务的偏好，通常也会形成稳定的客户关系。

3. 金融服务机构的客户类无形资产

金融服务机构包括储存贷款业务的银行、金融公司、租赁公司、证券经纪公司和保险公司等，他们与客户的服务关系是建立与客户的资金或资本关联的基础上，通常会形成频繁的大量交易信息。

4. 产品提供商的客户类无形资产

对于这类企业，客户主要是购买并使用企业提供的产品，虽然也会购买服务，但这种服务是与产品相关的。

5. 以产品为基础提供延迟服务的机构的客户类无形资产

这类机构提供产品，但客户购买产品的主要目的是消费基于产品的延迟服务。客户以收到产品作为他们商业交易的一部分，但是交易中所包含的服务项目通常才是客户购买的真正原因，这些服务项目往往可以获得客户的忠诚，例如有线电视台的订户等。

以上客户类无形资产只是几种常见的类型。随着信息技术应用日益广泛，越来越多的企业发展了电子商务，使企业与客户的信息通过网络交易从单向变为双向，从而使得过去作为商誉构成的客户转换成为企业的客户类无形资产。

二、客户类无形资产评估的准备工作

（一）客户类无形资产的确认

在实施客户类无形资产评估前，首先需要确认客户类无形资产存在的条件及评估对象范围。这些条件通常包括：

1. 客户清单

包括客户名称、联系方式（如姓名、地址、电话号码）。

2. 客户历史交易信息

清查能够证明存在客户关系的文件记录，包括：（1）与客户签署的交易协议；（2）客户首次购买的日期；（3）历史上与客户交易的方式及支付和信用的方式；（4）最近一次交易的日期和金额；（5）与客户之间的应收与应付款项。

3. 客户存续年限

历史上客户可能会不断流失或消亡，因此应当有这些已流失和消亡的客户的寿命记录。关系能为拥有者带来预期的收益，对这种收益的持续预测或更新应有合理的依据（可以根据其历史上的表现）。同样对这种收益的预期年限和持续时间也应有合理的依据。

4. 客户类无形资产的交易方式

与其他可确认的无形资产一样，客户类无形资产应当能给拥有者带来可预期的经济收益，从而能够在市场上交易。评估前应当识别客户类无形资产交易的方式：（1）与其他资产分开出售；（2）与某些资产一起出售，例如客户关系与卖方同意的非竞争性协议一起出售；（3）作为持续经营企业或专业机构的一部分出售，即作为一揽子有形资产和无形资产的一部分出售。

（二）客户类无形资产评估的信息收集

在进行客户类无形资产评估之前，评估人员首先需要收集以下相关资料：

（1）与客户签订的交易协议；

（2）每个现有客户关系的已存在年限；

（3）每个已终止的客户关系的寿命；

（4）获取客户的相关活动及其成本信息，以及维护客户关系的成本信息；

（5）为每一位客户提供服务（货物或产品）的成本；

（6）每个客户关系所产生的收益；

（7）从客户获得收入的过程中使用或消耗的其他资产的性质和价值，包括资本性支出、净营运资本与客户收入的关系信息；

（8）与客户类无形资产相联系的资本成本。

三、客户类无形资产评估方法

同其他类型的无形资产的评估一样，客户类无形资产的评估通常也可以采用成本法、市场法和收益法，但是市场法很少用于评估客户相关的资产，因为这些资产通常在公开市场上没有活跃的交易。相反，它们与其他资产进行交易，只是作为业务合并或收购资产的一部分。这使得市场法在实践中很难应用。不过也有某些类型的客户相关的资产，可能会采用市场法。例如，客户或订阅名单经常大量出售，能以每名称价格或每字段价格为基础进行评估。另外，药店处方数据和清单经常用来交易而且能作为市场公允价值评估的可靠依据。因为客户相关资产的交易通常是不明显的，也不发生在活跃的市场中，所以我们认为这种方法很少用到。当以市场为基础的价值指标不存在或者不可靠时，评估人员应该使用成本法或者收益法。

（一）成本法

运用成本法对客户类无形资产进行评估，基本方法同前面介绍的一样，这里主要分析运用成本法评估客户类无形资产时应考虑的相关成本。

1. 取得目标客户的成本

这种成本包括通过走访、广告、招揽、邮寄或以其他方式与潜在的客户沟通所需要的历史成本。

2. 维持现有客户至现阶段的成本

这种成本包括现有客户在第一次成为客户之后发生的走访、广告、应酬等全部成本支出，还包括为留住现有客户而支付的促销、折扣、交易或其他让利等开支。

3. 建立客户档案和记录的成本

这种成本包括在与每一位客户保持关系的整个期间内，与建立客户销售记录、信用记录、应收账款和付款记录等有关的记账和管理成本。

4. 机会成本

这里的机会成本是指自行建立当前客户关系期间损失的收益，与从竞争对手处购买的现成的客户类无形资产所获取的收益之间的差额。

在客户相关资产能在短期内被替换且产生相对较小的机会成本，或者整个重置成本容易评估的情况下，成本法是最好的评估方法。在更新客户相关资产需要很长时间且产生很大的机会成本，或者重置成本很难评估的情况下，应该采用其他的评估方法。

（二）收益法

客户类无形资产评估最常用的方法就是收益法，即估计客户关系在剩余年限内产生的预期收益的现值。在评估时，常用的是对客户类无形资产能带来的未来预期收益进行估计，然后以适当的折现率折成现值，就得到该客户类无形资产的价值。具体计算公式如下：

$$P = \sum_{t=1}^{n} \frac{R_t}{(1+r)^t}$$

式中：P 为客户类无形资产的评估价值；r 为所选取的折现率；n 为收益年限，通常要根据历史数据估计客户关系的寿命期限；R_t 为客户类无形资产在第 t 年带来的预期收益。

根据收集的客户相关的 3—5 年的历史交易数据，可以估计客户类无形资产的年平均收益及增长率，在此基础上估计其未来能带来的预期收益。从企业已终止的客户关系资料中还可分析企业的客户寿命周期规律，从而预测现存客户的收益年限。

对于折现率的选取，通常可根据不同行业的具体情况，采用行业加权平均资本成本作为适用的折现率。

扩展阅读：

客户类无形资产评估中应注意的问题

（一）分清客户类无形资产与商誉的关系

过去，客户类无形资产往往被当作商誉的一个形成因素，其价值也被模糊化。现在从商誉无形资产中分离出来单独确认评估，首先就要分清其与商誉的关系，以免评估时重复计价。从客户方面来说，商誉通常与不确定的、未知的、易变动的客户惠顾有关，对它进行分析时常考虑的是在未来一段时间内能为卖方带来一定收益的回头客，而不考虑以下因素：

（1）单个的客户是谁；

（2）商誉卖方及买方怎样与客户取得联系；

（3）商誉的所有者与客户继续开展业务或扩大业务；

（4）客户收益流量的预期剩余年限等。

从客户被确认为一项无形资产必须具备的三个条件来看，分析客户类无形资产要对上述每一个因素进行考虑。举例来说，每天都有数百万顾客走进麦当劳店的大门，可以认为它拥有商誉。但该项业务并不具有客户类无形资产的性质。因为麦当劳公司对其顾客整体了解很多，但对顾客个人所知甚少，不具备客户类无形资产所要求的在客户及卖方之间存在双向关系。

（二）对客户类无形资产的确认

对于企业是否存在客户类无形资产，赖利和施韦斯给出的几个条件是较好的判断标准，但是随着企业信息化和客户关系管理的发展，企业对其客户信息做了详细的记录、整理和分析。从这些客户信息中可了解客户的需求、消费倾向及消费习惯等，使企业在竞争中获取更大优势，从而获得更大利润，因而它也是企业一项重要的资产，并可单独在市场上交易。然而，这些客户信息资料常常被确认为信息数据库的一部分，但从其性质上看，把它归为客户类无形资产更恰当一些。在评估实践中应注意这一问题，并根据具体情况灵活处理。

（三）客户类无形资产评估中客户资产预期寿命的估计

在客户类无形资产的评估中，客户预期剩余寿命年限是一个很关键的参数，它代表企业从客户身上获取的经济利益还剩多少年。估计客户剩余年限的关键是计算每个客户的可能寿命。客户关系的可能寿命减去目前的年限，就可得出剩余年限。在估计客户资产预期寿命中，生存曲线理论可提供有益的帮助，它采用历史数据为样本，预测一组相似的对象在某一年限的死亡率和衰退情况，绘制客户类无形资产的生存曲线（见图7－1），进而估计客户类无形资产的未来变化。在生存曲线图中，x 轴代表数据的年限，y 轴代表在某特定年限的生存率。

然而，这种方法常常采用较复杂的模型对数据分析并修正。在实际评估中，可采用已到寿命期的客户样本的平均寿命作为该类客户的预期寿命周期，用这个可能寿命减去客户的目前年限就是该客户的预期剩余年限。

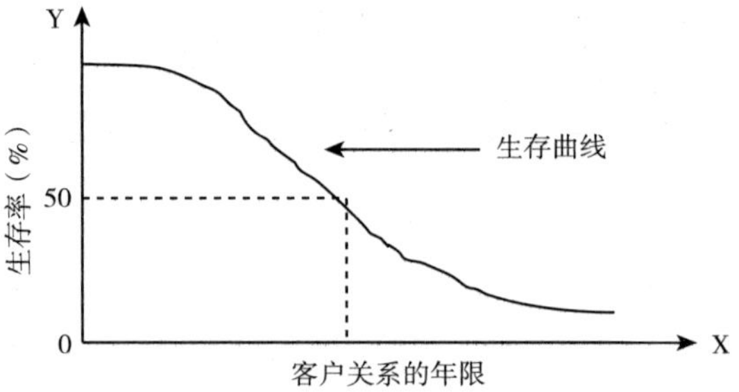

图 7－1　客户类无形资产生存曲线

四、客户类无形资产评估案例

（一）背景介绍和假设

A 乳业公司是某市一家著名的乳业公司，在该市拥有大量的乳品订户。B 公司拟收购 A 乳业公司，需要对 A 乳业公司拥有的客户类无形资产价值进行评估。评估目的是估计 A 乳业公司乳制品客户的市场价值，为 B 公司收购 A 乳业公司提供价值判断依据。评估基准日为 2017 年 12 月 31 日①。

（二）客户类无形资产的确认

对 A 乳业公司的业务和经营情况进行分析后发现，家庭配送订户是乳品企业持续经营收入的重要来源之一。A 乳业公司与家庭配送客户之间建立的客户关系，对该公司持续经营业务的预测具有重要作用，具有不同于商标的独特价值。A 乳业公司为这些家庭订户建立了档案，并通过订单记录了订户的联系方式、地址、购买历史等信息。这些客户代表了公司可预计的未来业务，并给企业带来与这些客户关系直接相关的未来收益。同时，这些客户关系也有一定的寿命，通过对客户历史档案进行分析，可以预计已建立的客户关系的预期平均剩余年限。根据对 A 乳业公司客户历史数据的分析，其新客户的平均总寿命（年限）是 5 年。根据寿命周期理论对 A 乳业公司历史订户数据资料进行分析，确定其新客户的平均总寿命（年限）是 5 年。图 7－2 描述了 A 乳业公司客户的生存曲线。根据 A 乳业公司客户生存曲线，公司评估基准日所拥有的客户未来的存续状态如表 7－4 所示。

① 本案例仅用于说明客户类无形资产评估的基本思路和方法，不是严格按照相关准则的规定实施的评估。案例中的相关参数的确定，仅根据案例需要进行设计和演示，不是真实的评估数据。

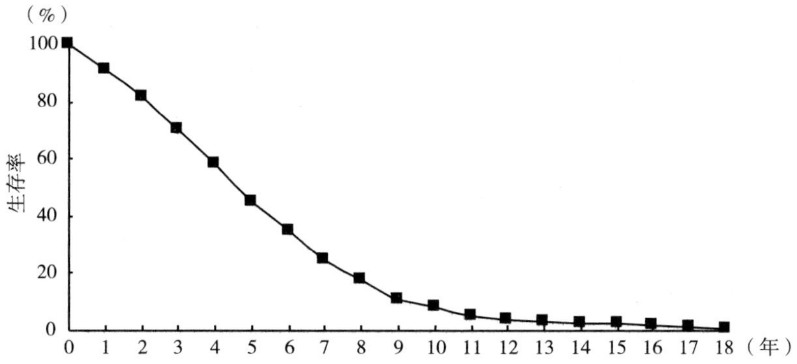

图7－2 A乳业公司客户的生存曲线

(三) 评估假设与参数

1. 来自客户的实际收入

根据过去3年的客户数据，计算出单位客户所产生的平均年收入为568元，作为基准日后第一年的单位客户收入。

2. 客户收入增长率

客户收入增长率是在预期剩余年限内来自单位目标客户的收入预期增长（萎缩）率。通过分析历史收入数据以及与企业的调查等相关情况，确定增长率。2018年，增长率为10%；2019—2021年，增长率为6%；2022年开始，增长率维持在5%。

3. 销售成本

通过历史趋势分析和行业分析，确定销售成本占销售收入的75%。

4. 销售与管理费用

通过历史趋势分析和行业分析，并结合相关调查，确定销售与管理费用占销售收入的15%。

5. 相关固定资产和净营运资本的回报

本案例中，我们取销售收入的4%作为相关固定资产和净营运资本的回报。

6. 折现率

可以根据目标行业的合理预期资本结构，计算目标加权平均资本成本。考虑客户类无形资产的特有风险，在加权平均资本的基础上，增加无形资产风险回报补偿。本案例中，根据分析，确定折现率为15%。

(四) 评估结论

考虑客户类无形资产价值摊销的影响，根据前述确定的评估参数，对A乳业公司在评估基准日的客户无形资产的未来预期收益进行折现，得到A乳业公司客户类无形资产在评估基准日的市场价值7000000元。具体计算如表7－5所示。

表 7－4　A 乳业公司乳品订客户寿命生存表

单位：个

客户类型：乳品订户

曲线类型：Iowa 型，左 0.0 型

评估日期：2017 年 12 月 31 日

平均寿命（新客户）：5.0 年

客户平均剩余年限：4.2 年

客户年龄段	截止到评估基准日	2018 年	2019 年	2020 年	2021 年	2022 年	2023 年	2024 年	2025 年	2026 年	2027 年	2028 年	2029 年	2030 年	2031 年	2032 年	2033 年	2034 年	2035 年
00－01	40962	39217	34664	29422	24251	19366	14934	11080	7874	5331	3416	2055	1147	586	269	107	35	9	1
01－02	27073	25397	21718	17901	14295	11024	8179	5812	3935	2522	1517	847	433	198	79	26	6	1	0
02－03	22732	21025	17486	13964	10768	7989	5678	3844	2463	1481	827	43	194	77	25	6	1	0	0
03－04	19342	17652	14245	10985	8150	5792	3921	2513	1511	844	431	198	79	26	6	1	0	0	0
04－05	3525	3170	2474	1836	1305	883	566	340	190	97	45	18	6	1	0	0	0	0	0
05－06	163	144	109	77	52	33	20	11	6	3	1	0	0	0	0	0	0	0	0
06－07	7	6	4	3	2	1	1	0	0	0	0	0	0	0	0	0	0	0	0
07－08	0	0	0	0	0	0	0	0	0	0	0	0	0	0	0	0	0	0	0
08－09	0	0	0	0	0	0	0	0	0	0	0	0	0	0	0	0	0	0	0
09－10	0	0	0	0	0	0	0	0	0	0	0	0	0	0	0	0	0	0	0
合计	113804	106611	90700	74188	58823	45088	33299	23600	15979	10278	6237	3541	1859	888	379	140	42	10	1

表 7－5　　**A 乳业公司客户类无形资产价值评估计算表**　　单位：元

	2018 年	2019 年	2020 年	2021 年	2022 年	2023 年	2024 年	2025 年	2026 年
存续客户（个）	106611	90700	74188	58823	45088	33299	23600	15979	10278
单位客户收入	568	625	662	702	744	781	820	861	905
单位客户收入/增长率		10%	6%	6%	6%	5%	5%	5%	5%
收入合计	60555048	56669360	49133822	41295233	33552091	26018311	19361956	13764997	9296606
销售成本	45416286	42502020	36850367	30971425	25164068	19513734	14521467	10323748	6972455
销售成本/销售收入	75%	75%	75%	75%	75%	75%	75%	75%	75%
销售与管理费用	9083257	8500404	7370073	6194285	5032814	3902747	2904293	2064750	1394491
销售与管理费用/销售收入	15%	15%	15%	15%	15%	15%	15%	15%	15%
摊销费用	692230	692230	692230	692230	692230	692230	692230	692230	692230
费用合计	55191773	51694654	44912670	37857940	30889112	24108710	18117990	13080727	9059175
税前利润	5363275	4974706	4221152	3437293	2662979	1909601	1243966	684270	237431
所得税费用（33%）	1769881	1641653	1392980	1134307	878783	630168	410509	225809	78352
税后利润	3593394	3333053	2828172	2302987	1784196	1279433	833457	458461	159079
摊销费用	692230	692230	692230	692230	692230	692230	692230	692230	692230
资本回报	2422202	2266774	1965353	1651809	1342084	1040732	774478	550600	371864
净现金流量	1863422	1758509	1555049	1343407	1134342	930930	751209	600091	479444
折现率	15%	15%	15%	15%	15%	15%	15%	15%	15%
折现期	0. 5	1. 5	2. 5	3. 5	4. 5	5. 5	6. 5	7. 5	8. 5
现值折现系数	0. 9325	0. 8109	0. 7051	0. 6131	0. 5332	0. 4636	0. 4031	0. 3506	0. 3048
折现的净现金流量	1737650	1425928	1096477	823693	604789	431598	302848	210370	146153

续表

	2027 年	2028 年	2029 年	2030 年	2031 年	2032 年	2033 年	2034 年	2035 年
存续客户（个）	6237	3541	1859	888	379	140	42	10	1
单位客户收入	950	997	1047	1099	1154	1212	1273	1336	1403
单位客户收入/增长率	5%	5%	5%	5%	5%	5%	5%	5%	5%
收入合计	5923534	3531184	1946539	976306	437524	169699	53455	13364	1403
销售成本	4442650	2648388	1459904	732230	328143	127274	40091	10023	1052
销售成本/销售收入	75%	75%	75%	75%	75%	75%	75%	75%	75%
销售与管理费用	888530	529678	291981	146446	65629	25455	8018	2005	210
销售与管理费用/销售收入	15%	15%	15%	15%	15%	15%	15%	15%	15%
摊销费用	692230	0	0	0	0	0			
费用合计	6023410	3178066	1751885	878675	393771	152729	48110	12027	1263
税前利润	-99877	353118	194654	97631	43752	16970	5346	1336	140
所得税费用（33%）	-32959	116529	64236	32218	14438	5600	1764	441	46
税后利润	-66917	236589	130418	65413	29314	11370	3582	895	94
摊销费用	692230	0	0	0	0	0			
资本回报	236941	141247	77862	39052	17501	6788	2138	535	56
净现金流量	388371	95342	52557	26360	11813	4582	1443	361	38
折现率	15%	15%	15%	15%	15%	15%	15%	15%	15%
折现期	9.5	10.5	11.5	12.5	13.5	14.5	15.5	16.5	17.5
现值折现系数	0.2651	0.2305	0.2004	0.1743	0.1516	0.1318	0.1146	0.0997	0.0867
折现的净现金流量	102948	21976	10534	4594	1790	604	165	36	3
折现现金流合计	6922157								
市场价值（取整）	7000000								

第三节　特许权价值评估

一、特许权概述

（一）特许权

关于特许权的定义，不同的组织、学者有不同的解释，通常有狭义的和广义的特许权之分。

美国商务部对特许权的定义是："主导企业把自己开发的产品、服务的营业系统（包括商标、商号等企业形象的使用，经营技术、营业场合和区域），以营业合同的形式，授予加盟店在规定区域内的经销权或营业权。加盟店则交纳一定的营业权使用费，承担规定的义务。"欧洲特许经营联合会（EFF）对特许权的定义是："特许经营是一种基于在法律和财务上分离和独立的当事人（特许人和他的单个受许人）之间紧密而持续的合作基础之上的营销产品和（或）服务和（或）技术的体系，依靠特许人授予其单个受许人权利，并附加义务，以便根据特许人的概念进行经营。此项权利通过直接或间接财务上的交换，迫使单个受许人在双方一致同意而制定的书面特许合同的框架之内，使用特许人的商号和（或）商标和（或）服务标记、经营诀窍、商业和技术方法、持续体系及其他工业和（或）知识产权。"

《国际会计准则第38号——无形资产》把特许权界定为"以政府补助的形式免费或仅支付名义对价获得的无形资产"。中国资产评估协会2016年发布的《文化企业无形资产评估指导意见》定义了特许经营权，即"特许人与被特许人约定授予被特许人在一定地区、一定期限内生产经营某项业务，或者使用某项著作权、商标、专利、专有技术等资产，并且能够获取额外经济利益的权利"。广义的特许经营权，是由政府主管部门或企业授予的，准许一定的主体在一定地区、一定期限内生产经营某项业务或某类产品的特别权利。占有这种特许生产经营权的单位或个人，可以凭借这种特权获取可靠的经济利益，因而它是一种无形资产。例如，政府机构授权，准予企业运用公共财产或者在某一地区享有经营某种业务的独占权。狭义的特许经营权（又称商业特许权）是一家企业根据转让合同的规定，有限期地或者永久地授予另一家企业使用其商标、商号、专利、版权或者专有技术的权利。①

① 中国资产评估协会编：《〈资产评估准则——无形资产 专利资产评估指导意见〉讲解》，中国财政经济出版社2010年版，第29—30页。

（二）特许权的分类

根据特许权的许可方的不同，特许权可分为以下几类。

1. 政府授予的特许权

这种特许权是指由政府机构授权，准许特定企业使用公共财产，或在一定地区享有经营某种特许业务的权利。例如，准许航空公司在政府规定的航线上利用机场设施经营客货运业务；准许特定企业从事烟草专卖业务等。它主要有以下四种表现形式：

（1）专营权（专卖权），指国家为了对某种商品的生产、销售和进出口进行垄断经营而依法赋予特定企业在一定时期内生产经营某种特殊商品或从事某项业务的权利。专营的特征是国家垄断专卖品的经营权。专卖由法律确认，其目的是调节消费秩序，增加国家收入，如烟草专卖等。

（2）生产许可证，指由政府颁发的、确认企业具有生产某种产品的资格的证书。企业必须取得生产许可证才具有生产该产品的资格，否则不得生产该产品。生产许可证具有有效期限，不得转让其他企业使用。

（3）进出口许可证，是由政府有关部门颁发的、准许企业从事特定商品进口和出口经营活动的特许证书。具有进出口许可证的企业都能从事相应的外贸活动。

（4）资源性资产开采特许权，是指特定主体所占有的并具有排他性的自然资源。存在于自然界的、对人类有用的天然物质财富和自然要素中那些具有有限性并且被特定主体排他性地占有的，属于资产。这些资产的开采特许权（如采矿权等）在转让时，可以评估作价。

由于政府授予的特许权属于行政许可的范畴，是行政机关依法对社会、经济事务实行事前监督管理的一种重要手段，通常不能单独进行市场交易，也不能单独确认和评估，因此评估人员在涉及此类评估业务时，要保持足够的职业谨慎①。

2. 企业授予的特许权

企业授予的特许权是一家企业有限期地或永久地授予另一家企业使用其商标、商号、专利、版权或专有技术等专有权利，被授权企业按照合同规定，在统一的业务模式下从事经营活动，并向特许人支付相应费用。以特许经营权的方式开展特许经营，其实质是无形资产的有偿转让。根据对授权方的限制不同，特许经营权可分为三种形式。

（1）独占许可。特许人在给予受许人在规定期限和地区内经营某种业务的独占权利后，就不得再和第三人就同一内容订立任何合同，并且特许人在上述规定的期限和地区也丧失了经营该项业务的权利。由于这种形式对特许人的限制最大，特许人所要求的特许费用是最高的。

---

① 汪海粟、王毅主编：《无形资产评估实务》，中国财政经济出版社2002年版，第29—30页。

（2）独家许可。特许人在授予受许人特许经营权后，就不能再与其他人在同一期间和地区订立许可合同，但自身仍享有经营该项特许业务的权利。

（3）普通许可。特许人在授予受许人特许经营权后，不仅自己仍享有经营该项特许业务的权利，还可以与其他人订立非独占许可合同。

按照特许经营双方的关系，特许经营权又可分为：

（1）普通特许经营。特许人将特许经营权授予受许人，由受许人使用这些特许经营权进行经营。

（2）委托特许经营。特许人将特许权出售给一个代理人，由代理人负责某一个地区的特许权授予。

（3）发展特许连锁。受许人向特许人购买了特许权，同时也购买了在一个区域内建若干个分店的特许权，若将来事业发展，需要再建分店，不必再向特许人申请。

（4）所有权合作特许经营。特许人与受许人合营，共同持有分店股份。

（5）分配特许经营。特许人不仅授予受许人特许权，而且还授予其设立批发仓库、向其他受许人供应分配货物的权利。

（三）特许权的特点

特许权作为一种无形资产，除了具有无形资产应具备的基本特征外，还有其独有的特点。

1. 授权主体的唯一性

无论哪种特许权都必须且只能有一个特许权的终极所有者。政府特许经营权的唯一授权主体是政府机构，企业特许经营权的唯一授权主体是拥有商标等无形资产全部产权的企业。特许权受许人只享有对特许经营权的使用权和部分收益权，而不享有对特许经营权的所有权和处置权。这一点它与商标权、专利权等知识产权的转让不同。后者一经政府机构确认，新的产权所有人就享有全部的产权，包括所有权、使用权、收益权和处置权等。

2. 约束性

特许权的整个受让过程及权利行使过程中始终有特定的法规条例或合同规定加以约定，并且这些约定对权利双方都具有约束效力。例如，按照国际惯例，在特许经营期间，特许人（特许权的许可人）有权根据合同规定对受许人的经营活动进行必要的干预，如零售价格的限定、销售商品和提供服务应达到的质量要求等。如果许可的权利是行政性的特许权，一切依有关法律规定进行；如果许可的权利是纯商业性的特许权，则特许人有义务向受许人提供必要的、优质的、长期的指导和服务，如专业培训、服务和商品等。特许权受许人必须严格按照特许人的规定（行政上、法律上的规定或商业上的合同约定）进行经营操作，并支付一定的报酬。

3. 风险和收益共担性

对于纯商业性的特许权而言，特许权在特许人与受许人之间有风险与收益共同承担的特点。对于特许人而言，选择特许经营的方式，无须直接投入大量资金、人力就可以安全、迅速地拓展业务，享受到受许人网络扩大带来的财务资源和人力资源方面的好处。在网络扩大的同时，经营风险被分散化，相应的贷款风险也随之减小，从而更容易获得金融机构的贷款。对于受许人而言，利用特许人通过试点经营积累的成功经验以及长期的业务指导，可以大大降低创业期面临的经营失败的风险。

二、特许权的评估方法

由于特许权的本质是一种权利的许可，难以从权利的形成成本上对其价值进行计量，而且由于权利许可通常涉及复杂的条款，使得其难以从市场上找到可比的案例，因此通常采用收益法进行评估。常用的评估方法是收益分成法和超额收益法。

（一）收益分成法

特许权价值 = 近期收益现值 + 永续年收益/资本化率

近期收益现值 = $\sum$ 各年收益额 × 特许权分成率 × 折现系数

即 $P = \alpha \sum_{t=1}^{n} \frac{M_t}{(1+r)^t}$

式中：P 为被评估特许权的近期收益现值；α 为特许权分成率；r 为折现率；n 为使用年限；M_t为第 t 年的企业净收益额。

永续年收益 = 近期中最后一年收益额 × 特许权分成率

资本化率由评估人员对银行利率变动的趋势、债券市场的市场利率、可能发生的通货膨胀率及被评估特许权的收益进行综合分析确定。

（二）超额收益法

超额收益法是用归属于目标无形资产所创造的收益的折现值作为该项无形资产价值的评估方法。该方法需要首先测算无形资产与其他相关贡献资产共同创造的整体收益，再从中扣除其他相关贡献资产的相应贡献。如果扣除后有剩余，则此剩余收益就被作为超额收益。最后采用适当的折现率将超额收益转换为评估基准日的现值，各期现值加总即得到无形资产价值。

这里的其他相关贡献资产一般包括流动资产、固定资产、其他无形资产和组合劳动力成本等。超额收益法通常适用于特许经营权、公路收费权、矿业权等无形资产评估，其基本模型为：

$$V = \sum_{t=1}^{n} \frac{R_t}{(1+r)^t}$$

式中：V 为被评估资产价值；R_t为未来第 t 年被评估资产的超额收益；r 为折现率或资本化率；n 为收益年期。

具体而言，为进一步体现营运类汽车牌照超额收益的测算环节，可从营运类汽车牌照整体收益中，扣除其他贡献资产相应的贡献后得到超额收益，以此作为汽车牌照所创造的收益，再通过折现得到最终评估值。

$$P = \sum_{t=1}^{T} \frac{(R_1 - R_2)_t}{(1+r)^t}$$

式中：P 为特许权评估值；T 为被评估特许权的预测收益年限；$(R_1 - R_2)_t$为未来第 t 期被估特许权带来的超额收益。

扩展阅读：

特许权评估中应注意的问题

（一）特许权与商标、专利及专有技术许可的关系

由于商标、专利权及专有技术也常常采用许可方式进行转让，所以容易把特许权同这些许可交易相混淆，然而在评估时必须加以区分。商标、专利及专有技术的许可往往指单独一项资产的许可使用，需要分析单独一项资产未来所能产生的收益，进而评估其价值。特许权则不同，政府授予的特许权有些情况下是不能转让的，即使可以转让，也有期限和区域限制；企业授予的经营特许权，往往是包含商标、专利权及专有技术在内的一个整体的经营模式的特许，随着特许范围的扩大，这种经营模式不断完善，这种经营模式的价值也会增加。

（二）政府特许权与企业经营特许权的区别

特许权有广义和狭义之分，广义的特许权包括政府特许权和企业经营特许权，而狭义的特许权是指企业经营特许权。二者的授权主体不同，导致其性质也有所不同。政府授予的特许权的授权主体是政府，带有行政垄断的性质，这种特许权往往不能随意转让，但对获得这种特许权的企业来说，可依靠这种垄断权获取超额收益，因而也是企业的一项资产。由于政府授予特许权的目的不是取得分成收益，而是调节消费秩序、增加国家收入等。这种特许权受政府政策的影响比较大，不存在公允的交易市场。在实际评估中，评估的是这种特许权对受许人的价值。企业经营特许权是包括授权主体的商标、专利权及专有技术的一整套经营模式，授权主体是为了取得分成收益。这类特许权受法律保护，在公开市场进行交易，受市场因素影响较大。

（三）不同的特许方式对特许收费的影响

特许经营的授权方式众多，不同的授权方式下，受许人享有的权利范围也不一样，所获得的特许权的价值差异也会很大。受许人享有的权利范围从大到小依次为独家许可、独

占许可和普通许可，它们的价值从大到小依次为独家许可、独占许可和普通许可，在评估时应注意这一原则。

三、特许权评估案例：营运类汽车牌照价值评估①

（一）案例背景信息

本案例以北京市出租车牌照为例，采用超额收益法对营运类汽车牌照价值进行评估。

已知多年前北京市交管部门向某出租车营运公司（以下简称 YJ 公司）颁发了出租汽车牌照，YJ 公司获得出租车经营权后，可以在北京市经营出租车业务。YJ 公司一直实行单一化经营，出租车承包业务是其唯一主营业务，资产结构也相对稳定。假设 YJ 公司的经营状况在整个北京出租车行业具有市场代表性，以税率 25% 缴纳企业所得税；一般以现金方式全款购置普通 A 型车辆，排量为 1.6 升，单辆出租车购置价格及车辆购置税、车牌费等各项税费总计 10 万元，未来无资本性支出；YJ 公司的出租车经营模式是承包型经营，且实行“一个司机开一辆车”的单班工作制。依据机动车强制报废标准规定，出租车的最高使用年限为 8 年，到期须强制报废，故该车型预期经济寿命为 8 年，并假设一年的行驶天数累计为 325 天，剩余 40 天用于司机休息或对车辆进行保养。现以 2020 年 1 月 1 日为评估基准日，评估 YJ 公司的单位出租车牌照的市场价值。

（二）测算出租车牌照的超额收益

考虑到出租汽车行业的营业收入、营业成本等变化幅度较小，YJ 公司及其汽车牌照所在资产组的现金流较为稳定，选用单期超额收益法确定出租车牌照的超额收益。由于出租车承包业务为 YJ 公司的唯一主营业务，YJ 公司无其他业务收入来源，所以 YJ 公司分摊到单位车辆的企业自由现金流可被视为当前出租车牌照所在资产组的现金流。

1. 预测出租车牌照所在资产组的未来现金流

北京市交通委、物价局等相关管理部门规定北京市出租汽车单班车辆承包金 5175 元/月为上限；双班不得多出单班承包金的 60%，即上限为 8280 元/月。已知 A 型车在承包运营期间实行单班制，相应承包金额为 5175 元/月。经调研测算，每辆出租车的平均成本约为：维修及保养费 6000 元/年；车辆保险费 850/月；年检费 290 元/年；GPS 信息费、车座套清洗费、IC 卡服务费等其他营运费用 250 元/月；增值税、车船税及其他税金 220 元/月；司机养老保险（单班）800 元/月；场地费、人员工资、水电煤、工会经费、职工教育经费、

① 本案例根据陈蕾、周艳秋关于营运类汽车牌照估值的研究进行改编，并经作者同意。具体见：陈蕾、周艳秋：《营运类汽车牌照估值：模型构建与参数测算》，《财会月刊》，2021 年第 8 期。

职工福利费、业务招待费、广告费和业务宣传费等管理费用和销售费用1000元/月。现按8年计算折旧，以直线法进行计提，每辆车残值为5000元，折旧额为11875元/年。可计算得出YJ公司的单位出租车牌照所在资产组的息税前利润为6495元/年，未来自由现金流为16746.25元/年，如表7－6所示。

表7－6　　单位出租车牌照资产组的未来每年现金流测算　　单位：元

项目	金额
一、全部营运收入（汽车牌照所在资产组收入）	62100
减：车辆维修费及保养费	6000
车辆保险费	10200
车辆年检费	290
其他营运费用	3000
增值税、车船税及其他税金	2640
司机养老保险	9600
期间费用	12000
折旧摊销	11875
二、息税前利润（EBIT）	6495
减：所得税	1623.75
减：资本性支出	0
加：折旧摊销	11875
三、汽车牌照所在资产组的自由现金流	16746.25

2. 计算资产组中各贡献资产贡献值

YJ公司汽车牌照资产组贡献值中，应重点分析营运车辆的营运资金和固定资产的贡献值。因为在承包型运营模式下，无须考虑组合劳动力的贡献值，并且调研结果显示，YJ公司当前拥有的商标权等其他无形资产等贡献值，在分摊到单位出租车牌照资产组后，也可忽略不计。

首先，对营运资金的贡献值进行测算。由于YJ公司资本结构相对稳定，且“份儿钱”为该牌照所属出租车运营管理中的主要收入来源，故YJ公司自有账面资金对整体收益额的贡献值较低。经调研分析，其贡献率取值3%，分摊至每辆出租车的营运资金为1000元/年，平均每辆出租车营运资金的年贡献值为30元。

其次，对固定资产的贡献值进行测算。出租汽车公司现金流较为稳定，选用固定资产净值的均值测算其贡献值。对该A型营运车辆每年的净值取算术平均值得到46562.5元，其贡献率经分析取值10%，因此平均每辆营运出租车的固定资产年贡献值为4656.25元，如表 7－7 所示。

表 7－7　单位出租车牌照资产组的固定资产贡献值测算　单位：元

	2020 年	2021 年	2022 年	2023 年	2024 年	2025 年	2026 年	2027 年
固定资产原值	100000							
固定资产折旧	11875	11875	11875	11875	11875	11875	11875	11875
固定资产净值	88125	76250	64375	52500	40625	28750	16875	5000
固定资产净值的均值	46562.5							
固定资产净值贡献率	10%							
固定资产净值贡献值	4656.25							

（三）测算出租车牌照的折现率

本案例采用公司权益资本成本加出租车牌照特定风险报酬率作为出租车牌照的折现率。首先，选用 CAPM 确定 YJ 公司的权益资本成本，公式如下：

$$r = R_f + \beta(R_m - R_f)$$

式中：r 为权益资本成本；β 为系统风险系数；R_f为无风险报酬率；R_m为市场平均风险报酬率。

这里选取收益较为稳定且普遍无风险的 10 年期国债利率作为无风险报酬率 R_f，取值 3.17%。选取上证综合指数 1992 年 5 月 21 日至 2019 年 12 月 31 日的指数平均收益率作为市场平均风险报酬率 R_m，取值 9.90%。此外，强生控股、锦江投资、大众交通、南京中北、海博股份等都属于出租车客运业上市公司，综合考虑其主营业务结构、资本结构等可比因素，选取可比性较强的强生控股、大众交通、锦江投资作为 YJ 公司的可比公司，并将这三家公司近一年 β 值的算数平均值 1.0133 作为 YJ 公司 β 值，如表 7－8 所示。由此可计算得出公司的权益资本成本 $r = 3.17\% + 1.0133 \times (9.90\% - 3.17\%) = 9.99\%$。

表 7－8　YJ 公司 β 值测算

证券代码	证券简称	β 值
600662.SH	强生控股	1.02
600650.SH	锦江投资	1.05
600611.SH	大众交通	0.97
平均值		1.0133

资料来源：东方财富网。

其次，计算出租车牌照的特定风险报酬率。出租汽车牌照的特定风险主要包括政策风险和营运风险等。虽然目前北京市有关营运类汽车牌照的管控政策较为宽松，但由于北京市人民政府办公厅2016年12月发布《关于深化改革推进出租车行业健康发展的实施意见》，加之近些年受“网约车”的影响，传统巡游出租车营运市场将面临一定的挑战及不确定性风险。结合当前实际情况，将出租车牌照的特有风险报酬率设定为3.00%。

本案例出租车牌照的折现率 = 公司权益资本成本 + 出租车牌照特定风险报酬率 = 9.99% + 3.00% = 12.99%

（四）确定出租车牌照的收益期

我国各省市对出租车经营权的授予形式和授予期限各不相同。北京市采取的是政府将出租车经营权无限期转让给出租车运营企业的永久授权形式，故本案例中的出租车牌照收益期限为无限期，即永续年限。

（五）评估结果及分析

从各年度单位出租车牌照所在资产组的现金流预测值中扣减营运资金和固定资产的贡献值，得到单位出租车牌照在未来收益期内产生的超额收益，再将各年度超额收益逐一折现至评估时点并求和加总，即可求得YJ公司的单位出租车牌照在评估基准日2020年1月1日的市场价值评估值9.29万元，如表7-9所示。

表7-9　单位出租车牌照评估值测算　　单位：元

项目名称	金额
汽车牌照所在资产组的现金流	16746.25
减：资产组中营运资金的贡献值	30
减：资产组中固定资产的贡献值	4656.25
汽车牌照超额收益	12060
折现率	12.99%
营运类汽车牌照评估值	92840.65

思考题

1. 合同权益单独确认为无形资产的条件是什么？影响合同权益类无形资产价值的因素有哪些？
2. 客户关系无形资产与商誉有何区别？
3. 客户关系无形资产的确认条件是什么？常见的分类有哪些？
4. 收益法评估客户关系无形资产价值时，需要收集哪些信息？常用的评估参数和假设有哪些？
5. 特许权的特点与分类有哪些？

6. 运用超额收益法评估特许权价值的基本思路是什么？

本章参考文献

1. 陈蕾、周艳秋：《营运类汽车牌照估值：模型构建与参数测算》，《财会月刊》，2021 年第 8 期。

2. 刘德运主编：《无形资产评估》，中国财政经济出版社 2010 年版。

3. 罗伯特·F. 赖利、罗伯特·P. 施韦斯：《无形资产评估》，俞兴保译，中国大百科全书出版社 2001 年版。

4. 于鸿君：《资产评估教程》，北京大学出版社 2006 年版。

5. 汪海粟主编：《资产评估》（教育部十二五规划教材），高等教育出版社 2016 年版。

6. 姜楠主编：《无形资产评估》（财政部规划教材），中国财政经济出版社 2015 年版。

7. 汪海粟主编：《无形资产评估》，中国人民大学出版社 2002 年版。

8. 汪海粟、王毅主编：《无形资产评估实务》，中国财政经济出版社 2002 年版。

9. 中国资产评估协会编：《〈资产评估准则——无形资产 专利资产评估指导意见〉讲解》，中国财政经济出版社 2010 年版。

第八章

以财务报告为目的的无形资产评估

本章学习目标

1. 了解以财务报告为目的的无形资产评估的背景和发展现状。

2. 熟悉以财务报告为目的的无形资产评估的价值类型和评估方法选择。

3. 掌握资产评估师以及资产评估专业人员为了更好地执行以财务报告为目的的无形资产评估应当具备的职业道德素质和专业胜任能力。

引导案例

中京民信收警示函 评估人福医药商誉减值测试3宗违规

人福医药集团股份公司（600079. SH）成立于1993年，于1997年在上海证券交易所上市，是湖北省医药工业龙头企业、中国医药工业30强、全国科技创新示范企业、中国医药制剂国际化先导企业，已在神经系统用药、甾体激素类药物、维吾尔民族药等细分领域形成领导或领先地位，近年来逐步拓展美国仿制药业务。

为在仿制药方面进一步扩大美国市场，2016年3月公司耗资5.5亿美元收购美国EpicPharma，LLC公司100%的股权和EpicRE Holdco，LLC公司100%的股权，这次收购共产生商誉27.76亿元。

根据《企业会计准则第8号——资产减值》的规定，因企业合并形成的商誉应在每年年度终了或在会计期间内出现减值迹象时进行减值测试。2018年，人福医药委托中京民信（北京）资产评估有限公司及评估师进行商誉减值测试。2020年4月，上海证券交易所发布关于对人福医药评估机构中京民信及评估师予以监管关注的决定，中京民信及资产评估师赵士威、刘章红在对人福医药集团股份公司进行评估业务时存在以下违规行为，导致其为公司出具的相关商誉减值测试报告信息披露不准确、不完整。

（1）对美国子公司Epic新增业务及新产品销售情况的预测未进行必要的核查验证。

（2）在评估报告或评估说明中未充分披露美国Epic项目关键评估参数与形成商誉时、以前年度商誉减值测试时不一致的情况及原因。

（3）未充分记录执行的评估工作。

鉴于上述事实和情节，上海证券交易所上市公司监管决定对人福医药集团股份公司评估机构中京民信（北京）资产评估有限公司及评估师赵士威、刘章红予以监管关注。

随着《国际财务报告准则（国际会计准则）》在世界范围内的应用，公允价值计量及其他非历史成本的会计计量模式被越来越多地使用。我国2006年发布的《企业会计准则》引入了公允价值的概念和计量，为我国以财务报告为目的的评估奠定了制度基础。财政部2014年1月26日发布的《企业会计准则第39号——公允价值计量》又为以财务报告为目的的评估提供了相关技术指引。以财务报告为目的的评估已成为我国评估服务领域中的一项重要业务内容，以财务报告为目的的无形资产评估逐渐引起重视。

第一节　以财务报告为目的的无形资产评估需求类型

财务报告的目标是向财务报表的使用者提供最有意义的信息以支持其投资决策。

20 世纪 90 年代以来，财务报告已经不再按照历史成本计量某些资产和负债，而开始使用公允价值。我国新的会计准则也引入了公允价值计量模式，财政部、中国资产评估协会为配合公允价值计量模式在我国会计实务中的应用，分别发布了《审计准则》、《以财务报告为目的的评估指南》和《企业会计准则第 39 号——公允价值计量》，以规范财务报告中公允价值、其他价值类型的计量和信息披露。

根据《以财务报告为目的的评估指南》第二条，以财务报告为目的的评估，是指资产评估机构及其资产评估专业人员遵守法律，行政法规，资产评估准则和企业会计准则及会计核算、披露的有关要求，根据委托对评估基准日以财务报告为目的所涉及的各类资产和负债公允价值或者特定价值进行评定和估算，并出具资产评估报告的专业服务行为。根据此规定，以财务报告为目的的无形资产评估即为资产评估机构及其资产评估专业人员根据委托对评估基准日以财务报告为目的所涉及的无形资产公允价值或者特定价值进行评定和估算，并出具资产评估报告的专业服务行为。

财务报告的主要当事方包括企业财务报表的编制人、审计师和财务报告使用者。企业财务报表的编制人需要评估专家作为其工作人员或者聘请外部顾问对财务报告所涉及的资产进行评估，审计师可能依靠其公司的评估专家作为技术资源和审计过程的复核人。因此，财务报告强调以公允价值计量，为评估提供了机会。对于财务报告中无形资产的公允价值或特定价值的计量要求，国际上较通行的做法是由评估专业人员为公允价值的确定提供专业意见，保障会计信息的客观和独立，由此产生了两个方面的需求。

一、会计信息计量对无形资产评估的需求

《企业会计准则——基本准则》第四十一条规定：“企业在将符合确认条件的会计要素登记入账并列报于会计报表及其附注时，应当按照规定的会计计量属性进行计量，确定其金额。”第四十三条规定：“企业在对会计要素进行计量时，一般应当采用历史成本，采用重置成本、可变现净值、现值、公允价值计量的，应当保证所确定的会计要素金额能够取得并可靠计量。”而无形资产公允价值的确定需要具备很强的专业知识，这一要求通常超出会计人员的知识和能力范围，所以在确定公允价值时，需要借助外部评估专业人员的服务，由评估专业人员提供专业的评估结果。

企业会计信息已不仅仅局限于为内部管理层提供服务，在许多情况下，更多、更重要的是为投资者、债权人、潜在投资者、监管方等提供服务。对于专业性强、复杂程度高的公允价值确定，财务报告外部使用者更希望和愿意看到的是由独立专业人员提供的评估结果。

二、审计对无形资产评估的需求

《中国注册会计师审计准则第 1322 号——公允价值计量和披露的审计》第一章第四条

规定："按照适用的会计准则和相关会计制度的规定，做出公允价值计量和披露是被审计单位管理层的责任。注册会计师应当获取充分、适当的审计证据，以确定公允价值计量和披露是否符合适用的会计准则和相关会计制度的规定。"注册会计师应当通过了解被审计单位的业务和行业情况以及实施适当的审计程序，评价以公允价值计量的资产和负债的会计处理的适当性，评价获取审计证据的充分性。但是基于独立性的要求，审计单位或人员不能对同一客户提供公允价值评估服务，审计人员是公允价值计量的最终审核人。在一些需要专业性评估的领域，如企业合并、无形资产、资产减值等，聘请外部独立评估专业人员更能发挥专业服务的优势，在提高会计信息质量的同时，也能降低审计人员的风险。

国际审计与鉴证准则理事会于 2008 年先后发布了重新修订并起草的国际审计准则第 500 号《审计证据》和第 620 号《利用专家的工作》。其中，《审计证据》增加了针对管理层利用专家工作进行会计估计判断的审计要求。当管理层利用专家进行公允价值估算时，审计人员应当取得充分的、适当的审计证据，以得出合理的结论，并在此基础上出具审计意见。《利用专家的工作》为审计人员如何利用内部或外部专家工作对管理层所做的公允价值计量的合理性进行判断时应当取得充分的、适当的审计证据提供了指导意见。

在公允价值计量体系中，外部专业人员的评估结果是计量工具，会计将根据评估结果直接对账目进行调整，评估结果通过会计计量成为无形资产公允价值的会计信息依据。会计人员对公允价值的计量和披露负责，外部评估专业人员对评估结论的合理性负责，审计人员对公允价值的审计结论负责。由此，公允价值的运用使会计信息责任体系发生了改变，由以往的会计责任和审计责任的二维责任体系，发展成为会计责任、评估责任和审计责任构成的三维责任体系。

第二节　以财务报告为目的的无形资产评估在国内外的发展状况

一、以财务报告为目的的无形资产评估在国际上的发展状况

20 世纪 90 年代后期，围绕公允价值计量的相关问题，国际评估准则委员会及国际评估实务界积极与包括国际财务报告准则理事会在内的会计界进行协调，就评估在确定公允价值、提高财务报告质量方面如何发挥作用进行了沟通。这些沟通增进了会计界对评估界的了解，对在会计准则中确立评估行业的作用起了积极的促进作用。这些沟通也促进了国际评估准则的综合化发展和质量的提高，推进了世界范围内统一评估准则的发展进程。从国际评估准则的演进历程来看，国际评估准则受国际财务报告准则的影响较大。

国际评估准则委员会在制定国际评估准则时，对国际会计准则的变动，特别是公允价值的引入做出了及时的反映，对相关内容做了实质性调整。2005 年 2 月，国际评估准则委

员会（International Valuation Standards Committee）出版了第七版国际评估准则。与上一版本相比，第七版国际评估准则的一项重要变动就是适应2004年国际财务报告准则的修订，对相关国际评估准则，主要是国际评估应用指南1（以财务报告为目的的评估）和评估指南8（以财务报告为目的的评估业务中的成本法）做出了修订。2007年7月，国际评估准则委员会出版了最新的第八版国际评估准则，前述相关部分与第七版内容基本相近，同时发布了《以财务报告为目的的无形资产评估指南》讨论文件。2008年下半年，国际评估准则委员会基本完成了改组工作，更名为国际评估准则理事会。国际评估准则理事会下属的国际评估准则委员会在《以财务报告为目的的无形资产评估指南》讨论文件的基础上，发布了两份征求意见稿，拟对《国际评估准则》中的《无形资产评估指南》进行修订并新增《以财务报告为目的的无形资产评估指南》。

二、以财务报告为目的的无形资产评估在国内的发展状况

为促进我国会计准则与国际财务报告准则接轨，2006年2月，财政部发布的会计准则引入了公允价值的概念和计量模式。近年来，在财政部有关司局的支持下，评估行业与会计行业在评估服务于会计方面进行了有效沟通，达成了许多共识。

财政部于2014年1月26日发布了《企业会计准则第39号——公允价值计量》，对公允价值计量进行了更加专业和细致的规范。该准则自2014年7月1日起实施，对我国以财务报告为目的的评估的发展具有规范指引的作用。2017年9月，中国资产评估协会修订发布了《以财务报告为目的的评估指南》，用以规范以财务报告为目的的评估行为，保护资产评估当事人合法权益和公共利益。该指南自2017年10月1日起实施。

第三节　以财务报告为目的的无形资产评估价值类型和评估方法选择

一、以财务报告为目的的无形资产评估的特点

以财务报告为目的的无形资产评估相对于其他评估业务，具有以下特点：

（1）以财务报告为目的的无形资产评估是为会计计量提供服务的，会计计量模式、会计核算方法、会计披露要求影响评估对象、价值类型的确定及评估方法的选择。资产评估专业人员应当理解会计计量模式的概念，知晓企业合并、资产减值、公允价值等会计核算方法，根据会计准则的要求，选择与会计计量模式相符的价值类型和评估方法，更有效地服务于会计计量的特定要求。

（2）以财务报告为目的的无形资产评估业务具有多样性、复杂性。以财务报告为目的

的无形资产评估涉及企业合并、资产减值等多项会计核算业务，每项会计核算业务不同，其所对应的评估对象、价值类型、评估方法均有所不同。

（3）以财务报告为目的的无形资产评估在采用传统的三大评估方法的基础上，具体使用的评估方法具有多样性。根据评估对象的特点和应用条件，可以采用收益法中的现金流量折现法、增量收益折现法、节省许可费折现法、多期超额收益法等对无形资产进行评估。这些评估方法结合了以财务报告为目的的评估的需要，借鉴了目前国际上常用的评估方法。

二、企业合并对价分摊中的无形资产评估

合并对价分摊是指符合企业合并准则的非同一控制下的企业合并的成本在取得的可辨认资产、负债及或有负债之间的分配。根据企业合并准则的规定，对于非同一控制下的企业合并，购买方在购买日应当对合并成本进行分配，按照相关规定确认所取得的被购买方各项可辨认资产、负债及或有负债。评估机构的工作通常只是合并对价分摊工作的一部分，即根据委托方的要求，对全部或者部分可辨认资产、负债进行评估，合并对价分摊中的其他工作通常不在评估机构的工作范围中。

（一）无形资产的确认与识别

根据企业合并准则的规定，合并中取得的被购买方的无形资产，其公允价值能够可靠计量的，应当单独确认为无形资产，并按照公允价值计量。评估专业人员在执行以财务报告为目的的无形资产评估业务中，应执行相关的识别程序，识别出所有在收购日存在的重大可辨认的无形资产。

评估专业人员在识别无形资产过程中应当以《企业会计准则第 6 号——无形资产》以及《企业会计准则第 20 号——企业合并》中对于企业合并项下无形资产的相关规定为依据。

在评估实践中，评估专业人员判断会计准则无形资产定义中的可辨认性标准，可从以下两方面进行分析：首先，向管理层了解被收购公司是否存在源自合同权利或基于法律的法定权利的无形资产；其次，考虑该无形资产是否能够从被收购公司中分离出来，并能单独或者与其他相关合同、资产或负债一起，用于出售、转移、授予许可、租赁或者交换。满足上述任何一个条件，即可确认为可辨认的无形资产，并对无形资产在合并日或购买日以公允价值计量。需要注意的是，满足合同权利或基于法律的法定权利条件，即使从法律角度并非合同或没有合同约束力，例如订单，甚至是可以取消的订单，亦满足了合同权利的确认条件。

在判断无形资产是否满足合同权利或基于法律的法定权利的条件时，如果合同或协议

含有限制特定资产从被收购方分离的条款（如限制转让与政府签订的合约），即需要与其他相关的合同、资产、负债一起出售或转移，此类限制并不影响满足合同权利的无形资产的确认。

在进行可分离的判断时，评估专业人员可以参考市场上相同或相似的无形资产的交易情况，不论收购方是否参与该无形资产的买卖或交易，或相同或类似无形资产的交易。某项无形资产无法单独出售、转移、授权许可、租赁或者交换，但可以与其他相关合同、资产或负债一起，用于出售、转移、授予许可、租赁或者交换，这项无形资产仍然满足可分离的确认条件。需要关注的是，满足可分离条件的无形资产的出售、转移、授予许可、租赁或者交换不能受到任何限制，否则该资产不满足可分离的确认条件。例如，客户信息受到保密协议的限制，不可以被出售，因此无法满足可分离的条件。

有些无形资产无法满足上述可辨认的判断条件，在实务操作中，一般不作为可辨认无形资产，如消费者基础、客户服务能力、地域优势、经过特别训练的员工等。

（二）评估方法的选择

无形资产存在活跃市场，应按购买日的市场价格确定其公允价值；不存在活跃市场，无法取得有关市场信息，应按照一定的估值技术确定其公允价值。在这种情况下，评估专业人员需要根据各项无形资产的特点，选用适当的方法进行评估。

无形资产的评估方法包括市场法、收益法和成本法。在评估实践中，评估专业人员应根据无形资产的性质以及市场信息的可获得性，考虑上述方法的适用性。在不同方法都适用于某一特定无形资产公允价值的评估时，应当分析不同方法的评估结果。

1. 市场法

运用市场法进行无形资产公允价值评估，主要采用市场上相同或类似的资产、负债或业务的交易价格及其他相关信息。该方法假定公允价值可通过观察类似资产、负债的市场交易价格，并经过对类似资产、负债与被评估的资产、负债的差异进行必要的调整来确定。

一般情况下，无形资产较少单独出售、转让，市场上缺乏相同或类似的可比交易案例或交易量太小导致可观察的价格无法代表可靠的市价，因此市场法往往难以作为无形资产的首选评估方法。

2. 收益法

考虑到无形资产的特殊属性，在合并对价分摊评估中，无形资产最常用的评估方法为收益法。收益法下常用的具体方法包括增量收益法、许可费节省法、超额收益法。采用收益法，需要关注现金流与折现率口径的匹配，即税前现金流对应税前折现率，税后现金流对应税后折现率。

（1）增量收益法是将包括无形资产的经济实体的未来预测现金流与不含无形资产的经

济实体产生的相应现金流进行比较，判断有无无形资产在价格方面所产生的差额。增量现金流体现在两个方面：一是价格的溢价，即一个产品采用所评估无形资产与不采用这个无形资产之间价格的差异额；二是成本的节省，就是采用这项无形资产所能节省的成本所导致的差异额。用这个资产的特定加权资本成本将这些增量现金流折现，可以得到这个资产的公允价值。增量收益法要求可比实体未使用无形资产所产生的现金流能够可靠地估算。

（2）许可费节省法是指假设财务报告的编制者不是相关无形资产的所有者，需要花钱从别人手上获得一个许可权，这就是必要的资金流出。但因拥有了该许可权，就可以节省这方面的许可权使用费，所节省的许可费通过折现得出现值。使用许可费节省法评估的无形资产的例子一般包括品牌、专利和技术。要使用该方法，必须存在可比资产且这些资产常在熟悉情况的、自愿和独立的双方之间进行专利许可经营。

（3）超额收益法是指把收益进行拆分，把其中作为评估对象的无形资产得到的收益拆分出来，即扣除该无形资产以外的其他有形及无形资产所应该产生的平均收益。以超额收益进行分析，通常运用于客户关系、采矿权等无形资产的评估中。采用超额收益法评估得到的是无形资产产生的且只由其产生的现金流的现值。通常一项无形资产只有与其他有形资产和无形资产一起才能产生现金流。为了计算出相关的净现金流，应将其他资产（“贡献”资产）产生的现金流作为支出（“贡献”资产费用），从无形资产与其他资产共同产生的现金流中扣除。这个程序把“贡献”资产作为从第三方租用的资产进行处理，直至能反映出所评估无形资产现金流的产生情况。通常情况下，超额收益法更适用于对现金流产生最大影响的无形资产或类似的无形资产组合。如果这种方法多次使用，就必须注意同一现金流是否被多次归到不同的资产上。

3. 成本法

成本法是将建立在替代原则上的重置概念作为公允价值的计量基础，其主要假设是市场参与者不愿意支付超过重置该资产的必要支出。

运用成本法进行无形资产公允价值评估，往往无法反映该项无形资产给企业带来的未来经济利益。例如，建立客户关系的成本往往小于客户关系给企业带来的未来经济利益，而且通常该类成本往往难以从企业经营的其他成本中区分出来。因此，成本法较少运用于企业无形资产的评估。

三、服务于资产减值测试的无形资产评估

资产减值是指资产的可收回金额低于其账面价值。根据《企业会计准则第 8 号——资产减值》，企业应当在资产负债表日判断资产是否存在减值的迹象。对于存在减值迹象的资产，应当进行减值测试，计算资产的可收回金额。可收回金额低于账面价值的，应当按照可收回金额低于账面价值的金额，计提减值准备。

资产减值测试是指企业财务会计人员根据企业外部信息与内部信息，判断企业资产是否存在减值迹象。如有确切证据表明资产确实存在减值迹象，则需要合理估计该项资产的可收回金额。

资产可能发生减值的迹象是资产是否需要进行减值测试的前提。但特殊的是，因企业合并形成的商誉和使用寿命不确定的无形资产，无论是否存在减值迹象，每年都应当进行减值测试。

（一）商誉和可辨认无形资产减值测试中的评估对象确定

如果有迹象表明一项资产可能发生减值，企业应当以单项资产为基础估计其可收回金额。企业如果难以对单项资产的可收回金额进行估计，则以该资产所属的资产组为基础确定资产组的可收回金额。资产组是企业可以认定的最小资产组合，其产生的现金流入应当基本上独立于其他资产或资产组产生的现金流入。资产组组合是指由若干个资产组组成的最小资产组组合。商誉减值测试的评估对象主要以资产组或者资产组组合的形式出现。

企业合并所形成的商誉，应当结合与其相关的资产组或者资产组组合进行减值测试。相关的资产组或者资产组组合应当是能够从企业合并的协同效应中受益的资产组或者资产组组合，并且不应当大于企业所确定的报告分部。其具体分摊过程如下：

（1）对于商誉能够按照合理和一致的基础分摊至某资产组的部分，应当将总部资产的账面值分摊至该资产组；

（2）对于商誉难以分摊至任何资产组的部分，应当按照合理和一致的基础分摊至由若干个资产组组成的最小的资产组组合。

商誉减值测试与企业合并对价分摊息息相关。事实上，很多企业在进行企业合并对价分摊时，就会对商誉将分摊至哪个资产组或者资产组组合进行初步判定，为日后的商誉减值测试打下基础。而在进行商誉减值测试时，评估专业人员也需要关注之前的合并对价分摊评估，理解商誉的分摊基础，并在此基础上仔细判断合并对价分摊以及商普减值测试在评估参数选取方面的不同之处。

（二）商誉和可辨认无形资产减值测试评估中的价值类型选择

在资产存在减值迹象时，应当估计其可收回金额。可收回金额应当根据资产的公允价值减去处置费用后的净额和资产预计未来现金流量的现值两者之间较高者确定。会计准则下的公允价值减去处置费用的净额和资产预计未来现金流量的现值这两种计量属性，可以理解为相对应的评估价值类型。

公允价值减去处置费用后的净额即为自愿买方和自愿卖方在各自理性行事且未受任何强迫压制的情况下，评估对象在评估基准日进行正常公平交易的价值并扣减相应的处置费用后得到的净额。

资产预计未来现金流量的现值即为将评估对象作为企业组成部分或者要素资产按其使用方式和程度及其对所属企业的贡献的价值估计数额。

在评估过程中，若已确信资产公允价值减去处置费用的净额或资产预计未来现金流量的现值其中任何一项已超过所对应资产的账面价值，并通过减值测试，可以不必计算另一项数值。

（三）商誉和可辨认无形资产减值测试的评估方法与参数确定

1. 评估方法选择

进行以减值测试为目的的评估，应该结合评估对象特点、价值类型、资料收集情况和数据来源等分析市场法、收益法和成本法的适用性。

（1）资产的公允价值减去处置费用的净额。资产评估专业人员可以采用市场法、收益法、成本法计算包含商誉的资产组或资产组组合的公允价值。

公允价值的可靠性受制于数据获取来源，其估计首先考虑采用市场法，以公平交易中的销售协议价格，或与评估对象相同或类似资产在其活跃市场上反映的价格为计算依据。资产评估专业人员需要关注可比对象实际交易所在市场和评估对象模拟有序交易所在的主要市场或最有利市场是否一致。若选择从事相似业务的上市公司作为可比对象，需要知晓作为资产组或资产组组合的评估对象与作为股权的可比上市公司在资产性质及价值内涵方面的差异，并在计算价值比率时进行相应调整。

当不存在相关活跃市场或缺乏相关市场信息时，商誉的公允价值应当从主要市场（最有利市场）中以市场参与者的身份确定评估对象的最佳用途，并考虑其对评估对象未来收益预测的影响。通常情况下，评估对象的现行用途可以视为最佳用途，除非市场因素或者其他因素表明市场参与者按照其他用途使用该资产可以实现价值最大化。通常来说，采用这种方法时，评估专业人员应该采用市场乘数等其他方法验证结果，从而保证评估结论的取得充分考虑了恰当的市场参与者可获取的信息。

采用成本法计算包含商誉的资产组或资产组组合公允价值时，由于商誉无法单独评估，该方法通常仅适用于资产组部分资产公允价值高于评估对象账面价值的特殊情形。在此情形下，资产评估专业人员需要取得企业对包含商誉的资产组或资产组组合价值可以通过未来运营得以全额收回的承诺，并在资产评估报告中提示评估结论仅在此前提下成立。

处置费用的估计包括与资产处置有关的法律费用、相关税费、搬运费以及为使资产达到可销售状态所发生的直接费用等。

（2）资产预计未来现金流量的现值。估计资产预计未来现金流量的现值时通常采用收益法，即按照资产在持续使用过程中和最终处置时所产生的预计未来现金流量，选择恰当的折现率对其进行折现。未来现金流量的预测是基于特定实体现有管理模式下可能实现的收益。预测一般只考虑单项资产或资产组/资产组组合内主要资产项目在简单维护下的剩余经济年限，即不考虑单项资产或资产组/资产组组合内主要资产项目的改良或重置；资产组内其他资产项目于预测期末的变现净值应当纳入资产预计未来现金流量的现值的计算。

具体到商誉减值测试评估中，资产评估专业人员应当取得商誉相关资产组或资产组组合所在企业管理层最近批准的包含商誉资产组或资产组组合的财务预测数据，访谈企业相关人员，了解企业管理层确定的评估假设内容和依据，结合企业内部、外部经营环境，分析历史财务数据，判断企业财务预测数据的可行性。以评估对象账面价值确定基础与可收回金额确定方式一致性为原则，计算包含商誉的资产组或资产组组合预计未来现金流量的现值。

2. 评估参数的确定

（1）资产预计未来现金流量的现值评估中各参数的确定方法如下。

①现金流预测基本要求。现金流预测是基于企业管理层（如董事会）准备的针对评估对象的最近财务预算或者经营计划进行的，评估专业人员应通过关注、检验历史现金流预测值和实际值之间的差异来评估和确定当前现金流预测假设的合理性。

现金流预测应以评估对象的当前状况为基础，不应当包括将来可能发生的、尚未做出承诺的重组事项或者与资产改良有关的预计未来现金流量。以税前口径为依据，分析销量、价格、成本、费用、增长率等关键参数预测的合理性。资产评估专业人员需要关注以前会计期间企业预测财务数据的实现情况。如果以前会计期间预测财务数据与实际存在重大偏差，需要了解企业管理层识别出的导致偏差的主要原因，关注当期预测财务数据是否充分考虑了相关因素的影响，并调整了当期财务数据预测基础。

评估专业人员应当关注现金流预测涉及的主要评估参数，如销售收入的增长、预测的长期息税前利润率等，是否与行业保持一致。如果不是，评估专业人员应关注其原因所在。

传统使用的现金流预测包含的是未来每期单一的预计现金流量。在评估实践中，有时影响评估对象未来现金流量的因素较多，情况较为复杂，带有很大的不确定性，在此情况下使用未来每期单一的现金流量可能无法合理预测评估对象现金流。此时，评估专业人员应该详细询问管理层未来现金流在产生时间以及大小方面的不确定性，并在必要时进行情景分析（如考虑悲观、一般、乐观三种情况），以期最大限度对管理层准备的现金流预测加以校验。

②现金流预测期。减值测试涉及的现金流预测期并不完全等于管理层提供的财务预算期或者经营计划期。一般情况下，预测期必须涵盖只考虑单项资产或资产组内主要资产项目在简单维护下的剩余经济年限。评估专业人员可以基于管理层提供的财务预算或经营计划适当延长至资产组中主要资产项目的经济使用寿命结束。

根据减值测试准则的相关规定，减值测试涉及的现金流预测期一般只涵盖 5 年；如超过 5 年，评估专业人员要向管理层询问，并取得管理层提供的证明更长期间合理性的证据。一般来说，原来涵盖的预测期之后延长期间内的现金流应该保持稳定或者递减的增长率，该增长率不应超过产品、行业或者企业主要业务所在国家的长期平均增长率，除非管理层能证明是合理的。

预计未来现金流量收益期通常以包含商誉的资产组的核心资产（商誉）为依据确定。商誉未来收益期不可确定，但包含商誉的资产组或资产组组合未来经营期限受法律、协议等因素影响，如矿业企业资产组、签订经营期限企业资产组等，应当以法律、协议约定的年限为基础计算确定预计未来现金流量的收益期。

③资本性支出预测。预测的资本性支出应该包括维护资产正常运转或者资产正常产出水平而必要的支出，或者属于资产简单维护下的支出，即维护性资本支出，以及完成在建工程和开发过程中的无形资产等的必要支出。

预测的资本性支出中不应当包括与资产改良或企业扩张相关的资本性支出，即改良性资本支出和扩张性资本支出。

商誉相关资产组包括与其业务相关的已发生支出的在建工程或者开发过程中的无形资产等事项时，应当将为使该资产达到预定可使用或可销售状态发生的现金流出作为资本性支出。

④资产组中主要资产项目经济使用年限最后一年的净现金流量。在资产组中主要资产项目于简单维护下的剩余经济年限资产使用寿命结束时，需要考虑处置资产所收到或者支出的净现金流，相当于预期公允价值减去处置费用后的净值。由于必须考虑处置费用，该处置资产的净现金流可能为负值。

⑤企业所得税的影响。估算预计未来现金流量现值应该基于税前基础。在适当考虑相应调整的前提下，基于税前基础计算的未来现金流量现值应等于基于税后基础计算的未来现金流量现值。

在实务操作中，可以考虑采用税后基础进行测算，或者将税后折现率简单推算为税前折现率。税前折现率＝税后折现率/(1－所得税税率)，将简单推算的税前折现率应用于税前现金流量计算折现值。

一般情况下，如果基于上述两种方法计算的未来现金流量现值远远超过被评估对象的账面价值，则代表被评估对象出现减值情况的可能性较低。否则，需要根据企业会计准则的要求计算以税前为基础的现值。

⑥折现率。从理论层面来说，在预计未来现金流量时已经对特定的风险影响进行了调整，在估计折现率时不需要重复考虑这些因素，如缺乏控制权折扣；在预计未来现金流量时尚未对特定的风险影响进行调整，在估计折现率时则需要考虑这些因素，如规模风险、缺乏流动性折扣。

折现率的确定应当以该资产的市场利率为依据。该折现率是企业作为市场参与者在购置或者投资资产时所要求的必要报酬率。无法从市场获得的，可以使用替代利率估计折现率。替代利率可以根据加权平均资金成本或者其他相关市场利率做适当调整后确定。

资产评估专业人员应当关注折现率是否与相应的宏观、行业、地域、特定市场、特定市场主体的风险因素相匹配，折现率还要与预计的未来现金流匹配，如是否同为税前或税后基础，是否同时考虑了通货膨胀因素，是否根据企业会计准则的要求计算相应的税前折现率。

（2）资产公允价值减去处置费用的净额估算中，收益法各项参数与前述的预计未来现金流量所涉及的参数会有些不同，如表 8－1 所示。

表 8－1　资产公允价值减处置费用与资产预计未来现金流量现值参数确定差异

项目	公允价值减处置费用的净额	资产预计未来现金流量现值
假设前提	持续经营假设，可以考虑将来可能发生的、尚未做出承诺的重组事项或者资产改良；应同时考虑重组、改良对应的收益和成本、费用	以当前状态为基础；不应当包括与将来可能发生的、尚未做出承诺的重组事项或者与资产改良有关的预计未来现金流量
盈利预测	在各方面与市场参与者预期保持一致	评估对象在目前使用情况下可实现的盈利情况
资本性支出	维护资产正常运转或者资产正常产出水平而必要的支出，或者资产简单维护支出；完成在建工程和开发过程中的无形资产等的必要支出；与资产改良或企业扩张相关的资本性支出	维护资产正常运转或者资产正常产出水平而必要的支出，或者资产简单维护支出；完成在建工程和开发过程中的无形资产等的必要支出
营运资金预测	维持现有企业运营并考虑企业扩张或重组所需的营运资金	基于特定实体现有管理模式下经营所需的营运资金
所得税基础	可以考虑为税后	通常为税前

第四节　无锡小天鹅股份有限公司商誉减值评估案例

一、案例背景

2008 年 2 月，美的电器收购了小天鹅 24.01% 的股权，成为其控股股东。2013 年 9 月，美的集团换股吸收合并美的电器。2014 年 6 月，美的集团再次加持股份，对小天鹅股票进行部分要约收购。截至报告期，美的集团直接和间接持有小天鹅公司 52.67% 股份，为小天鹅公司的控股股东。

二、小天鹅股份有限公司简介

经营范围包括：家用电器，工业陶瓷产品，环保型干洗设备，清洗机械设备，后续整理设备及零配件的制造、销售及售后服务；洗漆服务；机械加工；自营和代理各类商品及技术的进出口业务（国家限定企业经营或禁止进出口的商品和技术除外）；家电技术服务等。核心竞争力有以下几点：

（一）技术优势

公司一直聚焦于洗衣机业务，通过多年来对研发资源的持续投入，已形成了业内领先的技术优势。公司拥有完善的技术研发体系，拥有一个国家级企业技术中心和两个国家认定实验室；小天鹅实验室还在全国洗衣机行业首家通过北美安全认证和德国认证。公司坚持自主创新，拥有国际领先的变频技术、智能驱动控制、结构设计及工业设计等核心技术。

（二）品牌优势

公司实行“小天鹅”“美的”双品牌战略。“小天鹅”作为洗衣机品牌已有多年历史，深受消费者信赖，“全新全意小天鹅”更是深入人心。而“美的”品牌则是家喻户晓的家电综合品牌，作为洗衣机品牌也得到市场高度认可，市场份额不断提升。

（三）规模优势

公司是国内最早从事洗衣机生产的企业。多年积淀，打造了公司精益生产的制造文化。公司现拥有国内、国际一流的生产设备和富有经验的制造团队，无锡、合肥二个基地的产能超过万台，产品覆盖滚筒、波轮全自动、双赶、搅拌式洗衣机以及干衣机等，具有其他厂家不可比拟的规模优势。

（四）渠道优势

经过近年来不断地变革和调整，公司的渠道优势逐渐形成。在国内一级、二级市场，公司主要与苏宁、国美及区域性大客户展开合作；在三级、四级市场，公司依托代理渠道与专卖店相结合的方式，将产品送至千家万户。在电商领域，公司持续加强与各大平台的合作，积极布局线上渠道，线上销售业绩实现高速增长。在海外，公司不断深化与客户合作，持续拓展海外战略市场，强化自主品牌在区域市场的推广力度。公司与海内外主要客户长期保持着良好的合作关系。

（五）机制优势

公司建立了完善的公司治理机制，制定了相应的议事规则及管理制度，将持续有效地规范运作；公司在充分授权的同时建立了完善的绩效考评机制，在激发组织活力的同时确保战略目标达成；公司已形成成熟的职业经理人管理体制，公司的核心经营管理团队均在公司或控股股东美的集团任职多年，具备丰富的行业经验和管理经验，同时公司秉承开放的人才观念，通过内部培养与外部引进相结合建立人才池。公司系统的机制优势确保了公司面向未来的可持续发展能力。

三、小天鹅股份有限公司商誉减值的评估要素分析

（一）评估目的

对于企业合并所形成的商誉，应当于每年年末进行减值测试，因此美的集团特委托评估机构，对其年度合并报表商誉减值测试进行评估，从而确定小天鹅股份有限公司商誉是否存在减值，进而确定美的集团年度的合并报表中商誉是否发生减值。

（二）资产组的确认

评估师与审计师、美的集团和小天鹅管理层协商，决定将小天鹅股份有限公司整体界定为一个资产组，评估其未来现金流量的现值。

（三）评估对象

资产评估对象为小天鹅股份有限公司的全部主营业务资产及负债所形成的权益，涉及的资产范围为委托方指定的小天鹅股份有限公司 2014 年 12 月 31 日经审计的资产负债表所反映的净资产。

（四）评估基准日

本次将资产评估基准日选定为 2014 年 12 月 31 日，原因是 2014 年 12 月 31 日是商誉减值测试日，与企业年度会计报表的资产负债表日期一致。

（五）价值类型

结合本次案例的评估目的，本次应当采用市场价值。

（六）评估方法

根据相关准则明确规定商誉减值测试不适合采用成本法。小天鹅股份有限公司未来将持续经营，近期没有结业清算的打算，因此根据以上分析并结合《企业会计准则第 8 号——资产减值》的要求，本次案例应当先预计资产未来现金流量的现值，然后将其评估价值与账面价值相比较，如果评估价值高于账面价值，则确认未发生减值，无须进一步确认公允价值减处置费用。本次先采用现金流量口径的收益法进行商誉减值评估。

四、小天鹅股份有限公司商誉减值评估过程分析

（一）预计未来的营业收入和相关财务指标估算

对小天鹅2009—2014年的历史资产负债表及历史利润表进行分析，综合考虑公司的经营现状及未来发展能力。先预测2015—2019年公司未来营业收入增长率，然后通过销售百分比法，预测营业成本、折旧额、资本性支出、营运资本净增加额等，进而得出未来的现金流量。

表8-2 **2015—2019年企业现金流量** 单位：万元

	2015年	2016年	2017年	2018年	2019年
营业收入	1296506	1555807	1866968	2240362	2688435
营业成本	1227791	1473349	1768019	2121623	2545947
营业利润	68714	82457	98949	118739	142487
营业外收入	3980	4020	4303	4505	4409
营业外支出	1402	1428	1433	1512	1506
税前利润	71292	85049	101819	121732	145390
所得税费用	10693	12757	15272	18259	21808
税后利润	60598	72292	86546	103472	123581
摊销费用	400	520	520	520	520
折旧	1819	968	991	1015	1038
营运资本增加额	57175	68611	82333	98799	118559
资本性支出	2000	2000	1000	1000	1000
净现金流量	**3642**	**3170**	**4724**	**5207**	**5580**

（二）确定折现率

采用小天鹅股份有限公司的加权平均资本成本作为公司未来自由现金流量的折现率。计算加权平均资本成本需要确定4个变量的数值，即债务资本占总资本的比例、股权资本占总资本的比例、债务资本成本、股权资本成本。

2010—2014年的债务资本占总资本的比例均值为53%，股权资本占总资本的比例均值为47%。

采用中国人民银行公布的较长期贷款基准利率作为税前债务资本成本，在此基础上再按公司15%的税率扣除所得税的影响计算其税后债务资本成本。因此，按照央行公布的

2014 年 5 年以上贷款利率 6.15%，扣除所得税影响，计算小天鹅股份有限公司的债务资本成本为 5.23%。

股权资本成本是投资者投资公司股权时所要求的收益率，也就是公司为股权融资所付出的成本。选用常用的资本资产定价模型来计算股权资本成本。

CAPM 测算公式如下：

$R_e = R_f + \beta \times (R_m - R_f)$

式中：R_e为股权资本成本；R_f为无风险回报率；β 为风险系数；$R_m - R_f$为市场风险溢价。

无风险利率又称无风险报酬率，是指在风险为零时，投资者仍期望就资本的时间价值得到补偿。通常以政府发行的中长期国债的收益率来近似表示，因为长期国债利率波动较小。2014 年我国发行的 5 年期凭证式国债收益率为 5.41%，即假定无风险利率为 5.41%。

市场风险溢价通常指股市指数平均收益率超过平均无风险收益率（通常指长期国债收益率）的部分。目前国际上对新兴市场的风险溢价通常采用成熟市场的风险溢价进行调整确定。

市场风险溢价 = 成熟股票市场的长期平均风险溢价 + 国别补偿额

成熟股票市场的长期平均风险溢价取投资者对英国、美国等成熟市场要求的 5.3% 左右；国别补偿额根据国别的债务评级、该国经济的市场化程度进行综合分析确定，综合分析后对我国的国别补偿额取 1.4%，即市场风险溢价为 6.7%。

风险系数表示的是投资组合对系统风险的敏感程度，它反映了股票收益率与证券市场收益率之间的相关关系。选取小天鹅上市以来的收益变动率与同期沪深指数收益变动率做比较，通过回归得到 β 值为 0.9896。

计算股权资本成本为 12.04%，加权平均资本成本 WACC = 5.23% × 53% + 12.04% × 47% = 8.05%。为计算方便，取 8%。

（三）企业未来现金流量现值

表 8－3　2015—2019 年现金流量折现

	2015 年	2016 年	2017 年	2018 年	2019 年	总计
企业净现金流量（万元）	3642	3170	4724	5207	5580	
折现系数	0.93	0.86	0.80	0.74	0.68	
折现值（万元）	3387	2726	3779	3853	3794	17542

2019 年以后，小天鹅股份进入永续增长阶段，维持 5% 的永续增长率。

2020 年现金流量 = 5580.46 × (1 + 7%) = 5971.09（万元）

企业终期价值 = 5971.09/(8% − 5%) = 199036.33（万元）

折现值 = 199036.33 × 0.68 = 135344.71（万元）

企业整体价值 = 17542.3 + 135344.71 = 152887.01（万元）

以2014年12月31日为评估基准日，已知美的集团持有小天鹅股份有限公司的股份占股本总额的53%，在美的集团合并报表中，小天鹅股份有限公司的商誉的账面价值为36932.45万元。在持续经营前提下，小天鹅股份有限公司预计未来现金流量的现值为152887.01万元，乘以评估基准日持股比例后的值为79501.45万元，大于审计后账面净资产乘以持股比例后的金额与商誉之和35728.66万元。商誉未发生减值。

思考题

1. 以财务报告为目的的评估业务具有哪些特点？

2. 与执行其他的评估业务相比，资产评估师在执行以财务报告为目的的评估业务时，需要哪些特殊考虑？

3. 执行以财务报告为目的的无形资产评估业务，应当如何选择评估方法？

4. 公允价值的出现，对会计、审计、评估之间关系的影响？

5. 资产评估师接受委托执行以财务报告为目的的评估业务，应当具备哪些职业道德素质和专业胜任能力？如何培养这些素质和能力？

本章参考文献

1. 中国资产评估协会主编：《资产评估实务（一）》，中国财政经济出版社2021年版。

2. 中国资产评估协会主编：《资产评估实务（二）》，中国财政经济出版社2021年版。

3. 中国资产评估协会主编：《〈资产评估准则——无形资产 专利资产评估指导意见〉讲解》，中国财政经济出版社2010年版。

4. 曹欣欣：《以财务报告为目的的无形资产评估研究》，河北农业大学。

5. 余洋洋：《以财务报告为目的的商誉减值评估应用研究》，云南大学，2015年。

6. 郑艳：《合并对价分摊中的无形资产评估研究》，北京交通大学，2013年。

后　记

毫无疑问，当今社会正面临“无形经济的崛起”，世界主要经济体的无形资产投资占GDP的比重已超过有形资产投资占GDP的比重（Haskel，Westlake，2018）。无形资产价值在上市公司价值中的占比日益增长，一些领先公司的无形资产价值占公司市值的比重甚至超过90%。究其原因，以知识为核心的无形资产日益成为企业参与市场竞争的战略性资源，是企业形成核心竞争力并创造价值的基础。然而，由于无形资产的内在特性，人们对无形资产价值的认识受到限制，对无形资产价值的评估面临难题，从而制约了无形资产在社会经济中有效发挥作用。

无形资产评估人才的培养是提升无形资产评估能力的一项基础性工作。我国自2011年开展资产评估专业学位研究生教育以来，为社会培养了一大批高层次资产评估专业人才。高水平的教材建设是无形资产发挥作用的重要环节。在全国资产评估专业学位研究生教育指导委员会的组织下，从全国资产评估专业学位研究生培养单位遴选一批无形资产评估的骨干教师编写了《资产评估硕士专业硕士研究生核心课程指南》，并在课程指南基础上编写了本教材。作为资产评估硕士层次的核心教材，本书除了对无形资产评估基础知识进行介绍，更加突出具体类型无形资产的评估理论与实践，并跟踪合同权益、客户关系和特许权等非典型类型无形资产的价值评估，关注以财务报告为目的的无形资产评估。在教材写作中，通过引导案例、扩展阅读和思考题引导学生在学习过程中进行延伸思考和研究，跟踪相关领域前沿发展与实践。

本教材是分工合作的成果。中央财经大学李俊生教授负责全书的总体设计和校审，并撰写序言，对教材使用者更深入理解教材编写的基本思想和无形资产的基础理论提供了指南；中南财经政法大学文豪教授负责全书编写的协调和统稿工作，撰写了教材的第七章，并对教材进行初审；天津财经大学苑泽明教授撰写教材第一章；武汉理工大学潘安娥副教授撰写教材第二章；中国地质大学（武汉）刘江宜副教授撰写教材第三章；江西财经大学余炳文副教授撰写教材第四章和第五章；云南财经大学卢正惠教授撰写教材第六章；中央财经大学王小荣副教授撰写教材第八章。

教材的编写难免存在疏漏和不足之处，敬请读者和各界专家批评指正，以便教材能够不断修订完善。

《无形资产评估》教材编写组

2022年10月